«Sternstunden der Menschheit» – in diesem Band verdanken wir sie LSD-Partys schmeißenden Hippies ebenso wie dem Sozialdemokraten Otto Wels mit seiner großen Rede gegen Hitlers Ermächtigungsgesetz. Mal ist es das große Abenteuer wie bei Thor Heyerdahl auf seinem Floß im Pazifik, mal der wissenschaftliche Fortschritt, wie bei Rosalind Franklin, die die DNA-Struktur entschlüsselte und von drei Männern um den Lohn ihrer Arbeit betrogen wurde. Mal ist es ein großer Erfolg wie die Verabschiedung der Menschenrechtsdeklaration 1948, mal eine verlorene Sternstunde wie im Fall des ermordeten afrikanischen Hoffnungsträgers Patrice Lumumba. Immer aber wird man emotional berührt, wie bei der Geschichte des amerikanischen Piloten, der während des Massakers von My Lai Vietnamesen vor seinen eigenen Kameraden rettet – ein Funken der Menschlichkeit selbst in der schlimmsten Barbarei. Es sind die außergewöhnlichen Momente, in denen Menschen zeigen, was sie auch sein können, und die Hoffnung machen auf eine Zukunft, die noch vor uns liegt.

Tanja Stelzer ist Mitglied der Chefredaktion der Wochenzeitung *DIE ZEIT* und Autorin im Ressort «Dossier».

Tanja Stelzer
(Hrsg.)

Und plötzlich ist die Welt eine andere

Sternstunden der
Menschheit

C.H.Beck

Die hier versammelten Texte gehen zurück auf die Serie «Sternstunden der Menschheit», die 2022 in «DIE ZEIT» erschien.
Copyright © Zeitverlag Gerd Bucerius GmbH & Co. KG

Abbildungen: S. 11: © picture alliance / Associated Press · S. 17: © Ronald L. Haeberle / shutterstock · S. 35: The Kon-Tiki Museum, Oslo · S. 45: Science & Society Picture Library via getty images · S. 65: akg-images / picture-alliance / ZB · S. 91: © Erich Hartmann/Magnum Photos/Agentur Focus · S. 99: © Janina di Camillo und ddp images · S. 109: © Robert Altman / Michael Ochs Archives via getty images · S. 117: akg-images / Library of Congress/Science Photo Library · S. 139: ap / dpa / picture alliance / Süddeutsche Zeitung Photo · S. 147: © Jan Persson & CDJ · S. 157: Universal History Archive / UIG / Bridgeman Images · S. 179: © MEGA – Museum of Electronic Games & Art · S. 187: akg-images · S. 211: Heritage Image Partnership Ltd / Alamy Stock Photo · S. 219: IMAGO / Belga

Für diese Ausgabe:
© Verlag C.H.Beck oHG, München 2023
www.chbeck.de
Alle urheberrechtlichen Nutzungsrechte bleiben vorbehalten.
Der Verlag behält sich auch das Recht vor, Vervielfältigungen dieses Werks zum Zwecke des Text and Data Mining vorzunehmen.
Umschlaggestaltung: geviert.com, Nastassia Abel
Umschlagabbildung: shutterstock
Satz: C.H.Beck.Media.Solutions, Nördlingen
Druck und Bindung: Druckerei C.H.Beck, Nördlingen
Printed in Germany
ISBN 978 3 406 80736 7

klimaneutral produziert
www.chbeck.de/nachhaltig

Inhalt

Afrikas kurze Hoffnung
· *Bastian Berbner* ·
Am 30. Juni 1960 erlangt der Kongo die Unabhängigkeit.
Patrice Lumumba, erster Premierminister des neuen Staates, wird
mit einer zwölfminütigen Rede zum politischen Star – und zur
Gefahr für Länder des Westens. Sieben Monate später ist er tot

Autorinnen und Autoren

Und plötzlich ist die Welt eine andere

Warum auch ein Krieg eine Sternstunde sein kann

Von Tanja Stelzer und Wolfgang Uchatius

Fotografen haben es leichter als Historiker. Wenn ein Fotograf durch seine Kamera schaut, kann es sein, dass das Objektiv nur einen einzelnen Menschen erfasst, vielleicht nur dessen Gesicht, ein schreiendes Gesicht womöglich, verzerrt von Wut und Verzweiflung. Der Fotograf kann dann die Brennweite auf Weitwinkel stellen und so den Ausschnitt vergrößern, andere Menschen mögen ins Bild kommen, die ebenfalls schreien, Plakate, auf denen «Nein zum Krieg» steht, Flaggen mit den Farben Russlands und der Ukraine, Polizisten in schwarzen Uniformen, die Demonstranten über den Asphalt schleifen, und plötzlich werden die Zusammenhänge klar. Hier protestieren Russen gegen den russischen Krieg, die russische Regierung, den russischen Präsidenten.

Historiker haben keinen Objektivring, an dem sie drehen können, um die Verbindungen zwischen den Dingen zu erkennen, sie können ihren Blick nicht auf Weitwinkel stellen. Oder eigentlich doch. Aber dafür müssen sie warten. Wochen, Monate, manchmal Jahre. Dann, in der Rückschau, treten Ursache und Wirkung zutage, werden Motive und Muster deutlich, lässt sich die wahre Bedeutung von Ereignissen ausmachen. Die zeitliche Distanz ist das Weitwinkelobjektiv der Geschichtsforschung, und deshalb wird es noch ein wenig dauern, bis man wissen wird, ob die Proteste gegen Wladimir Putin eine Ausnahmeerscheinung waren, ein kleines Ereignis ohne Widerhall. Es wird dauern, bis man wissen wird, ob die russische Zivilgesellschaft weitgehend verstummt oder ob sie womöglich zu einem späteren Zeitpunkt wiedererstarkt ist. Es wird dauern, bis man wissen wird, ob Putins Krieg gegen die Ukraine das Ende seiner Herrschaft eingeleitet oder ob er seine Macht womöglich noch gefestigt hat. Ob dieses Ereignis die Länder des Westens dauerhaft zusammengeschweißt hat. Ob es wirklich eine Zeitenwende bewirkt hat. Dann wird sich zeigen, ob dieser Krieg als Sternstunde der Menschheit zu sehen ist.

Der Krieg, eine Sternstunde? Das klingt zynisch. Sternstunden, das sind doch Momente der außergewöhnlichen Leistung, Augenblicke der Vollendung, in denen Menschen zeigen, was Menschen können.

Oder?

Als der damalige Bundespräsident Richard von Weizsäcker am 8. Mai 1985 zum 40. Jahrestag des Kriegsendes sprach, da war dies eine Sternstunde der politischen Rede. Denn Weizsäcker sagte, der 8. Mai 1945 sei kein Tag der Niederlage, sondern ein Tag der Befreiung gewesen – und veränderte damit das Geschichtsbild der Bundesrepublik.

Als der amerikanische Immunologe James Allison am 22. März 1996 in der Zeitschrift *Science* seine Forschung beschrieb, da war dies eine Sternstunde der Wissenschaft. Denn Allison wies nach, dass man das menschliche Immunsystem dazu bringen kann, Krebszellen zu erkennen und zu zerstören, ein auf seiner Arbeit beruhendes Medikament hat inzwischen unzähligen Menschen das Leben gerettet.

Als der Schwimmer Michael Phelps am 13. August 2016 bei den Olympischen Spielen in Rio de Janeiro die Goldmedaille mit der amerikanischen 4-mal-100-Meter-Lagen-Staffel gewann, da war dies eine Sternstunde des Sports. Denn Phelps hatte seine 23. Goldmedaille gewonnen, womit er nicht nur jeden anderen Athleten übertraf, sondern auch ganze Länder wie Argentinien, Irland und Mexiko.

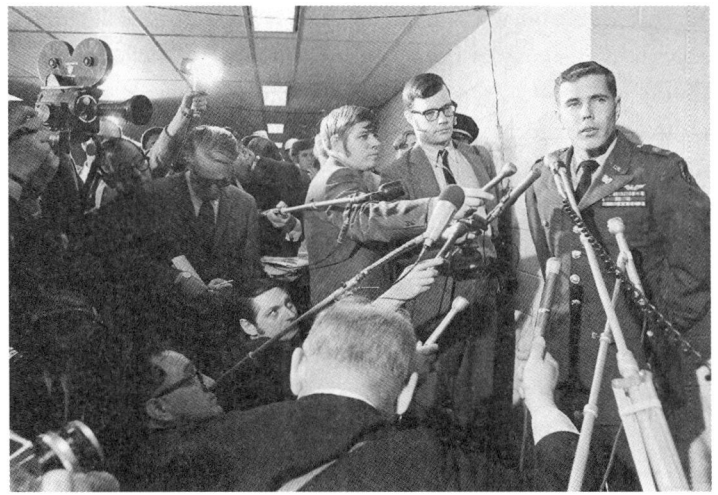

Hugh Thompson 1969 am Rande einer Befragung im Pentagon

«Sternstunde», das ist im heutigen Sprachgebrauch ein anderes Wort für «Glanzstunde». Und ein Krieg kann ja wohl keine Glanzstunde sein.

Der österreichische Schriftsteller Stefan Zweig, der von 1881 bis 1942 lebte und dessen berühmtestes Buch *Sternstunden der Menschheit* heißt, hätte das anders gesehen. Natürlich, er hasste den Krieg aus tiefstem Herzen – in einem der letzten Briefe vor seinem Suizid schrieb er: «Die Leute reden so leicht von Bombardements, wenn ich aber lese, daß die Häuser zusammenstürzen, stürze ich selbst mit den Häusern zusammen.» Trotz seines Hasses auf den Krieg beschäftigte sich sein Buch durchaus auch mit Momenten des Krieges und keineswegs nur mit hellen, schönen Dingen. Zweig hat in seiner Sammlung bedeutende historische Momente erzählerisch festgehalten, die eigentlich eher Schicksals- als Sternstunden sind. Zweig wollte das Buch zunächst «Große

Augenblicke» oder «Augenblicke der Weltgeschichte» nennen, schrieb in einem Brief an seinen Verleger aber: «Vielleicht finde ich noch einen besseren Titel.» Also: Sternstunden.

Im Vorwort formulierte Zweig: «Solche dramatisch geballten, solche schicksalsträchtigen Stunden, in denen eine zeitüberdauernde Entscheidung auf ein einziges Datum, eine einzige Stunde und oft nur eine Minute zusammengedrängt ist, sind selten im Leben eines Einzelnen und selten im Lauf der Geschichte. Einige solcher Sternstunden (...) versuche ich hier aus den verschiedensten Zeiten und Zonen zu erinnern.»

Eine Sternstunde, das war für Stefan Zweig also kondensierte Geschichte, zum Beispiel die Eroberung Konstantinopels durch die Türken im Jahr 1453. Oder im Jahr 1815 die Schlacht von Waterloo. Georg Friedrich Händel komponierte 1741 den *Messias*. Cyrus W. Field verlegte 1858 das erste Telegrafenkabel durch den Atlantik. Und Claude-Joseph Rouget de Lisle schrieb die *Marseillaise*, das Lied, mit dem die französische Revolutionsarmee in die Schlacht zog. 1792 war das, wieder ein Krieg, durch den das Schicksal eine Wendung nahm.

Vieles deutet darauf hin, dass auch der Ukraine-Krieg einmal als eine solche weltverändernde Stunde zu sehen sein wird. Noch aber lässt sich das nicht endgültig sagen. Was sich jedoch sagen lässt, ist, dass es zwischen Stefan Zweigs letzter Sternstunde aus dem Jahr 1919, dem am Ende gescheiterten Versuch des amerikanischen Präsidenten Woodrow Wilson, eine neue, friedlichere Weltordnung zu schaffen, und der Gegenwart viele weitere Sternstunden gegeben hat.

15 davon werden in diesem Buch beschrieben. 15 Sternstunden der Politik, der Kultur, der Wissenschaft, des Alltagslebens. 15 historische Reportagen, von denen die allermeisten zunächst in einer Serie der *ZEIT* erschienen sind. In teils leicht überarbeiteter Fassung werden diese Texte hier noch einmal gedruckt, ergänzt von

weiteren Geschichten, die außerhalb der Serie ebenfalls in der *ZEIT* veröffentlicht wurden und genauso den *Sternstunden*-Geist atmen.

Stefan Zweig erzählte von Menschen, die eine Idee von etwas hatten, und so ist es auch in diesem Buch: Wir lernen Frauen und Männer kennen, die eine Idee von großen wie von kleinen Dingen haben. Um Gerechtigkeit und Freiheit geht es den Augenzeugen des Nürnberger Hauptkriegsverbrecherprozesses, geht es Patrice Lumumba, dem ersten – und brutal gescheiterten – Premierminister des unabhängigen Kongo. Um Unterhaltung geht es dem Erfinder des ersten Computerspiels (der zuvor geholfen hatte, die Atombombe zu konstruieren), ums Essen und das Überwinden von Grenzen geht es dem Ehepaar, das die erste deutsche Pizzeria eröffnete. Um die Rechte der Kreatur geht es Rachel Carson, die mit ihrem Buch *The Silent Spring* die Umweltbewegung begründete. Und um so etwas Schnödes wie ein virtuelles Telefonbuch und erst einmal gar nicht viel mehr geht es den Erfindern des Internet.

Wir erzählen, wie sich all diese Ideen in einem Moment Bahn brachen – manchmal mit gutem Ausgang, mal mit tragischem. Und so ergibt sich, ganz nebenbei, auch ein Porträt des 20. Jahrhunderts.

In diesem Buch tauchen LSD-Partys schmeißende Hippies genauso auf wie der tapfere Sozialdemokrat Otto Wels, der eine große Rede gegen Hitlers Ermächtigungsgesetz hielt. Wir begleiten Thor Heyerdahl, der bei einer Floßfahrt über den Pazifik sein Leben aufs Spiel setzte, bloß um eine Theorie zu beweisen, und wir lernen Rosalind Franklin kennen, die die DNA-Struktur entschlüsselte und von drei Männern um den Lohn ihrer Arbeit betrogen wurde.

Das erste Kapitel in diesem Buch handelt von einem amerikanischen Piloten, der während des Massakers von My Lai vietnamesische Zivilisten vor seinen eigenen Kameraden rettet – ein Funken der Menschlichkeit selbst in der schlimmsten Barbarei. Dieser Pilot ist genauso ein Mensch, der im Lauf der Geschichte einen Unterschied gemacht hat, wie Max Brod, der Freund Franz Kafkas. Brod ist nicht deshalb ein Held, weil er etwas getan, sondern weil er etwas *nicht* getan hat. Er hielt sich nämlich einfach nicht daran, nach Kafkas Tod dessen Manuskripte zu verbrennen, wie dieser es ihm aufgetragen hatte. Die Weltliteratur wäre ärmer, es gäbe weder den *Prozess* noch das *Schloss*, hätte Brod gehorcht. Unter einer «kafkaesken Situation» könnte sich niemand etwas vorstellen.

Das Nichtstun kann genauso bedeutend sein wie das Tun. So ist das in existenziellen Zeiten. Was auch immer man tut – es zählt. Und manchmal haben die Dinge, die man tut oder sein lässt, eine natürliche Dramaturgie. Dann entsteht eine Sternstunde. Davon erzählen wir auf den folgenden Seiten.

Die Rettung der Menschlichkeit

*März 1968, Vietnam: Mitten im Massaker von My Lai tut ein
amerikanischer Soldat das Richtige. Er macht nicht mit beim Töten –
und riskiert alles, um Männern, Frauen und Kindern zu helfen*

Von Tanja Stelzer

*«Sie wirkten sehr freundlich.
Der eine rief etwas, das ich nicht verstehen konnte.
Und er winkte, dass wir kommen sollten.
Seine Augen sagten mir, dass er ein Retter war.»*
Pham Thi Nhanh

«Es war, als würde ich neu geboren.»
Do Ba

Je dunkler die Nacht, desto heller scheinen die Sterne. So ist es
auch in dem historischen Moment absoluter Finsternis, um den es
hier gehen soll. Alles scheint düster, aber da ist noch etwas.

Als sich Hugh Thompson gegen sieben Uhr am Morgen des
16. März 1968 in Chu Lai, Südvietnam, zum Dienst meldet und in
seinen Hubschrauber steigt, spricht wenig dafür, dass er an diesem
Tag Geschichte schreiben wird.

Thompsons Helikopter sieht wie eine fliegende Seifenblase aus:
rundherum Glas, damit man gut gucken kann. Denn das ist seine
Aufgabe: Zusammen mit seinen beiden Crewmitgliedern soll er
45 Kilometer von Chu Lai entfernt das Gelände rund um den
Weiler My Lai absuchen und Vietcong-Kämpfer ausfindig machen.

Hugh Thompson ist ein junger Mann, gerade mal 26 Jahre alt. Daheim im US-Bundesstaat Georgia, 14 000 Kilometer entfernt, hat er eine Frau und zwei Söhne. Ein Durchschnittsamerikaner wie die beiden Soldaten, die mit ihm an Bord sind, und wie so viele der 500 000 anderen GIs, die in jenen Tagen in Südvietnam kämpfen. Ein Werbeplakat der U. S. Army hat Thompson in den Krieg gelockt, so wird er es später seinem Biografen erzählen: ein Mann neben einem Hubschrauber. Seinem Land dienen und dabei auch noch fliegen, konnte es einen besseren Job geben?

Ob Hugh Thompson wohl ahnt, dass er dieses Potenzial in sich trägt: aus dem Durchschnitt herauszuragen?

Am 3. Dezember 1969, mehr als anderthalb Jahre später, nimmt Hugh Thompson in einem Raum im Pentagon Platz. Er ist als Zeuge vor eine Untersuchungskommission der U. S. Army geladen. Thompson trägt Uniform. Seine Aussage wird mitgeschnitten, zusätzlich macht ein Protokollant Notizen. Vor der Tür warten die Reporter.

Aus dem Vernehmungsprotokoll:

Frage: Mr. Thompson, für welche Aufgabe waren Sie am 16. März 1968 eingeteilt?

Thompson: Hubschrauberfliegen, Sir.

Frage: Welcher Einheit gehörten Sie an oder waren Sie zugeteilt?

Thompson: Dem 123. Flugbataillon, der Flugüberwachungs-Einheit. (...)

Frage: Wie viel Flugerfahrung hatten Sie?

Thompson: Ich würde sagen, ungefähr 600 Stunden, Sir.

Frage: Wie lange waren Sie vor dem 16. März 1968 in Südvietnam?

Thompson: Ich kam am 30. Dezember 1967 in Südvietnam an, Sir.

Helikopter der U. S. Army bringen Soldaten zu
ihrem Einatz in My Lai

Frage: Sie waren also seit etwa zweieinhalb Monaten dort, ist das
korrekt?
Thompson: Ja, Sir.

Die Mission der amerikanischen Soldaten, die in Vietnam im
Einsatz sind, könnte moralisch nicht stärker aufgeladen sein: Sie
sollen die freie Welt verteidigen. Südvietnam gegen Nordvietnam,
Kapitalismus gegen Kommunismus, das ist der große weltpoli-
tische Konflikt damals. In den USA wie in der übrigen westlichen
Welt befürchten die Strategen und Geopolitiker: Wenn Südvietnam fällt, dann fällt, ein Dominospiel, ganz Südostasien. So
kommt es, dass zwischen Reisfeldern und in Mangrovenwäldern
die Frage ausgefochten wird, wer das bessere System hat. Ein
Kampf der Guten gegen die Bösen, so sieht es der US-Präsident, so
sehen es seine Verbündeten.

Doch die Guten haben fürchterliche Dinge getan. Drei Wochen vor der Vernehmung Thompsons hat die kleine Nachrichtenagentur *Dispatch News Service* einen Artikel des Journalisten Seymour Hersh verbreitet, der von den großen Medien des Landes aufgegriffen wurde. So hat die Öffentlichkeit erfahren, dass US-Soldaten in Vietnam grausame Kriegsverbrechen verübt haben. In der Zeitung *The Plain Dealer* aus Cleveland sind Fotos erschienen, die die Menschen in aller Welt schockiert haben.

Hugh Thompson kennt nicht nur die Fotos.

504 Tote, so wird später die offizielle Zahl lauten. Babys, Kinder, Frauen, Alte. Die meisten von ihnen wurden erschossen, einige skalpiert. Frauen wurden vergewaltigt, Hütten niedergebrannt, Tiere getötet.

Das Massaker von My Lai ist noch heute, mehr als ein halbes Jahrhundert später, Synonym für den kompletten Verlust der Moral im Krieg. Der Name steht in einer Reihe mit anderen Orten des Grauens, an denen Soldaten ohne Hemmungen Zivilisten umbrachten, an denen sich das Kämpfen in Morden verwandelte.

1943 töteten Angehörige der deutschen Wehrmacht im griechischen Dorf Kalavrita Hunderte Zivilisten, unter den Toten waren viele Mönche.

1995 wurden in Srebrenica mehr als 8000 muslimische Zivilisten, allesamt Jungen und Männer, von Mitgliedern bosnisch-serbischer Militäreinheiten und Polizeitrupps ermordet.

Im Frühjahr 2022 wurden in dem befreiten Kiewer Vorort Butscha die Leichen von etwa 460 Menschen gefunden, die erschossen, gefoltert oder erschlagen worden waren, der Großteil Zivilisten.

Wenige Tage nachdem Seymour Hershs Enthüllungen über das Massaker von My Lai erschienen sind, haben in Washington eine halbe Million Menschen gegen den Krieg demonstriert. Proteste gibt es in den USA, und nicht nur dort, schon seit Jahren. Vor allem die Jungen gehen auf die Straße. Durch West-Berlin und Paris tragen sie rote Fahnen mit gelbem Stern, die Flagge Nordvietnams, sie rufen «Ho-Ho-Ho Chi Minh». Es ist Hugh Thompsons Generation, die da demonstriert, aber nichts läge ihm ferner als mitzumachen. Er gehört zur anderen Seite. Er ist ein stolzer Soldat aus einem streng christlichen Elternhaus.

Bei seinen Kameraden, so wird es der Dokumentarfilmer Michael Bilton zusammentragen, hat der Hubschrauberpilot Thompson den Ruf, ein harter Kerl zu sein. Skrupellos dem Feind gegenüber, ein bisschen großspurig, manchmal aggressiv.

Bevor er sich bei der U. S. Army verpflichtet hat, war Thompson Bestatter. Den Anblick von Toten ist er gewohnt. Aber das, was er an jenem Tag in Vietnam sieht, verstört ihn.

Frage: Wir haben hinter Ihnen eine Karte. (...) Könnten Sie aufstehen und sich das angucken, das wäre gut. (...) Mr. Thompson, wenn es Ihnen nichts ausmacht, sprechen Sie zum Protokollanten. Achten Sie darauf, dass er Sie hört. Wir anderen werden Sie gut hören.

Thompson: (...) Sobald wir in das Gebiet kamen, sah ich einen Vietcong, der sich von My Lai Süd wegbewegte. Er hatte eine Waffe, und er rannte weg. Also befahl ich, Sie wissen schon, ihn zu kriegen. Ich hatte an dem Tag einen neuen Schützen, und er verfehlte ihn. (...) Wir nannten den Schützen dann «One Shot». (...) Ich konnte nicht begreifen, wie ein Kerl so viel schießen und so nah dran sein und doch nicht treffen konnte. Die Geschosse gingen zwischen den Beinen durch.

Mit Thompson an Bord ist an jenem Morgen im März 1968 der Crew Chief Glenn Andreotta, 20 Jahre alt. Und, in der geöffneten Tür sitzend, Larry Colburn, 18 Jahre, der *door gunner* mit dem Maschinengewehr – der Soldat, der sein Ziel verfehlt. Der Vietcong-Kämpfer, der ins Dickicht verschwunden ist, wird der einzige Feind bleiben, den Thompson und seine Leute an diesem Tag sehen.

Der Einsatz der U. S. Army in Vietnam geht gerade in sein viertes Jahr. Der Krieg zermürbt die GIs. Sie kriegen den Gegner nicht zu fassen. Die Guerillakämpfer greifen aus Dörfern heraus an, aus dem Dschungel, sie verstecken sich in Tunnelsystemen. Oft ist es für die Amerikaner schwer zu erkennen, wer Zivilist ist und wer Vietcong. Mehr und mehr macht sich unter den in Vietnam stationierten GIs das Gefühl breit, sie seien dem Tod geweiht.

Es gibt Geheimdienstinformationen, wonach sich rund um My Lai besonders viele Vietcong-Kämpfer aufhalten. Am Vorabend des Angriffs hat ein Kommandant angeordnet, im Dorf solle «alles getötet» werden. Insgesamt setzen Transporthubschrauber am Morgen des 16. März 1968 etwa 100 Soldaten in der Umgebung von My Lai ab, aus der Luft sollen Aufklärungs-Helikopter wie der von Hugh Thompson Unterstützung leisten, Kampfhubschrauber sollen Raketen abfeuern. Zivilisten, so hat der Geheimdienst versichert, würden so früh an diesem Samstagmorgen nicht im Dorf sein. Sie würden auf dem Markt sein, vier Kilometer weit weg.

In Kriegen wird getötet, doch das Töten vollzieht sich nach Regeln. Jeder Soldat kennt diese Regeln.

Niemand soll unnötig sterben.

Das Töten muss einem Ziel dienen.

Racheüben ist kein Ziel.

Zivilisten sind geschützt, genauso wie Kriegsgefangene und Verwundete.

Das ist das Extrakt der Genfer Konventionen von 1949. Eine Art Kompromiss zwischen den Notwendigkeiten des Krieges und der Menschlichkeit. Die USA gehören zu den Erstunterzeichnern der Abkommen, die bis heute von 196 Staaten ratifiziert worden sind.

Thompson: Ich begann im Süden von My Lai zu arbeiten, bis nördlich der Straße, des Highways, und ich entdeckte etwa fünf verwundete Vietnamesen. (...) Ich forderte Hilfe für die Verwundeten an.

Unter den Verwundeten ist eine Frau. Sie hat eine blutende Verletzung an der Seite, das können Thompson, sein Schütze Larry Colburn und der Crew Chief Glenn Andreotta aus der Luft erkennen. Sie sehen keine Waffe in der Nähe der Frau. Also eine Zivilistin. Thompson tut, was in solchen Fällen vorgesehen ist: Er befiehlt Andreotta, einen Kanister mit Rauch abzuwerfen, um die Stelle zu markieren. So können Infanteristen die Frau später finden, um ihr zu helfen.

Die GIs kommen schnell, Thompson kann sie aus dem Helikopter beobachten, er schwebt nur ein paar Meter über dem Boden. Einer von ihnen ist ein Captain, zu erkennen an den Streifen auf seinem Helm.

Thompson: Als der Kerl auftauchte (...), trat er die Frau, ging ein Stück zurück und erschoss sie.

Geschrei der Hubschrauber-Leute. Thompson brüllt aus dem Helikopter: «Sie hat niemanden bedroht!»
Die drei im Helikopter verstehen nicht, was hier los ist. Noch nicht.

Thompson: Dann begann ich, das Gebiet östlich des Dorfs abzusuchen, und ich flog über einen Graben, und mein Crew Chief sagte: «Da ist ein Haufen von Körpern in diesem Graben.» (...) Als ich die Körper im Graben sah, flog ich noch einmal eine Runde und sah, dass einige noch lebten. Also landete ich den Hubschrauber und sprach mit ... ich bin ziemlich sicher, dass es ein Sergeant war, ein farbiger Sergeant – und ich sagte ihm, dass da Frauen waren und

Kinder, die verwundet waren – ob er ihnen helfen könnte (…)? Er sagte so etwas wie: Der einzige Weg, ihnen zu helfen, sei, sie zu töten. Ich dachte, er macht einen Witz. (…)

Ich sagte: Warum schauen Sie nicht, ob Sie ihnen helfen können?, und hob wieder ab. Als ich abhob, sagte mein Crew Chief, dass der Kerl in den Graben schoss.

Seinem Biografen wird Thompson später erzählen, ihm sei in diesem Moment der Gedanke gekommen, die Toten im Graben seien womöglich alle von amerikanischen Soldaten getötet worden. Er habe den Gedanken aber sofort beiseite gewischt. Ein Massaker? Außer Kontrolle geratene Soldaten, die wehrlose Menschen abschlachteten? So etwas taten Nazis, aber sie waren doch US-Soldaten.

***

Vietnamesische Bonsai, Erdbeerbäume, Minze. Eine friedliche Szenerie an einem Sommermorgen mehr als ein halbes Jahrhundert später. Mitten im Schrebergarten steht Pham Thi Nhanh, eine elegante, ernste Frau Ende sechzig mit zusammengebundenen schwarzen Haaren.

«Damals sah es hier anders aus», sagt Pham Thi Nhanh, «nicht so zugewachsen.» Man konnte bis zum Meer gucken. Im Jahr 1968 ist sie 14, und so wie Hugh Thompson tagtäglich zu seinen Aufklärungsflügen startet, so hat auch sie ihre Alltagsroutine im Krieg. Tagsüber kümmert sie sich um ihren jüngeren Bruder, abends besucht sie die improvisierte Schule des Vietcong. Mal hier, mal dort, wo im Dorf es gerade sicher scheint. Einmal in der Woche, jeden Samstag, ist sie für die Einkäufe zuständig.

Gegen sieben Uhr, etwa zur selben Zeit, als Hugh Thompson seinen Dienst antritt, macht Pham Thi Nhanh sich zu Fuß auf den

Weg von ihrem Dorf zum Markt. Auf einmal hört sie das Rattern von Rotoren, Schüsse. Ein ohrenbetäubender Lärm. Menschen stieben auseinander. Pham Thi Nhanh versteht nicht, was hier vor sich geht. Sie rennt mit anderen Kindern, Frauen, einem alten Mann zum nächsten Bunker.

«Das war genau hier», sagt sie.

«Bunker» klingt übertrieben. Pham Thi Nhanh deutet die Dimensionen an: zwei mal vier Meter groß, anderthalb Meter hoch, mit einem spitzen Dach. Mit den Händen formt sie ein Dach. «Unsere Bunker waren aus Erde.» Vor den meisten Hütten gab es welche, getarnt mit Grünzeug.

«Wir waren zwei Stunden da drin», sagt Pham Thi Nhanh. Zu neunt sitzen sie auf dem Boden, dicht an dicht. Stehen geht nicht. Sehen kann man auch so gut wie nichts. Nur hören. «Ich hörte das Töten.»

Ab und zu drängeln sie sich am Eingang und lugen hinaus.

Ein Helikopter landet ganz in ihrer Nähe. Die Amerikaner haben sie entdeckt. Entsetzen bei den neun im Bunker.

Thompson: (…) Wir kamen östlich am Dorf vorbei, und ich sah diesen Bunker, und entweder mein Crew Chief oder der Schütze sagte, dass da ein Haufen Kinder im Bunker waren und dass sich Amerikaner diesem Bunker näherten. Da war ein kleines offenes Geländestück, ein Feld, das wie ein Hufeisen geformt war. Also landete ich in der Mitte des Hufeisens, stieg aus dem Hubschrauber und sprach mit dem Lieutenant, der da war: In dem Bunker seien Frauen und Kinder – ob er sie da rausholen könne. Er sagte, der einzige Weg, sie rauszukriegen, sei mit einer Handgranate.

Auf die Frage, was dann geschah, antwortet Thompson bei der Vernehmung ausweichend. Er bittet um Unterbrechung, nimmt sich einen Anwalt.

Auch Larry Colburn, sein Bordschütze, Spitzname One Shot, wird befragt. Glenn Andreotta, das dritte Crewmitglied, kann nicht mehr aussagen. Er ist drei Wochen nach dem Massaker von My Lai gefallen.

Frage: Können Sie uns eine generelle Vorstellung davon geben, wer im Bunker war? (...)

Colburn: Zehn oder zwölf Vietnamesen, es waren alte Männer und Frauen und Kinder.

Frage: Was passierte dann?

Colburn: Wir dachten, dass die Infanteriesoldaten sie wahrscheinlich töten würden, wenn sie aus dem Bunker herauskommen. Und Hugh Thompson wollte sie aus dem Gebiet wegbringen. (...) Thompson befahl uns, dem Crew Chief und mir, aus dem Hubschrauber auszusteigen und unsere Waffen mitzunehmen. (...) Wenn die amerikanischen Truppen auf die Leute aus dem Bunker schießen würden, während er versuchte, sie da rauszuholen, sollten wir zurückschießen. (...) Dann ging Hugh Thompson zum Bunker. Ich sah, wie er mit einem amerikanischen Soldaten sprach.

Später wird Hugh Thompson alles, was Colburn ausgesagt hat, bestätigen. Seinem Biografen wird er auch erzählen, dass er dem ranghöheren Lieutenant drohte: «Sie werden nicht zum letzten Mal von dieser Sache gehört haben!»

Am stärksten, sagt Pham Thi Nhanh, sei ihr im Gedächtnis geblieben, wie jung die drei Männer waren, die zum Bunkereingang kamen, nur ein paar Jahre älter als sie. «Sie wirkten sehr freundlich», erinnert sich Pham Thi Nhanh. «Der eine rief etwas, das ich nicht verstehen konnte. Und er winkte, dass wir kommen sollten. Seine Augen sagten mir, dass er ein Retter war.»

Sie wagt sich raus aus dem Bunker, zusammen mit den acht anderen. Vor ihren Augen die ganze Widersprüchlichkeit des

Krieges: die Toten, die überall am Boden liegen, die Hubschrauber, die Waffen. Die freundlichen Gesichter der drei Männer.

Ein Helikopter, angefordert von Hugh Thompson, bringt sie fort. Er landet nicht weit weg auf einer Anhöhe und lässt sie raus: Kinder, Frauen, Alte. Neun Überlebende, gerettet von Amerikanern vor Amerikanern.

Später kehrt Pham Thi Nhanh zu Fuß zurück nach Hause, in den Nachbarweiler von My Lai. Das Haus der Familie steht noch. Ihre Mutter lebt und ihr Bruder auch.

Thompsons Helikopter braucht Treibstoff. Deshalb müssen sie zurück nach Chu Lai, zum Militärflugplatz. Aber Thompson hat noch eine Idee.

Thompson: Ich fragte meine Leute, ob sie noch einmal zurückfliegen wollten und den Graben kontrollieren wollten und sehen, ob da noch jemand lebte. Und sie sagten, sie wollten. Wir flogen zurück und landeten nahe beim Graben und stiegen aus. Ich stand beim Helikopter mit einer M-60, und sie gingen rein in den Graben und kamen ein paar Minuten später mit einem kleinen Kind heraus. Es hatte einen Kratzer am Arm, der von einem Geschoss kommen konnte oder eben bloß ein Kratzer war. Ich fragte, ob da noch mehr waren, und sie sagten, ja, da wären mehr, aber sie seien schlimmer verletzt. Und wir konnten nur einen mitnehmen, also setzten wir ihn in den Helikopter und brachten ihn nach Quang Ngai ins Krankenhaus.

***

Im Bewässerungsgraben schwimmt eine Kokosnuss, man kann nicht anders, als an einen Kopf zu denken. Mit wackeligen Schritten geht Do Ba, die Hände hinter dem Rücken verschränkt, den Graben entlang. Ein hagerer, fast dürrer Mann Mitte sechzig, er weiß sein Alter selbst nicht genau. Damals, sagt er, sei er ungefähr zehn gewesen.

Do Ba hat ein faltiges, sonnengegerbtes Gesicht. In seinem rechten Unterarm steckt eine Kanüle, festgeklebt mit einem Pflaster. Er ist vor ein paar Stunden aus dem Krankenhaus entlassen worden, Denguefieber. Es geht ihm offensichtlich nicht gut. Zur Gedenkstätte, die genau neben dem Bewässerungsgraben errichtet wurde, kommt er trotzdem. Er hat es nicht weit. Sein Haus steht hundertfünfzig, zweihundert Meter entfernt von dem Ort, an dem das Schlimmste und zugleich das Beste in seinem Leben geschah.

Do Ba sagt, er habe eine Mutter gehabt und drei Geschwister. Am Morgen des 16. März 1968 spielen die Kinder auf dem Weg vor dem Haus: Do Ba, seine Geschwister und die anderen aus dem Dorf. Dann kommen die Hubschrauber und bringen die Soldaten. Die Amerikaner treiben die Dorfbewohner in den Graben «wie Vieh». Dann schießen sie.

«Ich war sehr klein, das war mein Glück.» Do Ba liegt unter mehreren Schichten von Leichen.

Als das Schlachten vorbei ist, kommt wieder ein Hubschrauber. Männer steigen aus und inspizieren den Graben. Sie schießen nicht, sie werfen keine Handgranaten. Zweimal kommen sie dort vorbei, wo Do Ba liegt, regungslos, lautlos, damit sie ihn für tot halten. Als sie beim dritten Mal noch immer nicht schießen, entscheidet er, ihnen zu vertrauen.

Es ist Glenn Andreotta, der Crew Chief, der ihn aus dem Graben zieht. Larry Colburn, der Bordschütze, trägt ihn zum Helikopter. Im Helikopter sitzt Do Ba auf Colburns Schoß. Am Steuer: Hugh Thompson, der schweigend weint.

«Es war, als wäre ich neu geboren», sagt Do Ba.

Thompson: Das Kind war auf meiner rechten Seite.

Frage: Hatten Sie zu der Zeit, als das geschah, das Gefühl, dass einige Unschuldige oder Nichtkombattanten unnötig getötet wurden? Hatten Sie dieses starke Gefühl?

Thompson: Ja. Ich hatte das Gefühl, dass einige Leute getötet wurden, die nicht hätten getötet werden sollen.

Im Krankenhaus will Do Ba nicht bleiben. Er haut ab. Einer seiner drei Retter will ihn noch aufhalten, Do Ba ist schneller. Er will nach Hause. Das Zuhause aber gibt es nicht mehr. Do Ba hat weniger Glück als Pham Thi Nhanh. Seine Mutter und die drei jüngeren Geschwister sind tot.

Gegen elf Uhr ist Thompson zurück auf der Militärbasis in Chu Lai. Aufgebracht berichtet er seinem Kommandeur, was geschehen ist. Die Meldung geht die Befehlskette hinauf. Das Feuer wird eingestellt. Über Funk geht die Order raus: «*Stop the killing*», «*stop killing civilians*». Nach vier Stunden ist das Massaker von My Lai zu Ende.

Thompson wird später sagen, er sei fest überzeugt gewesen, dass nun eine Untersuchung der Geschehnisse in Gang gesetzt werde. Es gibt zahlreiche Zeugen, auch hat Thompson im Lauf des Vormittags mehrere Funksprüche abgesetzt, in denen er von toten Zivilisten berichtete, von Soldaten, die Grausamkeiten begingen. Doch es dauert anderthalb Jahre, bis die Army den Vorwürfen ernsthaft nachgeht. Sie kann nicht anders, denn ein Soldat, der von Kameraden erfahren hat, was geschehen ist, hat die Behörden informiert. Er hat Abgeordnete kontaktiert, den Verteidigungsminister, sogar Präsident Richard Nixon. Der Journalist Seymour Hersh wird auf die Vorwürfe aufmerksam und veröffentlicht seinen ersten Artikel. So kommt es endlich zu der Untersuchung, bei der Thompson im Pentagon aussagt.

Es gibt eine ganze Reihe von Gerichtsprozessen gegen Militärangehörige. Doch nur ein einziger Soldat wird verurteilt, wegen Mordes in 22 Fällen. Es ist der Lieutenant, dem Thompson gedroht hatte. Die lebenslange Haftstrafe wird von Präsident Nixon in Hausarrest umgewandelt, und auch der wird nach dreieinhalb Jahren aufgehoben.

Alle Bemühungen der Politik und des Militärs, herunterzuspielen, was in My Lai geschah, sind jedoch vergebens. Als das Massaker bekannt wird, dreht sich die Stimmung in den USA, der Rückhalt für die Regierung bröckelt, immer mehr Menschen schließen sich der Anti-Vietnamkriegs-Bewegung an. Die USA sind diskreditiert. Es wird noch bis 1975 dauern, bis sie sich aus Vietnam zurückziehen, aber My Lai ist der Anfang vom Ende dieses Kriegs. Auf einmal ist der amerikanische Soldat, der 25 Jahre vor My Lai noch Europa befreit hat, für viele Menschen auf der ganzen Welt kein Held mehr – sondern ein Mörder.

Der Krieg ist nicht mehr zu rechtfertigen. Nun ist es der Vietcong, der die Moral auf seiner Seite hat.

Beim Vietcong begreifen sie sofort, welches Kapital in dem geretteten Jungen steckt. Gleich nach dem Massaker, erzählt Do Ba, hätten sie ihn zusammen mit anderen Überlebenden in einem Camp in den Bergen einquartiert. Sie brachten ihm bei, seine Geschichte zu erzählen. Sie lehrten ihn, was er sagen sollte. Was er nicht sagen sollte. Dass er weinen sollte, wenn er in seiner Erzählung zu der «Sie erschossen sie alle»-Stelle kam. Dann schickten sie ihn in die Welt.

«Ich war in fast allen kommunistischen Ländern!» Do Ba zählt auf: Tschechoslowakei, Ungarn, Rumänien, DDR. Er weiß nicht mehr viel von dieser Zeit, sie rauschte an ihm vorbei. Der Wohlstand, das Essen, das er nicht kannte, feiernde Studenten in der DDR.

In Interviews mit der sozialistischen Weltpresse erzählt er damals von den grausamen Amerikanern, die Frauen, Kinder und alte Männer getötet haben. Was er nicht erzählt, weil er es nicht darf, ist die Geschichte der drei freundlichen Amerikaner, die ihn gerettet haben.

«Ich war ein Propagandainstrument», sagt Do Ba.

***

In Amerika wird Hugh Thompson in den folgenden Jahren zu einer Reizfigur. Denn es gibt nicht nur die Friedensbewegten, die in den Soldaten *baby killers* sehen. Es gibt auch die anderen, die Menschen wie Thompson für Nestbeschmutzer halten. Er bekommt Hassbriefe, auf seiner Veranda werden Tierkadaver abgelegt. Thompson ist der Soldat, der seine eigenen Leute bedroht hat.

Es wird dreißig Jahre dauern, bis die U. S. Army ihre Meinung über die drei aus dem Hubschrauber ändert. Sie tut das nicht freiwillig.

David Egan, ein Architekturprofessor aus South Carolina, ist durch eine Fernsehdokumentation auf Hugh Thompson und seine beiden Crewmitglieder aufmerksam geworden. Er fordert, Thompson müsse einen Orden bekommen. Egan schreibt an Abgeordnete, Minister, Generäle. 120 Briefe in neun Jahren. Zum 30. Jahrestag des Massakers kann sich die Army nicht mehr entziehen.

Am 6. März 1998 erhalten Hugh Thompson und Larry Colburn am Denkmal für die Vietnam-Veteranen in Washington die *Soldier's Medal*. Glenn Andreotta bekommt den Orden posthum. Es ist die höchste Auszeichnung der Army für heldenhaftes Verhalten ohne Feindkontakt. Die drei, heißt es in der Urkunde, seien ein Beispiel für die höchsten Standards an persönlichem Mut und ethischem Verhalten. Thompson trägt eine Krawatte mit *Stars and Stripes*.

Und noch eine Zeremonie gibt es, zehn Tage später. Sie findet in Vietnam statt. Hugh Thompson und Larry Colburn reisen aus Amerika an. Auch ein 40-jähriger schmaler Mann und eine 44-jährige Frau gehören zu den geladenen Gästen.

Do Ba kommt mehr oder weniger direkt aus dem Gefängnis. Er ist eigens für diese Veranstaltung freigelassen worden. Im Gefängnis war er, weil er beim Unabhängigkeitspalast in Ho-Chi-Minh-Stadt, dem ehemaligen Saigon, Kabel geklaut hatte. Eine Sache, über die er offensichtlich nicht gern redet. Sein Leben ist nicht gut weitergegangen nach dem Ende des Krieges. Seine Zeit als kleine Berühmtheit der sozialistischen Welt war vorbei. Für eine Ausbildung hatte er kein Geld. Er ging nach Ho-Chi-Minh-Stadt, wurde Straßenverkäufer, Bauarbeiter, verlor den Halt.

Aber so wie es der U.S. Army dreißig Jahre nach dem Massaker sinnvoll erscheint, sich an Hugh Thompson und die beiden anderen zu erinnern, so sinnvoll erscheint es zur selben Zeit der vietnamesischen Regierung, sich an Do Ba zu erinnern. Die Beziehungen der beiden Länder sollen normalisiert werden. Jetzt ist die Geschichte von den amerikanischen Rettern, die Do Ba so lange für sich behalten sollte, nützlich.

Do Ba sieht Hugh Thompson und Larry Colburn wieder, und zum zweiten Mal ist die Begegnung mit den beiden Amerikanern für ihn der Beginn eines neuen Lebens. Es gibt ein Foto von der glücklichen Wiedervereinigung: Do Ba umarmt Hugh Thompson, fast zärtlich, voller Vertrauen.

Was Hugh Thompson und Larry Colburn beim Massaker von My Lai erlebt haben, treibt die beiden Männer um bis zu ihrem Tod. Nachdem sie endlich gewürdigt worden sind, treten sie gemeinsam bei Veranstaltungen der U.S. Army auf und erzählen angehenden Offizieren von dem, was in My Lai geschah und nie hätte geschehen dürfen. Jahrelang geht das so, inzwischen sind Thompson und Colburn beste Freunde. Thompson redet bei seinen Auftritten und in Interviews davon, wie sehr er darunter leidet, dass er nicht noch mehr Menschen retten konnte.

Thompson arbeitet zuletzt als Pilot für Ölkonzerne. Viermal heiratet er, sein Glück findet er nicht. Er stirbt 2006 mit 62 Jahren an Leberkrebs, Folge seiner Alkoholsucht. Colburn, zuletzt Vertreter für orthopädische Produkte, stirbt zehn Jahre später mit 67 an der gleichen Krankheit.

Pham Thi Nhanh, die von den beiden vor einem halben Jahrhundert aus einem Bunker gerettet wurde, lebt heute 15 Kilometer von My Lai entfernt in der Provinzhauptstadt Quang Ngai. Sie ist eine wohlhabende, angesehene Frau geworden. Mit ihrem Mann, einem früheren Vietcong-Kämpfer und späteren ranghohen Militär, wohnt sie in einem Stadthaus. In ihrem Wohnzimmer hängen unzählige Familienbilder. Pham Thi Nhanh verbringt viel Zeit mit ihren fünf Enkelkindern. Sie sagt, sie habe beschlossen, die Vergangenheit hinter sich zu lassen.

Do Ba, der Junge aus dem Bewässerungsgraben, lebt heute mit seiner Frau und seinem Teenager-Sohn in dem Haus gleich neben dem Ort des Massakers. Es ist ein äußerst bescheidenes Zuhause. Vor ihrer Tür bewirtschaften Do Ba und seine Frau ein gepachtetes Reisfeld. Sie haben ein paar Hühner und einen Hund. Drinnen im Haus stehen nur wenige Möbel, die Farbe an den Wänden ist abgeblättert. Im Esszimmer hängt gerahmt ein Foto an der Wand. Es zeigt Hugh Thompson und Larry Colburn bei der Ordensverleihung in Washington.

«Er ist wie mein Vater», sagt Do Ba über Hugh Thompson, den Mann, der mitten zwischen Menschen, die den moralischen Kompass verloren hatten, wusste, was richtig ist und was falsch.

Das Ich in der Welt

*Mit einem geschickt vermarkteten Floß-Trip
über den Pazifik nimmt der Norweger Thor Heyerdahl
das Prinzip Instagram vorweg*

Von Henning Sußebach

Am 28. April 1947 bietet sich den Menschen in der peruanischen
Küstenstadt Callao ein seltsames Schauspiel. Zu Hunderten ha-
ben sie sich auf den Kaimauern des Hafens eingefunden, um einem
Abschied beizuwohnen. Was sie auf dem Wasser erblicken, wirkt
so, als hätten sich Bilder aus zwei unterschiedlichen Epochen
übereinandergeschoben. Da zieht ein stählerner Schlepper, unter
Dampf und ganz Gegenwart, ein hölzernes Floß, wie aus tiefster
Vergangenheit gekommen. So nimmt das Gespann Kurs auf den
Pazifischen Ozean.

Das Floß besteht aus nichts als neun Baumstämmen aus leich-
tem Balsaholz, einem Deckshaus aus Bambus und einer fragil wir-
kenden Takelage. Alles mickrig in Anbetracht dessen, dass es aufs
größte Meer der Erde geht. Die Crew winkt, sechs Männer aus
Skandinavien, begleitet von einem plappernden Papagei. Der Ka-
pitän der Mannschaft ist Norweger, er heißt Thor Heyerdahl, sein
Gefährt trägt den Namen *Kon-Tiki*.

Es ist später Nachmittag in Peru. Vom Ufer aus betrachtet, ver-
sinkt das Floß bald hinter der Horizontlinie im Westen, im Hafen
zerstreuen sich die Schaulustigen in der Dämmerung. Auf dem
Ozean gleitet das Floß in die Schwärze der Nacht, und für die
Besatzung macht es keinen Sinn mehr, sich länger umzublicken.
«Das letzte Leuchtfeuer war achteraus verschwunden», der Kon-

takt zur Zivilisation gekappt, so wird Heyerdahl diese Schicksalsstunde später in einem Buch beschreiben.

Was für die Menschen auf den Kaimauern von Callao nur ein unterhaltsamer Augenblick gewesen sein mag, ist für Heyerdahl Aufbruch in ein unbekanntes Abenteuer und zugleich Abschluss eines zehnjährigen Strebens.

In jenem Frühjahr 1947 ist die Welt längst vermessen, der Globus ist komplett, alle Kontinente sind – wenn man die Perspektive des weißen Mannes einnehmen will – erobert und erschlossen. Thor Heyerdahl, Sohn eines Brauers aus Larvik, scheint für seinen Entdeckerdrang Jahrhunderte zu spät geboren zu sein. Seinen Landsmann Roald Amundsen kann er nur nachträglich zum Südpol begleiten, als junger Leser. Als Kind streift er tagelang mit seinem Hund durchs Hinterland der norwegischen Südküste, sammelt Käfer, Asseln und Vogelskelette, stellt die Funde in seinem Elternhaus in einem kleinen Museum aus und fügt den Exponaten seinen eigenen Blinddarm hinzu, eingelegt in Spiritus. Als junger Erwachsener studiert Heyerdahl Zoologie und reist, so weit er kommt. England, Amerika, Ozeanien.

Nun, auf dem Floß, im Pazifik, in einer Welt «blau in blau», wie er schreibt, ist Heyerdahl 32 Jahre alt und angetreten, eine Theorie zu beweisen, an die damals kaum ein Wissenschaftler glaubt. Heyerdahl ist überzeugt: Die Südsee, die Inselwelt Polynesiens, sei nicht von Asien aus besiedelt worden, sondern von Amerika.

Zehn Jahre zuvor war Heyerdahl mit seiner Frau Liv, einer Studentin der Ökonomie, auf Hochzeitsreise gegangen, bis auf die Marquesas-Inseln mitten im Pazifik. Das wagemutige Paar träumte von einer Robinsonade. Im Dschungel fanden die beiden Felszeichnungen und Steinfiguren, ganz ähnlich Funden in Peru. Sie sahen die Menschen Süßkartoffeln essen, Kulturpflanzen aus Südamerika. Dazu erzählten ältere Einwohner von ihrem Schöpfer

Während der ersten Tage droht die Expedition
im «Wogenchaos» zu scheitern

«Tiki», der Name nahezu identisch mit «Kon Tiki», dem Sonnengott aus den Legenden der Inka. Und trieben nicht der kalte Humboldtstrom und der warme Ostpassat alles und jeden von der Küste Südamerikas nach Westen, also ins pazifische Inselreich?

Daran glaubt Thor Heyerdahl, deshalb ist er auf dem Floß. Er hat Skizzen uralter südamerikanischer Balsa-Flöße studiert, die spanische Eroberer im Mittelalter nach Europa brachten. Der Überlieferung zufolge hatten indigene Völker diese Gefährte zum ufernahen Fischen genutzt – aber Heyerdahl meint, sie hätten damit den ganzen Pazifik befahren. Mit seiner Mannschaft hat er ein Floß nachgebaut, ohne einen einzigen neuzeitlichen Nagel, ohne jede Schraube, alles mit Hanfseilen verknotet und verzurrt. Heyerdahl ist sicher, der «ewige Ostwind» werde die Rahsegel der *Kon-Tiki* füllen und sie nach Westen schieben. An Bord sind 1100 Liter Trinkwasser und Proviant für vier Monate.

Doch schon während der ersten Tage scheint die Expedition zu

35

scheitern, in einem «Wogenchaos», wie Heyerdahl später ausführen wird. Der Wellengang ist so gewaltig, dass die Ruderpinne den Steuermann grün und blau schlägt. Die Besatzung fühlt sich auf den locker verbundenen Stämmen «wie auf dem Rücken eines großen, atmenden Tieres».

Dass Heyerdahl sein Leben und das seiner Begleiter aufs Spiel setzt, ist nicht allein damit zu erklären, dass sein Floß mit historischen Vorbildern übereinstimmen soll. Da ist ein über die Jahre gewachsener Groll.

Welchem Geografen, Ethnologen, Linguisten und Archäologen auch immer der Norweger seine Theorie vorstellte, kein etablierter Wissenschaftler nahm ihn ernst. An allen Universitäten, von allen Professoren bekam er Widerspruch zu hören, Argumente wie diese: Es gibt große sprachliche Gemeinsamkeiten zwischen Malaien und Polynesiern. Dazu halten beide Kulturen Hühner, Schweine und Hunde. Auch dümpeln die Polynesier nicht auf plumpen Flößen übers Wasser, sondern fahren – wie die Indonesier – schnelle, schlanke Auslegerkanus. Und warum überhaupt sollte Polynesien von Amerika aus besiedelt worden sein, jemand sieben- bis achttausend Kilometer Wasserwüste durchqueren, wenn es von Asien aus viel leichter zu erreichen ist, quasi hüpfend, von Archipel zu Archipel?

Heyerdahl grämt sich wegen der Gewissheit und Herablassung, die er in allerlei Schreibstuben erfährt, von Gelehrten vor Regalen voller Bücher. «Manche davon hatte ein Mensch geschrieben, und kaum zehn andere auf der Welt hatten sie gelesen», ätzt er.

Nun ist Archäologie auf dem Wasser nahezu ein Ding der Unmöglichkeit. Anders als die Erde verwischt das Meer alle Spuren. Da sind keine Artefakte, keine Ruinen, keine Römerstraßen. Heyerdahl verlegt sich auf etwas, das «experimentelle Archäologie» heißt. «Wenn ich die Fahrt unternehme, wird man mich anhören müssen und die Augen nicht mehr verschließen können», zitiert ihn sein Biograf Ragnar Kvam. Als er schließlich aufbricht, tut er das mit verletztem Stolz. Auch ist seine Ehe zermürbt, zu oft war seine Theorie ihm wichtiger als seine Frau und die mittlerweile geborenen Söhne. Dazu noch sind seine Ersparnisse aufgebraucht.

Heyerdahl kann nichts mehr verlieren. Aber gewinnen.

Und tatsächlich! Nach etwa zehn Tagen auf See stabilisiert sich die Lage, stabilisiert sich auch die Laune. Seemeile um Seemeile driftet die *Kon-Tiki* nach Westen. Weil das Floß so flexibel gebaut ist, federt es alle Schläge der See ab. Wenn hohe Wellen über es hereinbrechen, fließt das Wasser durch die Ritzen wie durch ein Sieb, zurück bleiben Fische, Nahrung. Die *Kon-Tiki* wird von Bonitos, Thunfischen, Walen, Haien begleitet. Immer wieder springen fliegende Fische an Deck. Heyerdahl beschreibt sie als «Regen von Projektilen». Die Besatzung vergleicht sie mit gebratenen Tauben aus dem Schlaraffenland. Nachts leuchtet das Meer, erhellt von biolumineszentem Plankton. Die Mannschaft schwebt wie entkoppelt von Raum und Zeit, «ob wir 1947 vor oder nach Christus schrieben, hatte plötzlich seine Bedeutung verloren. Einzig, dass wir lebten, fühlten wir tief und stark.» Von Salz und Sonne sind die Haare der sechs Skandinavier noch heller geworden, ihnen sind Bärte gewachsen, sie baden nackt. Sie sind die ersten Hippies, auch wenn das Wort damals noch nicht erfunden ist.

Dabei ist Heyerdahl nicht der Nonkonformist, als der er sich fühlt. Er will die Anerkennung der alten Garde, ist ein Kind seiner Zeit, ein weiterer weißer Europäer, der mit einer – wenn auch vergleichsweise wohlwollenden – Herablassung auf andere Ethnien schaut. In seinen Veröffentlichungen schreibt Heyerdahl von «primitiven Volksstämmen», «Negern», «plappernden Südländern» und «reinblütigen Bergindianern». Von seiner Hochzeitsreise im Jahr 1937 brachte er dem Rassenideologen Hitlers, Hans F. K. Günther, zwecks Vermessung einen Schädel mit, gestohlen aus einer polynesischen Grabstätte. Zehn Jahre und einen Weltenbrand später sind einige Männer auf dem Floß kriegstraumatisiert und suchen Abstand, gedanklich wie geografisch. An einer Stelle in Heyerdahls Erinnerungen heißt es: «Alle Pforten des Horizonts standen offen, und es taute förmlich Friede und Freiheit von der Himmelswölbung herab. Uns war, als würden der frische Salzgeruch der Luft und die Reinheit, die uns umgab, Körper und Seele waschen und klären.»

Im Deckshaus der *Kon-Tiki* steht ein Funkgerät, mit ihm hält die Besatzung Kontakt zur Außenwelt. Per Sextant bestimmt die Mannschaft ihre Position. Nach 45 Tagen passiert das Floß den 108. Längengrad, die Hälfte des geplanten, erhofften, ersehnten Weges. Am 60. Tag wäscht ein Brecher den Papagei von Bord. Zornig und gelangweilt fängt die Crew Haie und metzelt sie auf Deck dahin. Dann tobt fünf Tage lang ein Sturm, zerreißt das Segel, lässt das Floß «recht schlottrig» zurück. Die Männer sichten Fregattvögel und Tölpel, sehen immer größere Vogelschwärme, hören «erdgebundenes Geschrei».

94 Tage sind verstrichen, da sieht der Mann im Mast Palmen am Horizont. Land! Eine Insel! Der erste sichtbare, nicht nur gemessene Beweis, sich wirklich bewegt zu haben. Doch die Strömung treibt die *Kon-Tiki* an dem Eiland namens Puka-Puka vorbei, kurz darauf auch an Fangatau. Dann endlich, 101 Tage nach dem Aufbruch in Peru, spült die Brandung das Floß auf das Riff des Raroia-Atolls. Die *Kon-Tiki* wird zum Wrack zerschlagen, die Bambushütte fällt wie ein Kartenhaus zusammen. Die sechs Männer überleben und waten durch die Lagune einer Insel entgegen, prall schön «wie ein strotzender grüner Blumenkorb».

Thor Heyerdahl fällt auf die Knie und greift in den Sand. Er feiert das Gelingen seiner Mission mit einer Geste aus tiefer Vergangenheit. Was die Zukunft bringt, kann er zu der Stunde nicht ahnen.

Es wird viel Enttäuschung sein. Nach ein paar Tagen werden

Heyerdahl und seine Crew von der Insel abgeholt, auf einem ganz normalen Schiff reisen sie zurück in die moderne Welt. Einige Wochen später lädt der Präsident der Vereinigten Staaten, Harry S. Truman, die Teilnehmer der Expedition zwar ins Weiße Haus ein. Doch breite Anerkennung der Wissenschaft wird Heyerdahl versagt bleiben. In den Augen etablierter Forscher hat er alles riskiert – und nichts belegt. Ein amerikanischer Ethnologe setzt die schärfste Spitze: «Heyerdahl hat nichts anderes bewiesen als das, was wir schon vorher wussten: Die Norweger sind tüchtige Seeleute.»

Warum ist uns der Name Heyerdahl trotzdem bis heute geläufig, hat einen Klang, mit dem sich Zelte und Funktionskleidung verkaufen lassen? Weshalb erscheinen uns die Schwarz-Weiß-Bilder von der *Kon-Tiki* so vertraut? Sogar jenen, die sie nie zuvor gesehen haben?

Ohne seine Reise wäre in den Bücherwänden mehrerer Generationen eine Lücke geblieben, ein eskapistisches Verlangen in den Nachkriegsjahren unerfüllt. Und mehr noch. Mit dem Wissen von heute muss Thor Heyerdahl als Urahn des Vortragsreisenden gelten. Als früher Reiseblogger, als Erfinder des Prinzips Instagram, der die Vermarktung eines Abenteuers schon vor dessen Antritt mitdenkt.

Zwar hat sich Heyerdahl im Sommer 1947 den Naturgewalten ausgeliefert, aber ansonsten nichts dem Zufall überlassen. Schon vor dem Aufbruch hat er Verträge über Vortragsreisen und Artikelserien abgeschlossen. Er ist eine Kooperation mit dem amerikanischen Filmhersteller Kodak eingegangen. Unterwegs schreibt, fotografiert und filmt er ausgiebig. An Bord der *Kon-Tiki* befindet sich ein winziges Schlauchboot, auf dem Schiffbrüchige nicht lange überleben würden, aus dem sich aber an ruhigeren Tagen, im Schlepp, eine aufregende Perspektive von außenbords einnehmen lässt. Als Heyerdahl auf Raroia landet, birgt er Kilometer an belichtetem Film aus dem Wrack. Dann sichert er das Floß. Nachdem Funkkontakt gefunden ist, setzt er eine triumphierende Meldung ab: «Habe die Durchführbarkeit einer prähistorischen Überfahrt von Peru nach Ozeanien erprobt. Festgestellt, dass südamerikanische Flöße aus Balsaholz vielleicht die seetüchtigsten aller primitiven Fahrzeuge waren. (...) Der riesige Ozean zwischen Südamerika und Polynesien war kein Hindernis für den primitiven Menschen. Hatten eine ausgezeichnete Reise. Viele Erlebnisse. (...)»

Roald Amundsen hatte sich kürzer gehalten, als er wenige Jahrzehnte zuvor vom Südpol zurückkam und erstmals Gelegenheit hatte, zu telegrafieren: «Pol erreicht. Roald.»

Schon vor Heyerdahl haben Forschungsreisende Aufzeichnungen gemacht, Logbücher geführt – vor allem, um im Falle ihres nicht unwahrscheinlichen Todes den Nachkommen etwas zu hinterlassen und sich zumindest Nachruhm zu sichern. Bereits Heyerdahls Idol Amundsen verfasste dann Bücher in populärer Prosa. Aber Heyerdahl selbst geht noch einmal anders vor. Er denkt von Beginn an in Formaten und Produkten. Er hat erst seit drei Monaten wieder Land unter den Füßen, da zeigt er Ende 1947 in New York erste, eilig geschnittene Filmaufnahmen. Das Floß wird per Frachtschiff nach Skandinavien transportiert und zum Ausstellungsstück. Im November 1948, ein Jahr nach der Reise, erscheint Heyerdahls Buch *Kon-Tiki ekspedisjonen*. Im norwegischen Weihnachtsgeschäft verkauft es sich 50 000-mal. Anfang 1950 wird der Film *Kon-Tiki* uraufgeführt, gleich im Vorspann ist vermerkt: *«photography, manuscript and production by THOR HEYERDAHL»*. Alles aus einer Hand, alles unter einem Namen. Der Film wird in Hollywood mit einem Oscar ausgezeichnet, das Buch in siebzig Sprachen übersetzt und etwa einhundert Millionen Mal gedruckt.

Thor Heyerdahl, zu spät geboren, um ein Entdecker zu sein,

erfindet also – nicht ganz nebenbei – ein neues Genre: Das Ich in der Welt, möglichst spektakulär inszeniert. Bis heute ist es derart gegenwärtig, dass sogar viele Normalbürger ihre Reiseziele nach fotografischer und filmischer Verwertbarkeit auswählen.

Im Herbst 2020 veröffentlichten Biologen der kalifornischen Universität Stanford Ergebnisse einer Genanalyse mehrerer Hundert Personen aus Südamerika und Polynesien. Sie haben Überschneidungen gefunden. Vor etwa achthundert Jahren muss es Kontakt zwischen beiden Kulturen gegeben haben. Ungeklärt bleibt, ob wirklich indigene Völker auf den Südseeinseln siedelten, bevor die Asiaten kamen, wie Heyerdahl vermutete. Oder ob die Polynesier damals bis nach Südamerika navigierten und von dort Süßkartoffeln, Frauen und die Legende vom Sonnengott Kon Tiki mitbrachten.

Thor Heyerdahl hätte eine Meinung dazu gehabt. Doch er starb zwanzig Jahre vor dieser Entdeckung, in Italien, nach drei Ehen, allerlei Expeditionen, Büchern und Filmen, als weltberühmter Mann, der sein Ziel allerdings nie erreichte.

Wie kam das Web in die Welt?

Wie sieben kluge und ein wenig seltsame Männer vor 30 Jahren ein Telefonbuch erfinden wollen und damit die Welt verändern

Von Michael Allmaier

In der Geburtsstunde des World Wide Web knallen keine Korken. Vielleicht klickt es kurz, als der Finger eines Mannes auf die Returntaste tippt. Das ist aber auch schon alles. Wer je einen Film über diesen historischen Moment vor 30 Jahren dreht, wird ausschmücken müssen: Wissenschaftler in ihrem Labor, die sich auf die Schultern klopfen. Bildschirme überall auf der Welt, die gleichzeitig aufflackern mit jenen drei Lettern: WWW. Denn die Wahrheit würde einem ja doch keiner glauben.

Bernd Pollermann: Warum ich mitgemacht habe? Damit die Kollegen nicht länger nerven, mit ihren ewigen Anfragen nach internen Telefonnummern.

Bernd Pollermann war der Mann, der den ersten Webserver programmiert hat. Ein deutscher Physiker, damals 48. Fragt man frühere Mitstreiter nach ihm, müssen die meisten lachen. «Ach, Bernd ...» – «Das war ein Philosoph. Was ist denn aus dem geworden?»

Schon der Schauplatz dieser Geschichte ist unwahrscheinlich: keine Hochschule, kein IT-Konzern, auch nicht die Garage eines brillanten Hackers, sondern die europäische Forschungseinrichtung Cern in Genf. Das Cern ist ein Ort der Extreme: Hier untersuchen Tausende Physiker mit teils kilometerlangen Maschinen kleinste Elementarteilchen. Ein paar Hundert Computer gehören 1990 auch schon zum Gerätepark, darunter einige Superrechner. Aber die darf Tim Berners-Lee nicht verwenden, als er am 20. Dezember die erste Website online stellt. Ihm überlässt man dafür nur einen handlichen schwarzen Würfel. Als das Programm läuft, klebt der junge Wissenschaftler einen Zettel darauf: «Dieses Gerät ist ein Server. NICHT AUSSCHALTEN!!»

Tim Berners-Lee: Journalisten haben mich oft gefragt, welche zündende Idee das Web erschaffen hat. Und waren enttäuscht, wenn ich ihnen sagte, dass es keinen Heureka-Moment gab. Ich habe die ersten Programme geschrieben. Aber viele andere Leute haben wichtige Zutaten beigesteuert, genauso zufällig wie ich. Der historische Durchbruch gelang einer Gruppe verstreuter Individuen mit einem gemeinsamen Traum.

Tim Berners-Lee, vielleicht der erste Mensch, dessen Eltern beide schon Informatiker waren. Klug, bescheiden, sehr introvertiert – so erinnert man sich an ihn. «Der wollte immer nur in einer ruhigen Ecke sitzen und programmieren.»

***

Durchforstet man die erste Website von damals, um eine schnöde Liste der *WWW people* zu finden, stößt man auf 19 Namen – französische, englische, deutsche, finnische, chinesische. Man hatte erwartet, auf die Internet-Tycoone von heute zu stoßen, einflussreiche Forscher, vermögende Philanthropen. Das Gegenteil ist der Fall. Die meisten der Web-Pioniere muss man erst mal googeln. Und entdeckt: wunderliche Blogeinträge. Verwaiste Homepages. Wikipedia-Artikel, die in den frühen Neunzigern abreißen. Oft aber findet man gar nichts. Wer sind diese Leute?

*An diesem Computer entwickelt Tim Berners-Lee
1990 das World Wide Web*

Bebo White: Keiner hat damals kommen sehen, was wir aus der Box lassen würden. Auch keiner von uns.

Bebo ist ein Spitzname, abgeleitet von Big Boy. Eigentlich heißt White mit Vornamen Howard, «aber wenn mich einer so anspricht, ist es wahrscheinlich ein Telefonverkäufer». Der Kalifornier erregte schon als Student Aufsehen, weil er sich in Bob Dylans Umkleidekabine schlich und prompt ein Interview bekam. 1991 wird er der erste Webmaster der USA.

Jean-François Groff: Ich hatte nur Glück, zur rechten Zeit am richtigen Ort zu sein.

Jean-François Groff kam Ende 1990 von einer französischen Fachhochschule zum Cern, um seinen Zivildienst abzuleisten. In der Liste der Pioniere steht unter anderem über ihn: «Er trug manches Nützliche bei.» So klingen Komplimente unter Physikern.

30 Jahre, eine Ewigkeit im Informationszeitalter. Um 1990 waren Handys noch so groß wie Walkie-Talkies, ein Spielzeug für Wichtigtuer. Die ersten PCs fanden ihren Platz an deutschen Schreibtischen. Fuhr man sie hoch, erschien nach einer Weile in pixeligen grünen Lettern der Schriftzug «C:/». Wer ins Internet wollte, wählte sich ein mit trillerndem Modem. Aber es gab wenige Gründe, das zu tun.

Ben Segal: Das Internet um 1990 war ein chaotischer Ort für technisch Interessierte. An eine kommerzielle Nutzung war nicht zu denken. Die war damals sogar noch verboten.

Ben Segal, Jahrgang 1937, baute schon als Schüler einen Fernseher zusammen, später entwickelte er Schnelle Brüter. Im Cern ist er für die Netzwerke zuständig. Er richtet Tim Berners-Lee seinen Zugang ein.

Im Herbst 1989 reicht Berners-Lee einen Projektvorschlag ein, der mit seinem eigentlichen Arbeitsfeld nicht das Geringste zu tun hat: Er will die grundverschiedenen Rechner im Labor quasi koordinieren. «Vage, aber spannend», schreibt sein Chef auf den Entwurf. Dann wandert der in die Schublade, für fast ein Jahr.

Robert Cailliau: Die Achtzigerjahre bescherten dem Cern eine Flut an digitalen Daten. Man konnte sie nicht mehr wie früher in Bibliotheken räumen. Tim und ich suchten dafür eine Lösung. Wir hatten, noch ehe wir uns trafen, eine ähnliche Idee: Man bräuchte ein Netzwerk, in dem ich ein Dokument lesen kann, ohne den Verfasser zu behelligen oder darauf zu warten, dass die Post mir eine Diskette bringt.

Robert Cailliau ist zu diesem Zeitpunkt seit 16 Jahren im Cern. Ein flämischer Physiker und Informatiker, der zuvor fürs Militär Kriegssimulationen programmiert hat. Weggefährten beschreiben ihn als penibel, idealistisch und sehr bedacht auf Außenwirkung. Ohne ihn, schreibt später Tim Berners-Lee, wäre das Web nie so weit gekommen. Aber sein Lob klingt bemüht: «Roberts größte Gabe war Enthusiasmus.»

White: Die Physiker damals nahmen hin, dass sie Computer brauchten. Sie konnten sie bloß nicht leiden.

Segal: Im Cern waren wir Programmierer eine geringere Lebensform. «Halt die Bienenkiste am Laufen, und nerv mich nicht damit» – so etwas bekam man zu hören.

White: Das machte die Forscher empfänglich für jeden, der versprach, sie zu entlasten.

Berners-Lee: Das Cern bezahlte mich nicht dafür, das Web zu erfinden. Jeden Moment hätte ein Vorgesetzter fragen können, was ich da eigentlich treibe. Es schien angebracht, kleine, aber messbare Erfolge vorzuweisen. Unser erster Schritt: das Telefonbuch des Cern. Das war damals eine Datenbank, und sie wurde wie viele andere von Bernd Pollermann gewartet. Ich konnte ihn beschwatzen, dass das World Wide Web sein Leben erleichtern würde.

***

Die Entwickler des WWW sitzen nicht etwa Tür an Tür. Wenn Tim Berners-Lee Robert Cailliau in seinem Büro besucht, ist er eine Viertelstunde unterwegs, auf Straßen, die nach Gelehrten wie Demokrit und Einstein benannt sind. Er überquert sogar eine Grenze: von Frankreich in die Schweiz. Das Cern ist das Gegenteil eines jungen, dynamischen Start-ups – eine behäbige europäische Institution. Trotzdem blüht dort die Anarchie. Vieles an der Geburt des Web hört sich an wie ein Lausbubenstreich.

Pollermann: Lausbuben? Ich mag das Wort. Es gab damals noch wenig Kontrolle. Wir gingen unseren Hobbys nach, und dabei entstand etwas.

Groff: Als ich beim Cern ankam, war die Arbeit schon erledigt, für die ich bestellt worden war. Zum Glück traf ich Tim, der nebenan mit seinem schwarzen Würfel zugange war. Er ließ mich ihm dabei helfen, das Web zu programmieren. Es musste aber geheim bleiben, mehr als sechs Monate lang.

Segal: Tims Rechner war nicht mal zugelassen im Cern. Den hatten wir ihm unter der Hand besorgt. Das ganze Web entstand «im Untergrund», an den offiziellen Wegen vorbei.

Die Pioniere des Web sind nicht nur ziemlich klug – sie behandeln einen auch, als sei man es selbst. Lies mal dies, kennst du das, lass mich darüber nachdenken … Mal folgt man einem Exkurs über die Bibliothek von Babel, mal einer Minderheitenmeinung zu Corona; man hört Lachsalven und Melancholie. Was fehlt, ist jeder Anklang von Dünkel oder auch nur Stolz. Immer wieder muss man sich daran erinnern, dass die Welt diesen Menschen nicht den Tintenkiller oder Post-its verdankt, sondern eine Zäsur, die mit der Erfindung des Buchdrucks verglichen wird.

White: Wer es bis ans Cern geschafft hat, der muss nichts mehr beweisen.

Groff: Das Cern ist ein Wissenschaftlertraum – so viel Offenheit und Respekt! Du sitzt da neben Nobelpreisträgern in der Cafeteria.

Arthur Secret: Die war rund um die Uhr geöffnet, weil viele von uns praktisch auf dem Gelände lebten. Ich kam mal nachts in mein Büro und stieß auf einen norwegischen Kollegen, der bei mir kampierte. Im Cern konntest du in jedem Alter ein Teenager sein.

Arthur Secret kam als Nachfolger seines Landsmanns Jean-François Groff 1992 für ein Praktikum zum Cern. «Ich hatte keinen Schimmer vom Internet», sagt er.

Groff: Man traf erstaunliche Leute. Einer der berühmtesten lief immer in Sandalen rum, sogar im Winter. Ein anderer hatte einen so vermüllten Schreibtisch, dass die Putzfrauen sich weigerten, bei ihm sauber zu machen.

White: Jemand wie Tim fiel da nicht auf; die waren alle genial.

***

Tim Berners-Lee, der als der «Erfinder des Web» gilt, gibt ungern Interviews. Die Begründung auf seiner Website verrät viel über ihn: Er habe bemerkt, dass er ungenau werde, wenn er Fragen zu oft beantworte. Lieber hat er ein umfassendes FAQ online gestellt. Daraus und aus seinem Buch *Weaving the Web* stammen die hier verwendeten, leicht gestrafften Zitate.

Secret: Tim ist keiner, mit dem du ein Bier trinken gehst. Er war immer freundlich, aber ich habe ihn nur einmal lachen sehen. Nein, stimmt nicht; er hat bloß gelächelt.

Berners-Lee: Welche Eigenschaften man braucht, um sich etwas wie das Web auszudenken? Jeder, der mal an einem Rechner das Zeitgefühl verloren hat, kennt die Neigung zum Träumen. Das Verlangen, diesen Traum wahr werden zu lassen. Und die Tendenz, das Mittagessen zu versäumen.

Pollermann: Tim war ein Besessener. Er sprach doppelt so schnell wie alle anderen.

Secret: Sobald er seinen ersten Kaffee getrunken hatte, verstand ich ihn nicht mehr.

Segal: Er ist ein Visionär, kein Erklärer. Viele sind enttäuscht, wenn sie ihm begegnen.

Secret: An meinem ersten Tag am Cern meldete ich mich in Tims Büro. Er war aber für mehrere Monate in den USA und erinnerte sich anscheinend gar nicht mehr daran, dass er mich angefordert hatte. Also suchte ich mein Team. Bis ich merkte: Ich war das Team.

Cailliau: Unser Vorgesetzter sagte mir mal im Vertrauen: «Management liegt euch gar nicht, weder Tim noch dir.» Dann machte er eine Pause, schaute an die Decke und fügte hinzu: «Dir vielleicht noch ein bisschen mehr.»

Groff: Robert hat damals T-Shirts für uns drucken lassen. Darauf standen die Namen der ersten Websites; es waren ganze fünf.

White: Er sagte im Scherz, eines Tages würden es so viele sein, dass der Schriftzug ganz um die Brust reicht.

Groff: Das war ein Sammlerstück, sehr selten. Meins landete leider im Müll – ein Wutanfall meiner Ex-Frau.

White: Meins hängt im Museum. Ich passe da eh nicht mehr rein.

***

Die ersten Websites sind in etwa so aufregend wie der Beipackzettel eines Medikaments: Wissenschaftliche Einrichtungen, vor allem solche mit Physik-Bezug, teilen Kataloge, Forschungsberichte, Kontakte. Es sind endlose Textblöcke in sperrigem Jargon. Das Spannende steht zwischen den Zeilen. Es sind die Unterstreichungen, die manche Wörter hervorheben. Und wenn man sie ansteuert, springt man von dort auf eine andere Seite: Hypertext.

Secret: Hypertext an sich war nichts Neues. Den nutzten schon die Mönche im Mittelalter, als sie ihre Dokumente mit Fußnoten versahen. Auch in der Informatik ging es schon früh darum, wie man Daten verknüpfen kann.

Pollermann: Aber dann kam einer, der mit Hypertext «vorbelastet» war, und stellte die entscheidende Frage: Warum soll man so nur Dokumente verknüpfen, die auf einem einzelnen Rechner gespeichert sind?

Heute ist das selbstverständlich: Man klickt auf einen Link; und noch ehe sich die neue Webseite aufbaut, springt man auf einen anderen Server, möglicherweise am anderen Ende der Welt. Woher die Daten kommen, interessiert nicht mehr, weil man das Web inzwischen als Ort begreift, als einen «Raum für Wissen», wie Tim Berners-Lee es sich erträumt hat. In den frühen Neunzigern klingt diese Idee noch verrückt.

Groff: Die Leute waren gewohnt, sich Programme und Dokumente auf ihren Rechner herunterzuladen. Es war mühsam, zu vermitteln, dass das nicht mehr nötig sein würde.

Berners-Lee: Viele verstehen nicht, dass es «hinter» dem Web nichts gab – keinen Zentralcomputer, der es steuerte, keinen, der es betrieb.

Secret: Mein Name wurde im Cern bald zu einem Problem. Tim legte mir auf seinem Server einen Ordner an: «WWW-secret/». Darauf wurde dauernd von außen zugegriffen. Die Leute dachten wohl: Aha, dann steckt also doch etwas Geheimes hinter dem Web.

Die ersten zwei Jahre blieb der «Raum des Wissens» ein gespenstischer Ort. Es fehlte an Suchmaschinen und Browsern, vor allem aber an Daten, die es zu vernetzen lohnte.

Segal: Tim plädierte immerfort dafür, das Wissen der Welt zu teilen. Ich sagte zu ihm: «Hör mal, Tim, die Leute mögen nicht teilen.»

Pollermann: Man musste ihn in dieser Zeit vor seinen Vorgesetzten beschützen.

Segal: Die Entwickler des World Wide Web waren die unwichtigsten Leute im Cern. Aber gerade das erwies sich als ein Segen.

Groff: Viele Programmierer damals haben sich verzettelt. Sie wollten lauter neue Standards setzen, die dann niemand übernahm. Unser System sollte vor allem anpassungsfähig sein.

White: In der Einfachheit lag die Schönheit.

Secret: Tim lobte mich mal für einen Code, den ich geschrieben hatte. Ich verriet, dass er gar nicht von mir war. Ich hatte ihn bloß aus einem Buch abgetippt. «Keine Sorge», sagte er, «so arbeiten wir alle.»

***

Cailliau: Ich machte es mir zur Aufgabe, unsere Vision in die Welt zu tragen. Einmal habe ich einen Vortrag bei Adobe gehalten und fragte zwischendurch, ob man mich verstand. «Wissen Sie», antwortete einer, «wir sind ziemlich schlau hier.» Es gab damals eine Menge Arroganz, besonders in den USA und gegenüber Ideen, die nicht von dort stammten.

Segal: Viele Amerikaner glauben, das World Wide Web sei bei ihnen entwickelt worden.

1993 trifft der Europäer Tim Berners-Lee den Amerikaner Marc Andreessen, der den ersten populären Webbrowser mitentwickelt hat. Dabei prallen zwei Weltsichten aufeinander. Der eine wollte aus dem Web eine universelle Bibliothek machen, der andere einen globalen Marktplatz. Andreessen spottet später über den britischen Schöngeist: «Er wollte am liebsten nur wissenschaftliche Aufsätze im Netz. Schon Bilder waren für ihn der erste Schritt in die Hölle. Ich selber bin eine Trödlernatur aus dem Mittleren Westen. Wenn die Leute Bilder wollen, sollen sie Bilder bekommen.» Andreessen ist heute Milliardär.

Berners-Lee: All meine früheren Treffen mit Entwicklern von Browsern waren gebündelter Enthusiasmus. Dieses Treffen allerdings hatte eine seltsame Spannung. Ich verstand, dass Marcs Team sich das Web aneignen wollte.

White: Es wäre zu krude, auf der einen Seite die europäischen Idealisten zu sehen und auf der anderen die geschäftstüchtigen US-Amerikaner. Ich habe ja selbst in Stanford geforscht; da ging es niemandem ums Geld. Wahr ist allerdings, dass die Europäer mehr Widerstand zu überwinden hatten. Ich denke nur an all die nationalen Telefongesellschaften.

***

Das Web ist drei Jahre alt, als die Welt es zur Kenntnis nimmt. Ende 1993 sind 600 Websites online, ein Jahr später schon an die 10 000. Nun kommt Leben in die leeren Datenstraßen. Die Entwickler des Web werden endlich ernst genommen – wenn man sie denn erkennt.

Cailliau: Mich hat es mal nach Leeds verschlagen. Also dachte ich, ich besuche die Uni und verkünde die frohe Botschaft. Ein IT-Berater dort hörte, dass ich gerne über das World Wide Web sprechen würde. «Das Web ist super», sagte er. «Soll ich es mal vorführen?»

White: Wie groß das wurde, merkte ich auf der ersten Webkonferenz 1994. Plötzlich waren wir Physiker nicht mehr unter uns. Da kamen Leute aus Bibliotheken, aus der Industrie.

Cailliau: Mir war aufgefallen, dass überall auf der Welt Einzelkämpfer an Web-Sachen herumwerkelten. Darum sagte ich Tim, dass wir ein internationales Treffen abhalten müssten. Er fand das unwichtig, aber diesmal hörte ich nicht auf ihn. Das Cern hatte kein Geld für so etwas. Wenn wir nur 58 Teilnehmer zusammenbekämen, rechnete ich mir aus, würde ich zumindest nicht draufzahlen. Es meldeten sich dann um die 600 Leute an. Das Auditorium war voll! Da war ein Programmierer aus Honolulu, zum ersten Mal in seinem Leben weg von Hawaii. Sogar jemand aus der Volksrepublik China! Das war im Mai 1994. Jemand nannte die Konferenz später das «Woodstock des World Wide Web». Tim saß in der ersten Reihe. Nach der Eröffnungsansprache drehte er sich zu mir und sagte, dass es wohl doch keine schlechte Idee war.

***

Was stimmt am Woodstock-Vergleich: Auf den Höhepunkt folgt das Ende. Nicht das des World Wide Web, aber das des Cern als seines geistigen Zentrums. Überall wird jetzt an Browsern und Suchmaschinen gearbeitet. Die ersten Handelsplattformen entstehen, Nerds beeindrucken ihre Freunde, indem sie Pizza per Mausklick bestellen. Und es erweist sich, dass der globale Marktplatz der universellen Bibliothek etwas ziemlich Entscheidendes voraushat: Geld.

Segal: Tim wollte das WWW für PCs weiterentwickeln, aber das Cern gab ihm nicht die Ressourcen dafür.

White: Sie haben das Potenzial nicht erkannt.

Groff: Und die, die es erkannten, hatten Angst davor. Das Cern existiert nur zu einem Zweck: die Physik voranzubringen. Wenn es nun bekannt würde mit einer Softwareentwicklung – würden die Geldgeber dann nicht sagen: Was zum Teufel treibt ihr da?

Cailliau: Sie haben uns gewähren lassen; mehr konnten sie einfach nicht tun.

Secret: Es war immer lustig, wenn Besucher des Cern sich nach unserer Web-Abteilung erkundigten. Die Abteilung bestand aus zweieinhalb Leuten. Und die Bezahlung ... ich bin nicht sicher: Haben die mich überhaupt bezahlt?

Während in den USA groß in das Web investiert wird, beschreitet Robert Cailliau den europäischen Weg: Er wirbt um die Hilfe von EU-Behörden und skeptischen nationalen Telefongesellschaften. Als er endlich durchdringt, ist es zu spät.

Segal: Sie machten Tim ein Angebot, das er nicht ablehnen konnte: eine Professur am MIT in Boston und ein Team von 20 Leuten, die mit ihm über das Web wachen sollten.

Berners-Lee: Es war klar, dass das MIT am Ruder war – mehr Tempo, mehr Erfahrung mit Netzpolitik, mehr relevante Kontakte. Um etwas zu bewirken, musste ich dorthin gehen.

White: Wäre Tim in Europa geblieben, dann wäre das World Wide Web heute das, als was es gestartet war: ein nettes Werkzeug für Physiker.

Segal: Er hatte ehrenwerte Gründe. Die wurden damals aber sehr ungeschickt vermittelt.

Im Elfenbeinturm des Cern gibt es nur eine Währung für Erfolg: die Anerkennung bei Fachkollegen. Das Streben nach Posten und Wohlstand wird, wie Pollermann sagt, «als ehrverletzend empfunden». In so einem Umfeld denken andere schnell: Der hat sich verkauft.

1995 erlebt das Web den globalen Durchbruch. Doch die, die es gemeinsam erschaffen haben, zerstreuen sich. Nein, sagen heute alle, es gab kein großes Zerwürfnis. Vielleicht ist das einfach der Fluch des Web: Es braucht kein Zentrum.

Cailliau: Die meisten von uns sind weitergezogen. Und vielen ist die Lust vergangen, von damals zu erzählen. Es dauert zu lang, es ist zu privat – und wird meistens falsch verstanden.

Groff: Ich ging im Sommer 1992. Sie wollten mich halten, aber all die Verordnungen im Cern machten das zu schwierig.

Segal: Es war beschämend, mitanzusehen, wie es zu Ende ging. Viele verließen das Cern. Robert blieb. Und wurde ein bisschen sonderbar.

Cailliau: Ich spürte, dass ich in Tims neuem Umfeld in Boston nicht wirklich erwünscht war. Es war das Beste, im Cern zu bleiben und mich dort nützlich zu machen. Natürlich war ich enttäuscht, aber vor allem von mir selbst.

Pollermann: Mich haben sie im Cern 2007 wegen meines Alters rausgeschmissen.

Secret: Wie wichtig das Web geworden war, bemerkte ich erst 1994, als ich ging. Plötzlich sah ich: Das benutzen ja jetzt alle. So ist das wohl oft mit den großen Sachen: Wenn du drinsteckst, spürst du es nicht.

Arthur Secret, 50, arbeitet nach schlechten Erfahrungen in der Finanzwelt jetzt wieder als Webmaster. Er hat ein großes Repertoire an Zen-Geschichten. Das Problem mit dem Namen dauert an.

«Ich nutze ihn nicht mal für E-Mails. Die werden als Spam aussortiert.»

***

Tim Berners-Lee, mittlerweile Sir Timothy, wurde für seine Verdienste vielfach ausgezeichnet. Er leitet seit 1994 ein Gremium, das die Standards des World Wide Web verteidigen soll. Wenn er sich noch über seine Schöpfung äußert, dann in einem Ton tiefer Besorgnis.

Berners-Lee: Wir betrachten das Web heute als selbstverständlich. Doch das Web, wie wir es kennen, ist auf viele Arten bedroht.

White: Ich habe das Gefühl, dass Tim heute Bedenken nachholt, die keiner von uns damals hatte. Dass er sich verantwortlich fühlt für Dinge wie Cybermobbing.

Segal: Ich verstehe, was ihn umtreibt. Wir waren damals alle naiv, träumten davon, das Wissen dieser Welt zu teilen. Nun teilen wir auch das Unwissen, die Desinformation. Das Web von heute ist nicht das, was wir wollten.

Ben Segal, heute 83 Jahre alt, wurde 2014 in die Hall of Fame des Cern aufgenommen. Er hält noch immer Vorträge; und obwohl er vom Web enttäuscht ist, ist Segal auf etlichen Plattformen aktiv.

Groff: Wir glaubten damals, dass jeder seinen eigenen Server zu Hause haben würde. Stattdessen horten heute wenige Konzerne immer mehr Daten. Offenbar hat unsere Welt eine Neigung zu Monopolen.

Cailliau: So geht es doch bei den meisten Erfindungen: Leute mit anderen Talenten stoßen dazu, treiben das Projekt weiter, machen Geld damit. Und die Erfinder gehen. Programmierer haben ein Wort dafür: Die *«suits»*, die Anzüge, übernehmen.

Robert Cailliau blieb bis 2007 im Cern. Danach zog er sich zurück und hörte auf, öffentlich über das Web zu reden. 2017 erscheint ein Buch über die «vergessenen Pioniere des Web». Darin erscheint er als tragische Hauptfigur – ein Idealist, der verbittert die Stellung hält, während sein Werk nach Westen zieht.

Secret: Wenn ich an damals zurückdenke, komme ich mir vor wie der junge Fabrizio in Stendhals *Kartause von Parma:* Er zieht in die Schlacht von Waterloo, um dort ein Held zu werden. Aber sie findet ohne ihn statt; er sieht nur den Rauch der Geschütze.

Groff: Bei allem, was man heute ernüchternd finden kann: Tims Idee hat die Welt zum globalen Dorf gemacht. Was gab es denn vorher, das Menschen über alle Grenzen verband – die Fußballweltmeisterschaft? Den Eurovision Song Contest? Das Web ist fertig, im guten Sinn. Es hat seinen Zweck erfüllt.

White: Ich würde es hassen, mein Leben lang zu sagen: Ich war mit im Zimmer, als etwas Großes passierte. Aber natürlich wird diese Zeit für immer einen Platz in meinem Herzen haben. Ich bin sicher, keiner von uns würde bestreiten, dass das etwas ganz Besonderes war.

Bebo White – volle Stimme, Rauschebart, Selbstbeschreibung «alter Hippie» – ist als einer der wenigen Pioniere dem WWW treu geblieben. Er lehrte bis zu seiner Emeritierung Physik und

Informatik in Stanford. Heute beschäftigen ihn unter anderem Krypto-Währungen, Ahnenforschung, Bienenzucht und Wein.

***

Ein Spielfilm über das World Wide Web müsste auf Helden verzichten. Aus den Männern (und wenigen Frauen) von damals ging kein steinreicher Bill Gates hervor, kein angehimmelter Steve Jobs. Aber von einer Heldentat könnte man trotzdem erzählen.

White: Nur der Himmel weiß, wie viel Tim heute wert sein könnte, wenn er seine Vision damals zu Geld gemacht hätte.

Cailliau: Es gab eine Zeit, in der ich dachte, wir hätten eine profitable Firma gründen können. Als ich Tim davon erzählte, fragte er mich: «Robert, willst du reich sein?» Ich sagte: «Das ist nicht mein Ziel; aber schaden würde es auch nicht.»

Berners-Lee: Ich wollte sicherstellen, dass sich das Web zum Medium für den Austausch von Informationen entwickelt. Eine Firma zu gründen hätte diesem Ziel nicht gedient. Wenn du einen Raum für alle versprichst, kannst du ihn nicht behalten.

Cailliau: Tim überzeugte mich davon, dass sich das Web nur als offene Technologie durchsetzen würde. Also ging ich zur Rechtsabteilung des Cern. Nach sechs Monaten hatte ich die Direktoren so weit, den Code gemeinfrei zu machen.

Groff: Hätten wir Geld für das Web verlangt oder auch nur Urheberrechte, dann hätten wir ein IBM-Web, ein Microsoft-Web …

White: Das wäre sein Tod gewesen.

Das WWW wurde groß, weil Tim Berners-Lee und seine Weggefährten es selbst nicht werden wollten.

Cailliau: Ein Unternehmer wie Steve Jobs damals in unserer
Truppe? Der wäre nach einer Woche türenknallend abgereist.
Bei einer Konferenz in Lyon hätten wir uns fast mal getroffen. Er
besuchte einige Stände, machte aber kehrt, ehe er bei uns war.
Steve Jobs hat das Web verpasst.

Was diese 19 Menschen verband, verbindet inzwischen die Menschheit. Vielleicht ist darum das WWW bis heute kein reiner Marktplatz, sondern auch eine riesige Bibliothek, getragen von Idealis-
mus. In Berners-Lees Projektantrag von 1989 steht ein Satz, den
man erst mit dem Abstand von vielen Jahren versteht: «Das Cern
ist ein verkleinertes Modell für den Rest der Welt.»

Groff: Tim sagt immer: «Jeder andere hätte das World Wide
Web entwickeln können.» Und das stimmt vielleicht sogar. Jedes
andere Genie.

Das erste Gericht

*Bei den Nürnberger Prozessen gegen die Nazi-Verbrecher
wird etwas gänzlich Neues versucht: die Mächtigen einer Diktatur
persönlich zur Rechenschaft zu ziehen*

Von Moritz Aisslinger und Tanja Stelzer

Gefragt, ob er die Aufgabe übernehmen wolle, hat er sofort zugesagt. Ernest Lorch ist 22 Jahre alt, eingetreten in die U.S. Army, um die Welt von den Nazis zu befreien, und selbstverständlich ist es ihm eine Ehre, einige der größten Verbrecher aller Zeiten der Gerechtigkeit zuzuführen. Mehr als eine Ehre: Es ist was Persönliches.

An einem Vormittag Mitte August 1945 also steht der junge Sergeant Ernest Lorch in dem Kurort Bad Mondorf in Luxemburg vor der Laderampe eines Lastwagens und ruft auf Deutsch, in seiner Muttersprache: «Einsteigen bitte!»

Hermann Göring, nach wochenlangem Drogenentzug dünner geworden, aber mit seinen 100 Kilogramm noch immer dick, benötigt Hilfe beim Hochklettern. Es verschwinden außerdem im Laster: der redselige Franz von Papen; der depressive Joachim von Ribbentrop; Wilhelm Keitel, «Lakeitel» genannt, der Speichellecker; Alfred Rosenberg, der Chef-Ideologe der Nazis; Hans Frank, der «Schlächter von Polen». Fünfzehn, zwanzig Männer. Handschellen tragen sie nicht.

Als Julius Streicher einsteigt, bis vor Kurzem Herausgeber des Hetzblatts *Der Stürmer,* kämpft Ernest Lorch den Reflex nieder, ihm einen Tritt zu geben. Er ruft den Männern zu: «Versuchen Sie nicht zu fliehen! Wir schießen!» Ein gepanzerter Jeep fährt vorweg, es folgt der Laster, dahinter: Lorch, mit Pistole, im offenen Kommandowagen. Das Ziel: Nürnberg. Einmal halten sie unterwegs an. Die Gefangenen steigen aus und reihen sich auf, um ihre Notdurft zu verrichten, und Lorch findet, das sei ein schönes Motiv für ein Souvenirfoto. Nazis bei der Pinkelpause. Er drückt auf den Auslöser, aber das Bild wird später verloren gehen.

Ernest Lorch wohnt heute in Carmel im US-Bundesstaat Indiana. Er ist in seinen hohen Neunzigern, seine Beine wollen nicht mehr, sein Kopf schon. Als einer der letzten Augenzeugen kann er vom Versuch berichten, ein Weltgericht abzuhalten. Ein Dreivierteljahrhundert ist es her, dass erstmals in der Geschichte die Mächtigen eines Unrechtsstaates in einem Strafprozess von einem internationalen Tribunal persönlich für ihre Taten zur Rechenschaft gezogen wurden. Es war ein gigantisches Experiment, niemand hatte davor ein international gültiges Gesetz geschrieben oder verabschiedet, in dem stand, was einem Reichsminister, einem Reichsmarschall, einem Gauleiter verboten war.

Als Ernest Lorch den Konvoi nach Nürnberg begleitet, weiß er nicht, wie das Experiment ausgehen wird. Wird es Gerechtigkeit bringen? Genugtuung? Wird es seine Schmerzen lindern? Ernest Lorch hat Zweifel. Aber er spürt, dass er beim Beginn von etwas absolut Neuem dabei ist. Möglicherweise wird sich die Welt nach dem Ende von Putins Herrschaft einmal ein Beispiel daran nehmen. Ein Strafprozess gegen Putin und seine Getreuen – als dieses Buch entsteht, ist das noch eine ferne Vision, aber doch eine, an der gearbeitet wird. Als Ernest Lorch über seine Erinnerungen spricht, ist das alles noch in undenkbarer Ferne. Der neue große Krieg hat noch nicht begonnen.

Es ist Nachmittag, als Ernest Lorch an jenem Augusttag des Jahres 1945 in Nürnberg ankommt, seiner Heimatstadt. Hier ist er aufgewachsen, ein paar Häuser nur von Streichers Villa entfernt. Hier besaß Lorchs Vater ein Juweliergeschäft. Hier hat Lorch

Auf der Anklagebank vorn: Göring, Heß, Ribbentrop, Keitel, Kaltenbrunner, Rosenberg, Frank, Frick, Streicher, Funk und Schacht (v. l. n. r.). Hinten: Dönitz, Raeder, Schirach, Sauckel, Jodel, Papen, Seyß-Inquart, Speer, Neurath und Fritzsche

zusammen mit dem Totengräber ebendiesen Vater mit seinen eigenen Händen begraben. Den Vater, den Nazis am 9. November 1938 ermordet hatten, weil er Jude war. Knapp sieben Jahre sind seitdem vergangen. Das ist nichts, und doch eine Ewigkeit.

Im November 1938 ist Ernest ein Teenager, 15 Jahre alt. Er flieht mit der Mutter nach New York. Die Army nimmt ihn gern, seine Deutschkenntnisse prädestinieren ihn für das Counter Intelligence Corps (CIC), Spionageabwehr. Am Ende des Krieges wird Lorch nach Spa geschickt, Belgien, dann nach Bad Mondorf, Luxemburg. Dorthin, erst nach Spa, dann nach Bad Mondorf, bringt man auch die wichtigsten Nazis, die man inhaftiert hat – diejenigen, die sich nicht umgebracht haben wie Hitler, Goebbels und Himmler. Fünf Verhörspezialisten des CIC nehmen sich die Gefangenen vor. Ernest Lorch übersetzt die Gesprächsprotokolle ins Englische und belauscht Stunde um Stunde die Gefangenen in ihren Zellen. Monatelang sammeln die Amerikaner Beweise für den Prozess. Wer befahl wem was, wer war wie wichtig im Nazi-Staat? Dann haben sie genug beisammen.

Ernest Lorch erkennt Nürnberg kaum wieder. Die Straßen sind Canyons, an den Rändern türmen sich Gebirge aus Schutt auf. Zwischen den Ruinen irren ausgezehrte Gestalten umher. Ein Gebäude ruht unwirklich unversehrt inmitten der Trümmer: der Justizpalast mit seinen 530 Büros und 80 Verhandlungssälen. Aus diesem ganz praktischen Grund haben sich die Alliierten für diese Stadt entschieden. Es gibt schlicht kein anderes so großes Gerichtsgebäude, das noch steht.

Der Konvoi umrundet das Gericht, fährt durch eine dahinterliegende Gasse und stoppt vor einem weiteren intakten Gebäude, dem Gefängnis. Ernest Lorch steigt aus, sofort umringen Wachmänner den Lastwagen. Lorch bittet den diensthabenden Feldwebel, er möge ihm die Fracht quittieren. Der Feldwebel nimmt Zettel und Stift und bestätigt die Übergabe der *live bodies*.

Namenlose lebende Körper, mehr sind sie nicht.

Als Ernest Lorch im Nürnberger Gefängnis eintrifft, haben sich die Siegermächte USA, Großbritannien, Frankreich und Sowjetunion noch nicht darauf geeinigt, wer angeklagt werden soll. Dass es überhaupt zu einem rechtsstaatlichen Verfahren kommen wird, ist das Ergebnis langer Verhandlungen. In den Reihen der Alliierten hatte es viele Politiker und Militärs gegeben, die aufgrund der barbarischen Verbrechen der Deutschen keinen langen Prozess, sondern schnelle Hinrichtungen für die NS-Elite forderten.

Doch nun gehen seit Wochen Listen von Namen zwischen den Alliierten hin und her. Wer soll als Haupttäter angeklagt werden, wer nicht? Weitere Gefangene kommen aus Bad Mondorf an, aus

England wird Rudolf Heß eingeflogen, Hitlers Stellvertreter, aus Berlin bringt man Erich Raeder, den Oberbefehlshaber der Kriegsmarine, und Hans Fritzsche, den Rundfunk-Propagandisten des Regimes.

**

Im Herbst 1945, während die Gefangenen darauf warten, zu erfahren, wer von ihnen zu den Angeklagten gehört und was genau man ihnen vorwirft, fiebert in einem bayerischen Dorf, gut 200 Kilometer südlich von Nürnberg, ein sechsjähriger Junge seinem ersten Schultag entgegen. Niklas lebt mit der Mutter und den vier älteren Geschwistern in Neuhaus am Schliersee. Die Familie teilt sich eine Zweizimmerwohnung, die Kinder schlafen in Stockbetten. Es ist eng, ein neues Gefühl für Niklas.

Bis vor einem knappen Jahr hat er auf einer Burg im polnischen Krakau gelebt. Niklas' Vater war der König, seine Mutter die Königin und er, Niklas, ein kleiner Prinz. Seine Familie hatte Diener, Köchinnen, Chauffeure, Kindermädchen, Leibwächter. An den Wänden hingen Originale von da Vinci, Rembrandt und Rubens.

Nun also zu sechst in zwei Zimmern.

Als es so weit ist und Niklas zum ersten Mal zur Schule geht, muss er endgültig erkennen, dass er kein Prinz mehr ist. Die anderen Kinder behandeln ihn nicht, wie er es gewohnt ist, mit Ehrfurcht. Im Gegenteil. Einmal ruft ihm ein Junge hinterher: «Reichsminister, Reichsminister – Benzinkanister!» Ein Schulkamerad fragt ihn: «Gell, Niki, dein Papa wird bald hängen?»

Niklas antwortet: «Ja.»

75 Jahre nach seinem ersten Schultag läuft Niklas Frank durch sein Haus in Ecklak, eine gute Autostunde von Hamburg entfernt. In den Regalen reihen sich ziegelsteindicke Ordner, darin Doku-

mente des Vaters, Briefe. In seiner kleinen Schreibstube zeigt er auf ein verblichenes Bild: «Schauen Sie, da ist der Feigling.»

Der Feigling ist sein Vater, Hans Frank, gelernter Jurist und Rechtsanwalt Hitlers schon in den Zwanzigerjahren, er herrschte von 1939 an als Generalgouverneur über Polen. Er war politisch verantwortlich für die Vernichtungslager Treblinka, Majdanek, Belzec und Sobibor.

Am 4. Mai 1945 haben ihn US-Soldaten in Bayern festgenommen und zunächst ins Gefängnis in Tegernsee gebracht. GIs, die gerade erst im KZ Dachau auf Leichenberge und ausgemergelte Überlebende gestoßen waren, droschen beim Spießrutenlauf auf ihn ein. Daraufhin versuchte Frank, sich mit einem Nagel die Pulsadern aufzuschlitzen – und traf Nervenstränge. Deshalb zittert nun in Nürnberg in Zelle 15, neben Alfred Rosenberg in der 16, Hans Frank unkontrolliert mit der linken Hand. An das Zittern der Hand erinnert sich sein Sohn Niklas Frank noch heute.

Die Zellen messen neuneinhalb Quadratmeter, 20 Minuten am Tag haben die Häftlinge Hofgang, auf Abstand. Miteinander reden ist verboten.

Gleich neben den Zellen liegt das Gerichtsgebäude. Dort wird renoviert. Im Schwurgerichtssaal, Nummer 600, installieren Handwerker die Simultananlage für die Dolmetscher, eine Weltneuheit. An den Pulten montieren sie Drehknöpfe, mit denen die Prozessbeteiligten eine Sprache wählen können: Englisch, Französisch, Russisch, Deutsch. Jeder Sitzplatz wird mit Kopfhörern ausgestattet. Die Anklagebank wird verbreitert. Tische werden in die Mitte des Saales gestellt, für die Anklagevertreter der Siegermächte. Um Platz für eine Zuschauertribüne zu schaffen, reißen die Handwerker eine Wand heraus.

13 Prozesse gegen die Mächtigen des Nazi-Staates werden in den nächsten Jahren in diesem Saal stattfinden, nicht nur Politiker und Befehlshaber werden sich hier verantworten, auch Juristen,

Ärzte, Wirtschaftsführer. Der Plan ist, das ganze System offenzulegen. Los geht es mit dem wichtigsten Prozess: dem gegen die Hauptkriegsverbrecher. Ein Symbol.

Die Liste ist fertig: 24 Angeklagte. Zwei sind nicht in Nürnberg. Hitlers Sekretär Martin Bormann ist tot, aber das weiß man zu diesem Zeitpunkt noch nicht. Die Alliierten vermuten ihn in Südamerika. Den siechen Industriellen Gustav Krupp von Bohlen und Halbach besucht eine Ärztekommission auf seinem Schloss bei Salzburg. Er ist verhandlungsunfähig.

Neben den 24 Nazis haben die Alliierten auch die Reichsregierung angeklagt, die SS, die SA und die Gestapo, insgesamt sieben Nazi-Organisationen. Der Nürnberger Prozess ist nicht zuletzt ein Verfahren gegen das organisierte Verbrechen.

Elly Kupfer ist 19 Jahre alt, eine hübsche junge Frau mit schulterlangem braunem Haar. Bis zum Frühjahr 1945 war sie auf einem Internat im oberösterreichischen Wels, dorthin hatten die Eltern sie geschickt, damit sie in Sicherheit wäre, wenn in Nürnberg die Bomben fielen. Nun hat sie ihr Abitur und ist zurück daheim. Die Familie hat Glück gehabt. Das Haus mit ihrer schönen großzügigen Wohnung steht noch. Elly hat wenig zu tun. Zukunftspläne hat sie keine. Das Leben lässt sich kaum weiter überblicken als bis zum nächsten Tag, bis zur nächsten Woche.

Die Mutter besitzt einen Modesalon. Früher kauften hier viele Jüdinnen, genauso wie die Gattinnen von Nationalsozialisten. Jetzt kleiden sich Amerikanerinnen und Russinnen im Geschäft der Mutter ein.

Diese Dinge – eine Russin bezahlte mit goldenen Löffeln – sind es, an die sich Elly, die heute Kupfer-Dierckx heißt, noch besonders lebhaft erinnert. Seitdem sie Witwe ist, seit mehr als einem Jahrzehnt, wohnt sie in einer Seniorenresidenz in Heidelberg, in einem großen Apartment mit Blick auf das Rheintal. Das Alter hat ihr die Schönheit nicht genommen, mit nunmehr Mitte neunzig ist sie noch immer die Erscheinung, die sie offenbar schon als junges Mädchen war.

Kurz nach dem Krieg kommt es vor, dass die Mutter, wenn Stoff übrig ist, ihrer Tochter etwas näht. Ellys ganzer Stolz ist ein rotes Jackett. Damit fällt man auf in einer grauen Stadt, die in Sack und Asche geht.

Eine Freundin erzählt Elly, ihr Onkel sei jetzt Pflichtverteidiger beim Internationalen Militärgerichtshof. Er soll die Gestapo verteidigen. Eigentlich ist er Wirtschaftsjurist. Es heißt, er sei ganz erschrocken gewesen, als ihm die Aufgabe angetragen wurde. Dass Elly ein paar Wochen später ebenfalls dabei helfen wird, die Nazis zu verteidigen, ahnt sie da noch nicht.

***

Zum Prozess sind die wichtigsten Reporterinnen und Reporter der Welt nach Nürnberg gereist. Viele mussten einst vor den Nazis fliehen. Jetzt wollen sie miterleben, wie die Gesichter der Diktatur demaskiert werden. Erich Kästner ist da, Erika Mann, Alfred Döblin, außerdem John Dos Passos, Ernest Hemingway, John Steinbeck, Rebecca West und Willy Brandt, der als Korrespondent für skandinavische Zeitungen schreibt. Der Prozess ist das bis dahin vielleicht größte globale Medienereignis der Geschichte. Am 20. November soll es losgehen. Am Tag davor: Generalprobe.

Dolmetscher sitzen hinter ihren Glasscheiben und testen die Kopfhörer. Elektriker prüfen das Funktionieren der großen Lichtersträuße, die von der Decke hängen. Ein amerikanischer Sergeant mit der eifrigen Miene eines Requisiteurs glättet die vier Flaggen, die hinter dem Richterpodium stehen werden. Wachen mit weißen Helmen auf dem Kopf, weißen Schlagstöcken und weißen Pistolentaschen werden auf ihre Posten gewiesen. Die Darsteller sind nervös, Auf- und Ab-

tritte klappen noch nicht. Wie können wir morgen so den Vorhang hochgehen lassen?

John Dos Passos, *Life Magazine*

Verschwörung, Verbrechen gegen den Frieden, Kriegsverbrechen und Verbrechen gegen die Menschlichkeit. Das sind die Anklagepunkte – Straftatbestände, von denen man in Deutschland zum Teil noch nie gehört hat. Monatelang haben die Siegermächte darum gerungen, zu definieren, was die führenden Nazis getan haben – und wie es sich von dem abgrenzen lässt, was man ihnen, den Siegern, womöglich selbst vorwerfen könnte. Wer ist schon gänzlich ohne Schuld in einem Krieg? Zivilisten wurden getötet, Lebensgrundlagen zerstört. Sogar die größte aller Bomben wurde eingesetzt. Wo beginnt die Grausamkeit, wo das Unrecht?

Der Nürnberger Hauptkriegsverbrecherprozess ist ein politischer Prozess. Sieger urteilen über Verlierer, sie erklären für gesetzeswidrig, was in Hitlers «Drittem Reich» gar nicht strafbar war. Ist das fair? Andererseits: Wie sonst kann man über die beispiellosen Verbrechen der Nationalsozialisten Recht sprechen, über das industrielle Töten von Menschen?

Die Ankläger, die Amerikaner vor allem, wollen, dass die Welt den Prozess als gerecht empfindet. Deshalb der Versuch, die individuelle Schuld eines jeden Täters zu bemessen. Die Beschuldigten sollen, wie es sich für ein juristisch sauberes Verfahren gehört, Verteidiger an ihrer Seite haben. Eine Liste von zugelassenen Anwälten wird den Beschuldigten zusammen mit der Anklageschrift überreicht. Es sind Juristen, die unter den Nazis wurden, wer sie sind, die sich aber nicht allzu viel haben zuschulden kommen lassen.

Die Sieger kümmern sich fürsorglich um ihre Gefangenen. Jeden Morgen servieren sie ihnen Brot und Hafergrütze, viermal die Woche gibt es Fleisch, täglich kommt der Friseur zur Rasur, der

71

Arzt zur Visite. Nachts werden bei Bedarf Beruhigungsmittel ausgegeben, der Kaplan steht jederzeit für seelsorgerische Gespräche bereit.

Je generöser die Sieger sich geben, desto mehr steigern sie ihre moralische Überlegenheit gegenüber den Repräsentanten eines Unrechtsregimes. Roland Freisler, der Präsident des Volksgerichtshofs, hatte die Attentäter des 20. Juli zusammengebrüllt, bevor er sie hinrichten ließ. Das Nürnberger Gericht soll nicht brutal sein. Es will den Gefangenen keine Chance geben, sich zu Märtyrern zu stilisieren.

Der Psychiater der Gefangenen, Major Douglas M. Kelley, kam zu dem Schluß, daß ihr IQ nicht unter dem eines Durchschnittsmenschen läge, der von Hjalmar Schacht, Karl Dönitz und Hermann Göring sogar weit darüber; sie seien als hochintelligent zu bezeichnen. Weiterhin fand der Psychiater heraus, daß sich ihre Persönlichkeiten in der Gruppe gegenseitig ergänzten und sie deshalb ein effektives Team gebildet hätten. Sie seien ein Beispiel dafür, was passieren kann, wenn sich Menschen von den Prinzipien der Menschlichkeit abwenden, auf denen die Zivilisation basiert.
Nora Waln, *The Atlantic Monthly*

Am 20. November holen Aufseher 20 Männer, einen nach dem anderen, aus ihren Zellen. Eigentlich wären es 22 gewesen. Doch vier Tage nach Zustellung der Anklage hat sich Robert Ley, einst Leiter der Deutschen Arbeitsfront, mit einem Stofffetzen stranguliert, den er an die Toilettenspülung gebunden hat. Seitdem steht vor jeder Zelle rund um die Uhr ein Wachmann. Außer Ley fehlt auch Ernst Kaltenbrunner, letzter Chef des Reichssicherheitshauptamts. Er hatte kurz vor dem Prozessauftakt ein Hirnaneurysma und wurde ins Krankenhaus gebracht. Er wird erst später wieder zu den anderen Angeklagten dazustoßen.

Einzeln werden die 20 verbliebenen Männer zum Gerichtsgebäude geführt und mit dem Aufzug in Saal 600 gefahren. Eng
nebeneinander nehmen sie in zwei Reihen auf der Anklagebank
Platz.

*Göring trägt eine lichtgraue Jacke mit goldenen Knöpfen. Die Abzei-
chen der Reichsmarschallwürde sind entfernt worden. Die Orden
sind verschwunden. Es ist eine Art Chauffeurjacke übrig geblieben. (...) Rudolf Heß hat sich verändert. Dadurch wirken die schwarzen Augenbrauen geradezu unheimlich. Wenn er mit Göring oder
Ribbentrop spricht, stößt er ruckartig mit dem Kopf. Wie ein Vo-
gel (...). Alfred Rosenberg hat sich nicht verändert. Seine Hautfarbe
wirkte immer schon kränklich. Manchmal zupft er an der Krawatte.
Sehr oft fährt er sich mit der Hand übers Gesicht. Die Hand allein
verrät seine Nervosität. Neben ihm sitzt Hans Frank, der ehemalige
Generalgouverneur von Polen. Manchmal zeigt er die blitzenden
Zähne. Dann verzieht ein zynisches stummes Lächeln die scharfen
Züge.*
Erich Kästner, *Die Neue Zeitung*

Den ganzen ersten Verhandlungstag dauert es, bis die Anklage,
70 Seiten, verlesen ist. Es geht um Folter, Erschießungen, Hunger,
Massenmord. Es ist die Verlesung eines Menschheitsverbrechens.

Am nächsten Tag tritt Chefankläger Robert H. Jackson ans
Mikrofon: «Dass vier große Nationen, erfüllt von ihrem Siege
und schmerzlich gepeinigt von dem geschehenen Unrecht, nicht
Rache üben, sondern ihre gefangenen Feinde freiwillig dem Rich-
terspruch des Gesetzes übergeben, ist eines der bedeutsamsten Zu-
geständnisse, die die Macht jemals der Vernunft eingeräumt hat.»

Die Angeklagten werden gefragt, ob sie sich schuldig bekennen.
«Nicht schuldig», sagt einer nach dem anderen, sagt Göring, der
den Befehl gab, die «Endlösung der Judenfrage» zu organisieren,

sagt Alfred Jodl, der als General den Überfall auf die Sowjetunion mitplante, sagt Streicher, der gegen die Juden hetzte. Auch Frank, der «Schlächter von Polen», hält sich für «nicht schuldig».

Eine Woche später, am 29. November, dunkeln Gerichtsmitarbeiter den Verhandlungssaal ab. Ein Film wird auf eine Leinwand projiziert. Er ist zusammengeschnitten aus Szenen, die die Alliierten bei der Befreiung der Konzentrationslager gedreht haben.

Verbrechen gegen die Menschlichkeit – wer bis dahin nicht wusste, was das sein soll, nun weiß er es.

Wenn der Film schon alle Angeklagten (bis auf Heß, Streicher und Sauckel) tief bewegte, war er für die Verteidiger geradezu niederschmetternd und demoralisierend. Beim gemeinsamen Abendessen gab es keine Unterhaltung, und niemand hatte richtigen Appetit. Man ging bleichen Angesichts nach Hause, wenn auch kaum zum Schlafen, sondern um weiter zu grübeln, wie man etwas verteidigen soll, was nicht zu verteidigen ist.

Nach dem Film ging ein Anwalt mit seinem Kommentar sogar so weit zu erklären: «Je eher man meinen Mandanten hängt, desto besser.»

Erika Mann, *London Evening Standard*

***

Am Schliersee bekommt der sechsjährige Niklas Frank die *Neue Zeitung* in die Finger, ein in der amerikanischen Besatzungszone herausgegebenes Blatt. Dort sind Bilder abgedruckt, die ihm den Atem rauben: Berge von Leichen, manche der Toten haben kleine, zarte Körper, es sind Kinder, so alt wie er.

Niklas kann nicht begreifen, was er da sieht. Vor allem versteht er nicht, warum in den Bildunterschriften immer wieder dieses

Wort auftaucht: Polen. Wie kann das sein, fragt er sich. Polen gehört doch seiner Familie. Wieso türmen sich dort die Leichen?

Auch Niklas' älterer Bruder Norman sieht die Bilder. Er geht zur Mutter und sagt: «Mutti, wenn diese Bilder stimmen, hat der Vati keine Chance.»

Elly Kupfer, die Tochter der Nürnberger Modesalon-Besitzerin, hört von ihrer Freundin, dass der Onkel, der die Gestapo verteidigt, zwei neue Sekretärinnen sucht. Die Freundin soll einen der Jobs bekommen. «Hast du auch Lust?», fragt sie Elly.

Ein besseres Jobangebot gibt es zu jener Zeit nicht. Elly wird kostenlos zu essen bekommen, mittags und abends. Sie wird die Mahlzeiten zusammen mit den Verteidigern und deren Assistenten einnehmen, und mit den Zeugen der Verteidigung.

Bei Gericht gehört Elly Kupfer zu den Jüngsten. Sie tippt Texte auf Deutsch und Englisch. Zeugenaussagen, Korrespondenz zwischen den Anwälten. Am Gericht werden unglaubliche Mengen Papier produziert. Geht Elly an den Büros der Anklage vorbei, staunt sie über die unzähligen am Boden verstreuten Blätter. Doch die Übersetzerinnen, die mit den Dokumenten hantieren, scheinen mit schlafwandlerischer Sicherheit nach den Papieren zu greifen. Bei der Verteidigung, an Elly Kupfers Arbeitsplatz, ist es aufgeräumter. Alles ordentlich in Kladden abgeheftet.

Vom Inhalt der Kladden ist Elly ähnlich schockiert wie Niklas Frank von den Bildern in der *Neuen Zeitung*. Sie erfährt von Grausamkeiten, die sie sich nie hätte vorstellen können. Unglaublich erscheint es ihr, dass alle Angeklagten sich für nicht schuldig erklärt haben. Manchmal beugt sie sich mit ihrer Freundin über die Unterlagen, und sie überlegen, wer von den Angeklagten wirklich nicht schuldig ist und wer doch.

Wenn nichts zu tippen und auch sonst nichts zu tun ist, geht Elly Kupfer auf die Zuschauertribüne. Benötigt der Anwalt während der Verhandlung ihre Hilfe, sitzt sie unten auf der Bank der

Verteidiger, direkt vor den Angeklagten. Göring, schräg rechts hinter ihr, ist die markanteste Figur, er schwimmt in seiner viel zu großen Uniform. Offenbar fällt umgekehrt auch ihm die junge Elly mit der roten Jacke auf. «*Hello, red jacket*», begrüßt er sie.

Nach der Vorführung des Films über die Konzentrationslager sagen die ersten Zeugen aus. Ein deutscher Geheimdienstoffizier gibt preis, dass der frühere Außenminister Ribbentrop und der Ex-General Keitel Befehle zur Ermordung von Juden, Polen und russischen Kriegsgefangenen erteilt hätten. Ein ehemaliger SS-Einsatzgruppenführer berichtet von Massenhinrichtungen.

Man könnte denken, die Angeklagten hätten eine verschworene Gemeinschaft gebildet, aber davon ist auf der Anklagebank nichts zu sehen. Da sitzt ein Haufen von Egomanen, die sich gegenseitig verachten. Göring und Streicher haben sich vor langer Zeit wegen eines Mädchens zerstritten. Der einstige Reichsbankpräsident Hjalmar Schacht hält Göring, Keitel, Rosenberg und Ribbentrop für «Kriminelle», Karl Dönitz, Hitlers Nachfolger als Reichspräsident, verabscheut Streicher, Frank hasst alle außer Ribbentrop. Die Gruppendynamik ist so kompliziert, dass die Gefängnisleitung bald entscheidet, die Gefangenen beim Essen aufzuteilen. Göring, der immer wieder Mithäftlinge piesackt, muss alleine essen. Er tobt.

Im Januar 1946 fliegt ein Komplott auf. In Fürth, der Nachbarstadt von Nürnberg, wird ein unterirdisches Depot mit Dynamit gefunden. SS-Männer planten, Göring, Heß und andere Häftlinge aus dem Gefängnis zu befreien. Sie hatten vor, sich falsche Ausweispapiere und alliierte Uniformen zu besorgen und in den Gerichtssaal einzudringen. Dort wollten sie Richter und Ankläger ermorden. Die Alliierten verstärken daraufhin den Schutz des Justizpalastes.

***

Yves Beigbéder hat die knarzende, rollende Stimme eines Mannes, der langsam auf die Hundert zugeht. Natürlich ist er seit Langem in Rente. Er vertreibt sich die Zeit damit, politische Kommentare zu verfassen, die er an Freunde schickt, und nimmt – wegen der Pandemie auf Zoom – an Konferenzen mit ehemaligen Kollegen von den Vereinten Nationen teil. Beigbéder ist Jurist, Spezialgebiet: Völkerrecht. Als er im Frühjahr 1946 in Nürnberg ankommt, ist er 22 Jahre alt und hat gerade seinen ersten Jura-Abschluss gemacht. Kurz zuvor hat ihn der Hilferuf seines Onkels ereilt, der einer von zwei französischen Richtern in Nürnberg ist. Der Onkel benötigt einen Assistenten. Am besten einen, der auch Englisch spricht, denn der Onkel kann nur Französisch und Deutsch.

Die französische Delegation ist quasi mittellos, ihre Mitglieder repräsentieren ein durch Krieg und Besatzung ausgezehrtes Land. Insgesamt gibt es in Nürnberg nicht mehr als 50 französische Mitarbeiter, Amerikaner und Briten dagegen haben Hunderte.

Yves Beigbéder kennt als frischgebackener Jura-Absolvent das Recht nur in der Theorie, allerdings geht es ihm da gar nicht so anders als seinem Onkel, der eigentlich Professor für Strafrecht ist und noch nie ein Urteil gesprochen hat. Der zweite französische Richter war früher beim Kassationsgericht. Nach dem Einmarsch der Deutschen in Paris war er abgesetzt worden. Yves, die beiden Richter und deren Frauen leben in Nürnberg in einer Art Wohngemeinschaft in einem beschlagnahmten Haus.

Die Amerikaner und die Briten versorgen die armen Franzosen mit allem Nötigen. Beigbéder ist beeindruckt von ihrer Großzügigkeit. Morgens werden die französischen Richter zu Hause von amerikanischen Bodyguards abgeholt. Wollen Beigbéders Onkel und sein Richterkollege am Wochenende einen Ausflug machen, dürfen sie mit einem Wagen der Briten durch die Gegend fahren.

Am Gericht hat Yves Beigbéder die Aufgabe, die französischen

Wortlautprotokolle der Verhandlungen zusammenzufassen. Der Onkel hat ihm die Zuständigkeit für sieben Angeklagte übertragen. Rudolf Heß gehört zu ihnen, außerdem Baldur von Schirach, der für die Hitlerjugend verantwortlich war. Yves war mal bei den Pfadfindern. Sein Onkel denkt, er könnte sich deshalb für von Schirach interessieren.

In seinem kleinen Büro, das nah am Saal 600 liegt, verdichtet Beigbéder das, was zuvor Simultandolmetscher übersetzt und Protokollanten niedergeschrieben haben. Mit Heß hat er nicht viel Arbeit, da der den Prozess weitgehend teilnahmslos absitzt. Für die Richter resümiert Beigbéder, was von Schirach erklärt hat, der Mann, der eine ganze Generation von Heranwachsenden mit Herrenrasse-Ideologie und Untermenschen-Gedanken vergiftet hat: Jetzt bedauere er, behauptet von Schirach, die Jugend für Hitler erzogen zu haben. Beigbéder nimmt ihm das Bedauern nicht ab.

Abends geht er gerne mal aus. Dafür gibt es für die internationalen Gäste in Nürnberg genau einen Ort. Das Grand Hotel ist wie der Gerichtspalast von den Bomben verschont geblieben. Hier wohnen viele Gerichtsmitarbeiter. Kronleuchter, Buffets, Drinks, Tänzerinnen – eine glitzernde Welt, die jeden Abend für ein paar Stunden vergessen lässt, worüber in den Stunden zuvor in Saal 600 gesprochen wurde. Im Grand Hotel kommen sich sogar die einander sonst so misstrauisch beäugenden Amerikaner und Russen näher. Hauptankläger Jackson gibt zu Ehren des stellvertretenden sowjetischen Außenministers ein Abendessen, bei dem der Ehrengast einen Toast ausbringt: «auf die Hinrichtung aller Angeklagten».

***

Elly Kupfer darf nicht ins Grand Hotel, eigentlich. Deutschen, die nicht im Hotel arbeiten, ist der Zutritt verboten. Aber sie hat jemanden, der sie reinschleust. Elly hat einen jungen Belgier kennengelernt, einen Übersetzer, der wie sie für die Verteidigung arbeitet. Er stand eines Tages hinter ihr und diktierte ihr etwas, das sie in ihre Maschine tippte. So ging es los. Elly ist verliebt.

Ihr neuer Freund hat ihr erzählt, dass er in Brüssel eine Prüfung ablegen musste. Er hatte eine Seite aus Alfred Rosenbergs *Mythus des 20. Jahrhunderts* zu übersetzen, jener Schrift, die dem Nationalsozialismus das ideologische Fundament verleihen sollte. Ellys Freund hat am Gericht von den Gräueln in den Konzentrationslagern gehört. Nun hat er Fragen an sie.

«Wir wussten davon nichts», sagt Elly zu ihm. Sie nimmt den Freund bald auch mit nach Hause. Dort stellt er den Eltern die gleichen Fragen, die ihn einfach nicht loslassen. Die Eltern, die nicht in der NSDAP waren, aber auch nicht im Widerstand, sagen: «Wir wussten nichts.» Nur ein paar Andeutungen seien über die Radiosendungen der BBC zu ihnen durchgedrungen, die sie heimlich gehört haben. Der Freund versteht es nicht. Trotzdem glaubt er Elly und den Eltern, da ist sich Elly Kupfer-Dierckx heute noch sicher.

Der Prozess verläuft nach amerikanischem Muster: Die Ankläger präsentieren das belastende Material. Die Verteidiger legen Entlastendes vor. Dann werden die Angeklagten von beiden Seiten ins Kreuzverhör genommen. Der amerikanische Ankläger Jackson und Göring liefern sich im März 1946 ein Duell. Jackson will unter anderem belegen, dass Göring aktiv den Krieg vorbereitet hat. Er wirft ihm vor, im Geheimen die Mobilmachung vorangetrieben zu haben. Göring kontert ironisch: «Ich glaube mich nicht zu erinnern, die Mobilmachungsvorbereitungen der Vereinigten Staaten jemals vorher gelesen zu haben.» Göring gewinnt das Duell.

Er hatte erfolgreich den Oberankläger Jackson angebrüllt, einen Richter des höchsten Gerichts der Vereinigten Staaten. Zu einem «Kampf der Ideen» kam es nicht, weil Jackson auf keine zu kommen schien. Es war nicht mehr – und das war schlecht genug – als ein wichtiger Kampf zwischen dem Denken und den Charakteren zweier gegensätzlicher Männer, und Göring war in beidem der Überlegene. Darüber hinaus zeigte er ein phänomenales Gedächtnis und eine bemerkenswerte Gabe für spitzfindige Manöver, und natürlich wußte er mehr über die Nazis und die übrige europäische Geschichte.

(...) Jacksons tiefe Überzeugung, die Nazi-Angeklagten seien nichts anderes als gewöhnliche Verbrecher, führte logischerweise dazu, sie in jener aufbrausenden Art zu behandeln, die bei Prozessen unterer Instanzen üblich ist. Bei den feigen kleinen Ganoven führte das zum Erfolg, aber beim Kreuzverhör mit dem ungewöhnlichen Verbrecher Göring, der selbst besser toben konnte, war es für Jackson verheerend.

Janet Flanner, *The New Yorker*

Elly Kupfer hat den Eindruck, dass ihr Chef sehr einverstanden damit ist, wie jetzt den Nazis der Prozess gemacht wird. Manchmal nimmt er sie mit auf Außer-Haus-Termine. Einmal fahren sie zusammen ins Kriegsgefangenenlager Friedberg. Die Zeugen, die dort einsitzen, werden in einen Raum gebracht, wo der Chef sie vernimmt. Immer sucht er nach Fällen, in denen die Gestapo jemanden verschont, eine Person nicht nach Auschwitz geschickt hat. Selten wird er fündig. Dann hat Elly Kupfer wieder etwas zu tippen.

***

Zeitungen und Radio informieren regelmäßig über den Prozess, im Kino berichtet die *Wochenschau.* Sobald die Bilder aus Saal 600 über die Leinwand flimmern, herrscht bei den Franks helle Aufregung. Sie hoffen, den Vater zu sehen. Schwenkt die Kamera über die Köpfe von Göring und Heß weiter nach rechts, bis zu Hans Frank, fangen Niklas und seine Geschwister an zu jubeln. «Schau, da ist der Vati!», rufen sie aufgeregt. Niklas' Mutter findet, ihr Mann sei der am besten aussehende Angeklagte.

Am 18. April 1946 tritt Hans Frank in den Zeugenstand. Er hat sich im Gefängnis taufen lassen. Er spricht Unglaubliches: «Ich selbst möchte aber hier ganz aus der Tiefe meines Empfindens und aus dem Erleben der fünf Monate dieses Prozesses heraus sagen, dass ich, nachdem ich nunmehr den letzten Einblick gewonnen habe in all das, was an furchtbarem Grauen geschehen ist, das Gefühl einer tiefen Schuld in mir trage (...). Tausend Jahre werden vergehen und diese Schuld von Deutschland nicht wegnehmen.»

Göring ist empört, Franks eigener Anwalt überrumpelt. Und Yves Beigbéder ist elektrisiert. Unter dem Eindruck von Franks Auftritt setzt er sich an seine Reiseschreibmaschine und verfasst einen Artikel für die französische Wochenzeitung *Réforme.* «Der ehemalige Gauleiter übernimmt mutig die Verantwortung für die Ereignisse in Polen seit 1939, indem er eine späte Reue zeigt, aber sicher eine ehrliche.»

Kann das sein? Bringt das Nürnberger Gericht tatsächlich die Täter zu einer Auseinandersetzung mit ihren Taten?

Vom Korridor vor dem Nürnberger Gerichtssaal führt eine schmale Steintreppe hinauf zu der Besuchergalerie und zu den Senderäumen. Ich habe diese Treppe oft benutzt. Eines Tages stieß ich etwas unsanft mit einem Mann zusammen, der mir plötzlich entgegenkam. Ich entschuldigte mich, er tat das gleiche. (...) Der Mann, mit dem ich zusammenstieß, war klein, hatte einen blauen Anzug an, war etwa

40 Jahre alt und schien einer der kleinen Angestellten zu sein, die das Justizgebäude bevölkerten. Etwa eine halbe Stunde später sah ich den Mann im blauen Anzug im Zeugenstand wieder. Er nannte seinen Namen: Rudolf Höß, der Lagerkommandant des Vernichtungslagers Auschwitz (...). Nach seinen eigenen Aussagen hatte er zwei Millionen Menschen getötet. Es ist eine erschreckende Feststellung, daß ein millionenfacher Mörder wie ein kleiner, braver und tüchtiger Angestellter aussehen kann.

Karl Anders, *Im Nürnberger Irrgarten*

Höß ist nicht angeklagt. Er soll eigentlich als Entlastungszeuge auftreten. Doch es läuft anders, als die Verteidigung sich das gedacht hat. Höß sitzt vor einer Landkarte, auf der die Standorte von 22 Konzentrationslagern sowie von 1202 Außenlagern und Außenkommandos eingezeichnet sind. Yves Beigbéder registriert, wie unglaublich nüchtern Höß darlegt, was in Auschwitz geschehen ist. Das Gas. Die medizinischen Experimente. Später wird Höß in Polen selbst angeklagt und zum Tode verurteilt werden.

Als er jetzt in Nürnberg aussagt, poltert Göring los. Gerade hat er, Göring, dem Gericht erklärt, dass ein Massenmord, wie er ihnen vorgeworfen wird, in den Lagern technisch gar nicht möglich gewesen wäre. Und nun berichtet Höß von millionenfachem Töten.

Es wird Sommer. Ankläger und Verteidiger, Zeugen und Angeklagte wurden gehört. Letzte Worte werden gesprochen. Göring säuselt etwas von «heißer Liebe» zu seinem Volk, Heß rafft sich doch noch einmal zu einer Beteiligung am Verfahren auf: «Selbst wenn ich es könnte, wollte ich diese Zeit nicht auslöschen aus meinem Dasein.»

Hans Frank nimmt das Schuldbekenntnis, das den jungen Beigbéder so sehr beeindruckt hat, wieder zurück. «Ich muss nur noch ein Wort von mir berichtigen. Ich sprach im Zeugenstand von tausend Jahren, die die Schuld von unserem Volke wegen des Verhaltens Hitlers in diesem Krieg nicht nehmen könnten», sagt Frank in seinem Schlussplädoyer. Doch die «riesigen Massenverbrechen entsetzlichster Art, die, wie ich jetzt erst erfahren habe, vor allem in Ostpreußen, Schlesien, Pommern und im Sudetenland von Russen, Polen und Tschechen an Deutschen verübt wurden und noch verübt werden, haben jede nur mögliche Schuld unseres Volkes schon heute restlos getilgt».

Die eigentliche Verhandlung ist zu Ende, die Richter ziehen sich zu ihren Beratungen zurück. Einen ganzen Monat werden sie brauchen. Yves Beigbéder isst weiterhin jeden Abend zusammen mit den beiden französischen Richtern, aber während sie ihre Suppe löffeln, verlieren die beiden kein Wort über das, was sie tagsüber mit ihren Kollegen besprechen.

Elly Kupfers Mutter fragt: Wozu hinrichten? Lebenslange Haft würde auch reichen.

Der Verteidiger Alfred Seidl, der sowohl Hans Frank als auch Rudolf Heß vertritt, besucht die Franks am Schliersee. Seidl eröffnet Niklas' Mutter, dass er fest mit einem Todesurteil rechne. Die Beweise gegen ihren Mann seien einfach erdrückend.

Es ist ein strahlender Spätsommertag Ende September 1946, als sich mehrere Familien auf den Weg durch das zerstörte Nürnberg in Richtung Gefängnis machen. Emmy Göring kommt mit ihrer Tochter Edda, die Ribbentrops sind da, die Ehefrau und die Kinder des ehemaligen Reichsinnenministers Wilhelm Frick. Niklas, so sieht man es auf verblichenen Fotos, trägt eine kurze Hose, dazu ein Jäckchen über dem Hemd. Seine Mutter hat einen Hut mit breiter Krempe und eine Sonnenbrille aufgesetzt. Die Görings, die Ribbentrops, die Fricks und Franks dürfen den Vater, den Ehemann besuchen.

Sie gehen durch Türen und Gänge, und am Ende stehen sie in

einer Art Wartezimmer. Es ist ziemlich voll. Die Kinder dürfen nur einzeln oder mit der Mutter zum Vater, die anderen müssen so lange draußen bleiben. Um Niklas herum sind die Kinder der anderen Gefangenen, sein großer Bruder Norman unterhält sich mit dem Sohn von Julius Streicher.

Auf einmal geht die Tür auf. Seine Mutter bedeutet Niklas, dass er nun an der Reihe ist. Niklas steht auf, die Mutter nimmt ihn an der Hand, und zusammen gehen die beiden in den dunklen Besucherraum.

Der Erste, den er beim Eintreten erkannt habe, erzählt Niklas Frank heute, sei Hermann Göring gewesen. Er hockt gleich gegenüber der Eingangstür – wie alle Gefangenen hinter einer Glasscheibe. Er spricht mit seiner Frau Emmy und der Tochter Edda. Niklas geht nach rechts. Sein Vater lächelt ihn an. Er sagt durch die Scheibe: «Niki, bald werden wir wieder schön und lustig Weihnachten feiern im Schoberhof.»

Niklas, den die Mutter auf ihren Schoß gehievt hat, hört artig zu. Innerlich fragt er sich: Warum lügt der? Er weiß doch, dass er gehängt wird.

Dann erzählt der Vater ihm eine Geschichte: Der Huber-Toni, der ein Räuber war, habe nie im Wald scheißen wollen – aus Angst vor anderen Räubern. Mehr kommt vom Vater nicht.

Nach knapp zehn Minuten ist die Besuchszeit vorbei. Niklas klettert vom Schoß der Mutter und geht zum Ausgang. Er dreht sich noch einmal um. Der Vater lacht und winkt ihm zu.

Ein paar Tage später, am 1. Oktober 1946, sitzt Niklas' Mutter in ihrer Wohnung am Schliersee um 15 Uhr vor dem Radiogerät. Der Bayerische Rundfunk überträgt die Urteilsverkündung live aus dem Gerichtssaal.

Brigitte Frank hat eine Liste mit den Namen der Angeklagten angefertigt. Daran erinnert sich der Sohn, der die Mutter mit der Liste noch genau vor Augen hat, bis heute. Hinter jedem, der zum

Tode verurteilt wird, will sie ein Kreuz machen. Sie hört den Reporter die Urteile verkünden.

Hermann Göring, Tod durch den Strang.

Brigitte Frank macht ein Kreuzchen hinter dem Namen Hermann Göring.

Rudolf Heß: lebenslänglich.

Joachim von Ribbentrop: X.

Wilhelm Keitel: X.

Ernst Kaltenbrunner: X.

Alfred Rosenberg: X.

Albert Speer: 20 Jahre Haft.

Als Hans Frank dran ist, ruft die Stimme aus dem Radio: «Und jetzt wird zwischen zwei amerikanischen Soldaten der Angeklagte Hans Frank hereingeführt. Heute Morgen wurde der Schlächter von Polen in den Anklagepunkten drei und vier schuldig gesprochen, nämlich Kriegsverbrechen und Verbrechen gegen die Menschlichkeit. Er tritt an den Tisch, auf dem die Kopfhörer liegen, er setzt sie sich auf, jetzt spricht Lordrichter Lawrence das Strafmaß: Angeklagter Hans Frank, gemäß den Punkten der Anklageschrift, unter welchen Sie für schuldig befunden wurden, verurteilt Sie der Internationale Militärgerichtshof zum Tode durch den Strang.»

Hans Frank: X.

Elf Todesurteile, dazu das von Bormann, der in Abwesenheit verurteilt wird. Einer der Gefangenen findet, ein Galgentod sei unehrenhaft: Widerstandskämpfer gegen Hitler starben am Strick. Das will er nicht. Der Gefangene stellt einen Antrag, man möge ihn erschießen. Abgelehnt.

Als ein Wärter um 22.47 Uhr durch das Guckloch in die Zelle schaut, liegt der Gefangene röchelnd auf dem Bett. Er hat eine Zyankalikapsel geschluckt.

Hermann Göring war schneller als der Henker.

Zwei Stunden später wird der erste der verbliebenen zehn Todeskandidaten aus seiner Zelle abgeholt und in die Turnhalle des Gefängnisses gebracht, es ist Joachim von Ribbentrop.

Die zehn ehemals bedeutendsten Männer in Hitlers Reich, das 1000 Jahre hätte währen sollen, mußten 13 Holzstufen zu einer etwa zweieinhalb Meter hohen und zweieinhalb Quadratmeter großen Plattform hinaufsteigen. Die Stricke hingen von einem Querbalken herab, der von zwei Pfosten getragen wurde. Für jeden Mann wurde ein neues Seil verwendet.

Joseph Kingsbury Smith, International News Service

Niklas Frank ist für eine Weile ins Kinderheim in Schäftlarn geschickt worden. Nach dem Tod ihres Mannes holt die Mutter Niklas und die beiden Geschwister zu einem Spaziergang ab. Das Wetter ist schön. Sie sagt, der Vater sei nun im Himmel. Während seine zwei Geschwister anfangen zu weinen, bleibt Niklas stumm. Er habe nichts anderes erwartet, sagt er heute.

Die obersten Nazis sind tot. Einige Dutzend weitere müssen sich in den folgenden Jahren und Jahrzehnten für ihre Taten vor Gericht verantworten. Die meisten Männer und Frauen jedoch, die mit den Nazis sympathisierten, Geschäfte machten, sie unterstützten, kommen ungeschoren davon. Sie setzen im Nachkriegsdeutschland ihre Karrieren fort, lehren als Professoren an Universitäten, arbeiten als Lehrer in Schulen, nehmen auf Richterstühlen Platz. Noch heute wird gegen KZ-Wächter und andere Kriegsverbrecher ermittelt und prozessiert. Es sind die letzten Möglichkeiten, Recht zu sprechen. Noch leben die letzten Täter, noch leben die letzten Zeugen.

Niklas Frank beschäftigt sich bis heute mit über 80 als Journalist und Autor mit den Taten des Vaters.

Elly Kupfer arbeitet nach dem Urteil im Hauptkriegsverbrecherprozess noch einige Zeit weiter als Sekretärin des Militärtribunals. Sie heiratet den Übersetzer, den sie am Gericht kennengelernt hat, und lebt bis zu dessen Tod mit ihm in Belgien.

Yves Beigbéder macht Karriere bei den Vereinten Nationen und der Weltgesundheitsorganisation, er wird Professor für internationales Recht. Er schreibt über die Aufarbeitung der Kriegsverbrechen im ehemaligen Jugoslawien, in Ruanda, in Kambodscha, über den Internationalen Strafgerichtshof in Den Haag, der 2003 seine Arbeit aufnimmt, und über die direkte Linie, die sich von Nürnberg nach Den Haag ziehen lässt – nach Den Haag, wo im März 2023 Haftbefehl gegen Wladimir Putin erlassen werden wird.

Ernest Lorch bleibt, nachdem er die Gefangenen abgeliefert hat, noch eine Woche in seiner alten Heimatstadt. Er sucht und findet das Juweliergeschäft seines Vaters, sein Elternhaus, das Grab seines Vaters. Dann reist er in die USA ab. Dreimal kehrt er noch nach Nürnberg zurück, zuletzt vor ein paar Jahren. Er sagt, er spüre nach wie vor eine Verbindung zu dieser Stadt.

Die Stimme der Natur

Mit ihrem Buch «Silent Spring» begründet Rachel Carson
die Umweltbewegung

Von Fritz Habekuß

Man kann über Rachel Carson eine Heldinnengeschichte erzählen. Sie geht so: Ein Mädchen aus armen Verhältnissen träumte vom Meer, und als aus dem Mädchen eine Frau wurde, da studierte sie als Erste in der Familie. Sie fand eine Anstellung als staatliche Biologin, und in ihrer Freizeit schrieb sie poetische Bücher über den Ozean. Die Bücher machten sie bekannt, vom Erlös kaufte sie sich ein kleines Haus in Maine an der Ostküste der USA. Dort schrieb sie gegen Ende ihres Lebens an ihrem letzten Buch. Es war anders als die vorherigen. Keine Poesie, sondern eine Anklage gegen das massenhafte Ausbringen von Umweltgiften, die Insekten töteten, Vogelpopulationen vernichteten und Menschen krank machten. Das Buch handelt davon, was es bedeutet, morgens im Frühling aufzuwachen und keine Vögel mehr zu hören.

Die Chemie- und die Agrarindustrie wurden zornig. Sie starteten Kampagnen gegen die Autorin und reichten Klagen ein, aber Rachel Carson blieb standhaft. Präsident John F. Kennedy lud sie ins Weiße Haus ein. Sie legte ihre Argumente vor dem US-Kongress dar und verteidigte sich im Fernsehen. Bald darauf starb sie, 1964. Rachel Carson erlebte nicht mehr, was ihre Recherchen mit auslösten – und zwar weltweit: 1968 verbot Ungarn als erstes Land das Insektengift DDT, später folgten fast alle Länder Europas. Die USA verbannten es 1972, im selben Jahr erließen sie auch den Clean Water Act zur Reinhaltung des Wassers. Schon 1970 war ebenfalls in den USA die staatliche Umweltbehörde gegründet und war der Clean Air Act gegen Luftverschmutzung erlassen worden. Das und noch viel mehr veränderte ihr letztes Buch.

Rachel Carson warb dafür, dass Menschen sich organisieren, um sich gegen Umweltverschmutzung zu wehren, sie gab dem ökologischen Gewissen eine Stimme. Ein Jahrzehnt nach dem Erscheinen ihres Buchs waren Naturschutzorganisationen entstanden, die es bis heute gibt und die eine weltweite Reichweite haben. Carson, so geht die Heldinnengeschichte zu Ende, hat den Grundstein für die globale Umweltbewegung gelegt – mit dem Buch, das vor 60 Jahren in den USA erschien: *Der stumme Frühling*. Im Original: *Silent Spring*.

Die Heldinnengeschichte ist wahr, alles in allem ist sie eine gute Geschichte. Aber wie das bei Heldinnengeschichten so ist, leuchten die Scheinwerfer die Protagonistin so hell aus, dass im Licht nur noch Konturen übrig bleiben, keine Nuancen.

«Nichts sollte jemals nur eine einzelne Geschichte sein», sagt Kerri Arsenault. Sie sitzt in ihrem Garten in Connecticut, dem Teil der USA, wo die Häuser groß sind und weiße Fassaden haben, davor weitläufiger Rasen, militärisch kurz geschoren. New England.

Arsenault ist Buchkritikerin und Autorin. Sie kommt aus einer Arbeiterfamilie in Maine und hat ein Buch über die Papiermühle geschrieben, die giftige Chemikalien in den Fluss leitet, der durch das Dorf ihrer Kindheit fließt. Es ist ein warmer Tag, hinter ihr turnen knallorange Vögel in den Apfelbäumen herum, Baltimore-Trupiale. Arsenault sagt: «Rachel Carson und ihre Wirkung sind von einer dicken Schicht Mythos umgeben. Die muss man knacken – dann wird es spannend.»

Kerri Arsenault schreibt eine Biografie über Rachel Carson. Oder besser: Sie will eine schreiben. Noch besser: Sie muss. «Bei Carson läuft zusammen, was mich interessiert», sagt sie: «vergif-

Rachel Carson 1962 nahe ihrem Sommerhaus in Maine

tete Communitys, das Leben am Rande der Gesellschaft und die Frage, wie man über Umwelt schreibt. Das sind meine Themen. Es kommt mir vor, als hätte ich gar keine andere Wahl.»

Carson wird 1907 in Pennsylvania als jüngstes von drei Kindern geboren. Der Vater verspekuliert sich mit Grundstücken. Carson schreibt schon als Kind, schließt die Highschool als Klassenbeste ab, studiert Naturwissenschaften – ungewöhnlich für Frauen damals. Sie bringt es zu einem Master in Zoologie an der Johns Hopkins University, will promovieren, gibt den Plan aber 1934 auf. Sie muss unterrichten, um ihre Familie zu unterstützen. «Das ist eine Sache, die oft nicht miterzählt wird: dass Carson lange richtig arm war», sagt Arsenault.

1935 stirbt Carsons Vater. Von nun an kümmert sie sich ganz um ihre kränkliche Schwester, deren beide Töchter und ihre alternde Mutter, ihr Geld verdient sie als Wissenschafts-Redakteurin für die Umweltbehörde Fish and Wildlife Service. Abends und am Wochenende schreibt sie für Magazine. Als 1957 eine ihrer Nichten stirbt, adoptiert Carson deren fünfjährigen Sohn, Roger. Schreiben geht anfangs nur nebenbei.

Bis sie Erfolg hat, dauert es. 1941 veröffentlicht sie ihr erstes Buch, *Under the Sea-Wind*. Gute Kritiken, schleppende Verkäufe. Ihr zweites Buch, veröffentlicht 1951, *The Sea Around Us*, schlägt ein. 1955 der dritte Teil der Meerestrilogie, *The Edge of the Sea*. Da ist sie schon ein Literaturstar. Carson sieht sich selbst als «Poetin des Meeres», nicht als die scharfzüngige Verteidigerin der Umwelt, als die man sie später feiert.

Die Küste Maines mit ihren Gezeitentümpeln und den Strandschnecken, die darin leben, den Anemonen, die ihre Tentakel ausstrecken – man spürt Carsons Liebe zu diesem ulkigen Leben noch heute in ihren Zeilen. Hat man sie gelesen, sieht man die raue Küste mit ihren nebligen Morgen und stillen Nadelwäldern anders: mit mehr Verständnis und zugleich mit einem gewissen Unglauben.

Mit den Tantiemen ihrer Bestseller kauft sich Carson die Freiheit, das Beamtenleben aufzugeben – und 1953 das kleine Häuschen in Southport, Maine. Diesen Ort hat sie geliebt wie keinen anderen, auch weil er sie so inspiriert hat. Das Haus steht noch, es gehört jetzt Roger, jenem Jungen, den Carson als Fünfjährigen adoptiert hat. Die Adresse: 16, Carson Lane. Heute kann man es wochenweise mieten. Hier schrieb sie an *Silent Spring*.

Es begann damit, dass empörte Leserinnen von der Ostküste ihr Briefe schickten. Sie berichteten von sterbenden Vögeln. Carson versuchte, Kollegen für das Thema zu begeistern, als Investigativreporterin sah sie sich nicht. Aber irgendwie ließ es sie dann doch nicht los. Sie tauschte sich mit Wissenschaftlern aus, sammelte Zeitungsausschnitte – und ging immer wieder nach draußen und beobachtete die Vögel. Sie waren neben dem Ozean ihre zweite große Liebe.

Ganz in der Nähe des Sommerhauses wartet nun Jeff Cherry. Sein Geld verdient er mit Antiquitäten, in seiner Freizeit kartiert er die Vogelpopulationen der Region. Er soll helfen zu verstehen, welchen Einfluss Carson auf die lebendige Welt hatte, und zwar an dem Ort, der ihr so wichtig war.

«Das kühle Wetter ist typisch für diese Jahreszeit», für den Frühling, sagt Cherry, und dann unterbricht er sich. Er hat etwas gehört. «Ein Rotkardinal. Die brüten hier erst seit ein paar Jahrzehnten.» Wieso? «Na ja, Klimawandel», sagt Cherry. Das hier soll ein Spaziergang werden, eine Wanderung. Aber Cherry kommt nicht voran, weil er ständig stehen bleibt. Er sieht eine Singammer, hört einen Rotflügelstärling, beobachtet zwei Goldwaldsänger. Eine halbe Stunde für 500 Meter.

Das Haus ist grau, es fällt kaum auf zwischen den Stämmen, dem steinernen Himmel, dem verschmierten Horizont. An der Seite erkennt man eine breite Fensterfront, hier steht Carsons Schreibtisch noch immer. Näher heran kommt man nicht, das Haus ist vermietet. Cherry zeigt auf eine Wanderdrossel, die vorbeifliegt, der Frühlingsbote in den USA schlechthin, ein Vorgartenvogel: «Selbst die war damals selten geworden.»

Damals, das ist die Zeit, über die Carson in *Silent Spring* schreibt. Nach dem Zweiten Weltkrieg, als in den USA der massenhafte Einsatz von Insektengiften wie DDT, Dieldrin und Heptachlor begann. Gegen Schädlinge wurden die Chemikalien von Flugzeugen aus versprüht. Carson beschreibt in *Silent Spring*, wie die Gifte «wahllos aus der Luft herunterregnen», auf Vorgärten und Kuhherden, auf Flüsse und Alleen, auf Äcker und Obstplantagen – und sie beschreibt die toten Käfer, Schwebfliegen und Raupen, all die Tiere, die von den Vögeln aufgepickt werden, und kurz darauf liegen die Vögel zuckend am Boden. Carson merkt es selbst: Vor ihrem Fenster im Häuschen am Meer werden die Vögel seltener, manche Arten verschwinden fast komplett – und mit ihnen ihr Gesang. Der Frühling beginnt zu verstummen.

Carl Safina, ein gefeierter Autor von Büchern über die Umwelt und das Meer, erinnert sich, wie er *Silent Spring* als Jugendlicher entdeckte: «Ich war 14, und ich hatte ungefähr 30 Seiten gelesen. Dann musste ich es weglegen. Ich dachte, ich müsste kotzen, so sauer hat es mich gemacht.» Erst ein paar Jahre später traut er sich, es zu Ende zu lesen.

Silent Spring, das ohne Untertitel auskommt, beginnt mit einer Parabel: «Es war einmal ein Städtchen im Herzen Amerikas, in dem alle Geschöpfe in Harmonie mit ihrer Umwelt zu leben schienen.» In den folgenden Kapiteln wechseln Recherche, Poesie und Appelle einander ab. Carson hantiert mit einer Menge Zahlen, sie ist genau, geradezu pedantisch. Auf manchen Seiten wiederholt sie Jahreszahlen doppelt und dreifach.

Dass DDT ein paar Jahre nach dem Erscheinen des Buchs tatsächlich verboten wurde, ist auch Carsons Erfolg – aber nicht nur. Und hier beginnt der Teil der Story, der zur Geschichte der einsamen Heldin, die aus dem Nichts kam, nicht ganz passt.

Zuerst war *Silent Spring* gar kein Buch. Es wurde als Serie im Magazin *The New Yorker* veröffentlicht. Es hatte also schon vor seiner Drucklegung als Buch 1962 eine riesige Leserschaft und war mit einem Gütesiegel versehen. Zur gleichen Zeit streikten in Kalifornien hispanische Farmarbeiterinnen und -arbeiter dagegen, dass sie Ackergifte einatmen mussten. Anders als Carson, die weiße Mittelschichts-Frau, die an andere Mitglieder der weißen Mittelschicht appellierte, kam dieser Protest von unten. Zudem waren mit der Zeit Schädlinge zunehmend resistent gegen DDT geworden. Und schließlich war das Patent ausgelaufen. Das Verbot des Gifts war billig zu haben. All das wird in dieser Heldinnengeschichte oft vergessen.

Die Vögel von Maine hat das Giftverbot dennoch gerettet. Jeff Cherry will noch etwas zeigen. Im Fluss nicht weit von Carsons Häuschen kehren die Maifische in ihre Laichgewässer zurück. Silberne Körper bahnen sich zuckend den Weg stromaufwärts. Cherry zeigt auf einen Fischadler, der über uns fliegt. Durchs Fernglas erspäht er erst einen, dann einen zweiten Weißkopfseeadler. Das Wappentier der USA. «Zu Carsons Zeit gab es hier in der Gegend nur ein einziges Nest, das war gleich da drüben», sagt er – das DDT hatte die Eierschalen vieler Greifvögel so brüchig werden lassen, dass die Eltern sie beim Brüten zerdrückten. Heute gebe es alleine im Umkreis von fünf Meilen eine Handvoll Nester.

Silent Spring ist nicht der einzige Grund, aber Teil der Antwort, warum sich in Maine manche Dinge zum Besseren gewendet haben. Seit 50 Jahren ist DDT hier nun verboten. Greifvögel, die beinahe ausgestorben waren, haben sich erholt. Carson hatte die Aufmerksamkeit auf das Schicksal dieser Geschöpfe gelenkt. Heute weiß man: Gezielter Schutz wirkt.

Die großen Zeitläufte aber konnte auch *Silent Spring* nicht aufhalten. Als das Buch veröffentlicht wurde, hatten US-amerikanische Bauern die Wahl zwischen 37 verschiedenen Pestiziden. Heute sind es mehr als 1000 – und die Mengen, die ausgebracht werden, haben sich verzehnfacht. Das Artensterben, das damals höchstens als lokales Phänomen aufgefallen war, ist zur globalen Krise geworden, die die Stabilität des Erdsystems gefährdet. Rachel Carson hätte heute viel zu schreiben, wenn sie denn noch lebte.

1960 wurde bei ihr Brustkrebs diagnostiziert – das Schreiben von *Silent Spring* war ein Wettrennen gegen ihr eigenes Sterben.

Als sie nach der Veröffentlichung zur Anhörung vor dem US-Kongress eingeladen war, rang sie schon mit dem Tod. In einem Brief beschrieb sie ihre Sorge, es nicht zu Fuß vom Saaleingang bis zu ihrem Platz zu schaffen. Sie versteckte ihre Krankheit, um ihren Feinden keine Angriffsfläche zu bieten. Und noch etwas versteckte sie: die Tatsache, dass sie wohl Frauen liebte.

Die einzige Beziehung, über die etwas bekannt ist, ist die zu Dorothy Freeman, die sie in Maine kennenlernte. Die meisten Briefe, die die beiden einander schrieben, sind nach Carsons Tod 1964 vernichtet worden, so wie sie es sich gewünscht hatte. Einen ihrer letzten Briefe an Freeman schrieb sie in Southport, einem kleinen Ort an der Küste, ganz in der Nähe ihres Sommerhauses. Er beginnt mit der Anrede «Du liebe Eine».

In Southport hat Freeman Carsons Asche ins Meer gestreut. Das Hotel, wo sie sich trafen, gibt es noch. Ein paar Meter weiter, gleich am Strand, ist eine Gedenktafel für Carson angebracht: «Hier, endlich, wieder zum Meer zurückgekehrt». Ein Seetaucher fliegt knapp über dem Wasser entlang.

Vielleicht muss ja Carson gar keine Heldin sein – und kann dennoch Großes vollbracht haben. Die Liste an konkreten Erfolgen, die ihr zugeschrieben werden, ist vielleicht gar nicht so wichtig wie etwas anderes: Sie hat es geschafft, ein Bewusstsein für die Netzwerke und die Verletzlichkeit der Natur zu etablieren.

Wenn die Menschheit die Natur vergiftet, wird die Natur für den Menschen giftig. Das ist ökologisches Denken. Es ist der Kerngedanke von *Silent Spring*. Mit ihm hat sie unseren Blick auf die Welt verändert.

Sie bringen die erste Pizza

Wie in Würzburg am 24. März 1952 eine große
deutsch-italienische Liebesgeschichte beginnt

Von Michael Allmaier

Diese Sternstunde braucht Kerzenlicht; wir erzählen eine Liebesgeschichte. Und da, wo sie spielt, brennen heute noch Kerzen,
nach über 70 Jahren. Sechs Kerzen für die sechs Tische im Keller
einer Gaststätte am Rand der Würzburger Altstadt, Elefanten-
gasse 1. Neben jeder Kerze steht eine Vase mit einer Plastikrose.

Das ist der Moment für tiefe Blicke – und zwar in die Speisekarte. Denn vor lauter Lauschigkeit fällt es schwer, sie zu lesen.
Das Schummerlicht verliert sich in einer Landschaft aus Felsen
und Stalaktiten, die den ganzen Keller auskleidet. Hier hat jemand
die Blaue Grotte von Capri nachgebaut. Und so heißt dieses Lokal: Capri & Blaue Grotte.

Ein unwahrscheinlicher Ort für eine unwahrscheinliche Ro-
manze. Hier, oder genauer: ein Stockwerk höher begann am
24. März 1952 die Liebe der Deutschen zur italienischen Küche.
An diesem Tag eröffneten Nick di Camillo und Janina Schmitt die
erste deutsche Pizzeria.

Spielverderber werden schon an diesem Punkt das Licht an-
knipsen und den Humbug entlarven wollen: Weiß doch jeder,
dass die Italiensehnsucht Jahrhunderte zurückreicht. Aber so einfach ist die Sache nicht. Zwar wollten Deutsche schon immer da
sein, wo die Zitronen blühen. Den Saft allerdings überließen sie
gerne den Italienern. Man kann in Dieter Richters Buch *Con gusto*
nachlesen, welcher Ekel die Reisenden beim Anblick des «bestia-

lischen Makkaronifraßes» anfiel. Ein Reiseführer von 1878 bringt das Elend auf den Punkt: «Was kann ein deutscher Gaumen überhaupt von einer Küche erwarten, der die Butter und die Milch fehlt und die nur mit Öl, Knoblauch und Tomaten operiert?»

Daran änderte sich wenig, als ein paar Jahrzehnte später die ersten Italiener in deutschen Städten ihre Gäste bewirteten. Man begeisterte sich für ihre Eiscreme, nicht für ihre Küche. Die wenigen Trattorien wie das 1905 in Hamburg eröffnete Cuneo versorgten anfangs vor allem die eigene Community. Pizza blieb unbekannt. Noch in den Vierzigern schrieb Anna Seghers staunend über jenes «sonderbare Gebäck», das sie in Mexiko kennenlernte: «rund und bunt wie eine Torte. Man erwartet etwas Süßes, da beißt man auf Pfeffer. Man sieht sich das Ding näher an, da merkt man, dass es gar nicht mit Kirschen und Rosinen gespickt ist, sondern mit Paprika und Oliven.» Sie fügt prophetisch hinzu: «Man kann sich daran gewöhnen.»

Das hat man getan, und zwar gründlich. Deutsche wachsen mit Pizza und Pasta auf. Selbst in den Panikkäufen vor dem Corona-Lockdown räumten sie als Erstes die Spaghettiregale leer.

Was ist da passiert? Kurz gesagt: ein Märchen. Im zerbombten Nachkriegsdeutschland verliebt sich Nicolino, neuerdings «Nick», in Janina. Er, der Sohn eines Schuhverkäufers, ist der U.S. Army aus seiner Heimat in den Abruzzen nach Franken gefolgt und schlägt sich als Fahrer durch. Sie arbeitet als Tänzerin an der Nürnberger Oper. Die beiden tun sich zusammen und erproben eine von Nicks nicht ganz naheliegenden Ideen: inmitten der Trümmer eine Pizzeria aufmachen. Die Sache klappt; die beiden schreiben Gastro-Geschichte und leben glücklich miteinander bis an Nicks Lebensende. Er ist 2015 mit 93 Jahren gestorben.

Janina di Camillo wohnt seitdem allein in ihrer gemeinsamen Wohnung am Mainufer, nur ein paar Schritte vom Restaurant. Und man könnte meinen, sie lebt für zwei. Eine unglaublich vitale

Janina und Nick di Camillo im Jahr 1952 vor
ihrer Pizzeria Sabbie di Capri, genannt Capri

Frau von 90 Jahren, die sich beim Bilder-Rauskramen und Tee-Einschenken immerfort bremsen muss («Langsam, Alte!»), damit sie nicht stürzt.

Ja, natürlich, sagt sie heute, war das ein verrückter Einfall. «Sie müssen sich vorstellen, damals bekamen wir in Westdeutschland noch Butter zugeteilt.» Sie hatte keine Ahnung, was Pizza überhaupt war. Ihr Mann im Grunde auch nicht; so etwas aß man nicht in den Abruzzen. Aber es gab Menschen in Franken damals, die Pizza kannten und liebten: die amerikanischen Besatzungssoldaten. In den italienischen Vierteln ihrer Großstädte war aus dem

Sandwich der armen Neapolitaner eine Spezialität geworden. Und sie waren damals in Würzburg die einzigen Leute, die das Geld hatten, essen zu gehen. Stationen einer Karriere: Neapel, New York, Würzburg.

Die erste Speisekarte im Capri liest sich mit 70 Jahren Abstand beinahe normal: Pizza Capri de Lux mit Tomaten, Käse, Salami, Champignons für 3 DM. Spaghetti Bolognese mit Fleisch-Tomatensoße für 2,20 DM ... Nur dass es damals ein Kunststück war, die Zutaten zu beschaffen. Für Pasta fuhr Nick bis nach Hamburg («Es musste ja alles über den Zoll»), für Parmesan bis nach München («Der Laib kostete so viel wie ein gebrauchtes Auto»).

Die ersten Kunden waren italienischstämmige Amerikaner. Die Tageseinnahme: 27 Mark. Am nächsten Tag: 35 Mark, am dritten schon 200. Nick di Camillo kurbelte das Geschäft mit seinen Einfällen an. Er bestach Taxifahrer, veranstaltete Pizza-Partys in den Kasernen. Nebenbei erfand er wohl die Pizzaschachtel – im Grunde ja nur ein flacher, quadratischer Schuhkarton.

Die Grotte war auch so eine Idee. Erbaut 1956 aus geschredderten Tomatenkisten im Gerümpelkeller des Capri. Wundersamerweise ist sie bis heute erhalten, obwohl die di Camillos das Haus schon vor Jahrzehnten verkauft haben. Es ist leicht, diesen Ort zu belächeln. Den Schriftzug «Salve» an der Tür, etwas schief auf die Scheibe geklebt. Die güldene Säule, hinter der sich ein Ofenrohr verbirgt. Aber Nick di Camillo war nicht naiv, als er in monatelanger Arbeit dieses frühe Stück Erlebnisgastronomie zusammenleimte. Er hatte sich gefragt, was es brauchte, um Würzburger in sein Lokal zu locken. Und kam auf das, was Deutsche seit je in Italien suchten: Romantik.

Dominik Schraut, der junge Pächter im Capri, hat vor Kurzem erst nachgestrichen. Er stammt aus Würzburg, wusste aber nur vage, was für ein Lokal er 2021 übernahm: «Die Kunden Ü50 verbinden fast alle etwas damit: die Kommunion, das erste Date, den

Heiratsantrag ...» Janina di Camillo schaut ab und an vorbei: «Sie hat hier ihren Neunzigsten gefeiert – da war richtig was los.»

Italienische Küche bekommt man im Capri schon länger nicht mehr. Zu normal, findet Schraut, er kocht spanisch. Nur Pizza hat er auf der Karte gelassen, «die gehört zur DNA dieses Lokals». Es gibt viele Theorien, wie ausgerechnet dieses Nichtgericht aus den Backstuben Süditaliens so unglaublich beliebt werden konnte. Ein Faktor ist natürlich ihre Wandelbarkeit. Ob man sie mit Dosen-Ananas belegt oder mit Dönerfleisch oder mit Schmand und Schweinenacken wie Schraut bei seiner Pizza Franken – es bleibt immer die unverwechselbare herzhafte Torte.

Hier, im Schummerlicht der Grotte, kommt etwas anderes in den Sinn, ein öliges Retro-Wort: Ist Pizza nicht auch «sexy»? Man kann sie teilen, das schafft Nähe. Sie will mit der Hand gegessen werden, was ein bisschen ungezogen, ein bisschen sinnlich ist. Und, so verrückt das heute klingt: Man kann sich dabei nicht blamieren. Mit Spaghetti schon, das war (Loriot!) eine Angst in Westdeutschland.

«Ja, die Paare», sagt Janina di Camillo. «Die wollten alle in die Grotte. Nick hatte so viele Ideen.» Sie hat ein Porträt von ihm auf ihrem Kaffeetisch. Manchmal richtet sie ein Wort an ihn: «Gell, Schatz – das haben wir gut gemacht.» Ein eleganter Mann lächelt da aus dem Rahmen. Man hat Mühe, sich vorzustellen, dass er mal als Junge in einem Bergdorf auf dem Eselskarren seines Vaters saß.

«Er war sehr begehrt», erzählt Janina di Camillo. «Viele haben sich gefragt, warum gerade ich ihn bekommen konnte.» Wer Bilder von ihr aus den Fünfzigern anschaut, fragt sich das nicht mehr. Man sieht sie mit Geschirrtuch und Spitzenhäubchen, auch mal beim Pizzaschneiden. Und denkt doch: Das ist Hollywood – so sieht keine Köchin aus.

Aber genau das war Janina im Capri, wenn sie nicht gerade die Bücher führte. Nick war auch als Ehemann modern («Er ließ mich sogar mit 18 den Führerschein machen. Frauen am Steuer waren damals so selten, dass die Polizei einen ständig anhielt»). Aber die Vorstellung, seine Frau in einen Saal mit bierseligen GIs zu lassen, war dann doch zu viel.

«Also blieb ich in der Küche und rollte Teige wie der Teufel. Ein Koch aus Italien hatte mir gezeigt, wie es ging.» Janina lacht. Wie das Leben so spielt: «Von der Bühne an den Herd. Nicht mal die Durchreiche durfte ich öffnen.»

Vor dem Bau der Blauen Grotte fährt das Paar nach Italien. Das erste Mal mit dem Volkswagen über den Brenner; die Leute winken ihnen zu. Das erste Mal im Licht des Südens («Die wurden alle braun davon, und ich bekam Sommersprossen»). Die erste Frage der Schwiegermutter: «ob ich katholisch bin. Da hat es sich mal ausgezahlt, dass ich aus einer Bischofsstadt komme.» Janina lernt Italienisch – «mit Händen und Füßen». So spricht sie noch heute, gestenreich, mit allerlei «Bene!» und «Brava!».

Man mag den Vergleich mit der großen Liebe nicht strapazieren, schon gar nicht für eine Geschichte, die in den Ruinen des Weltkriegs beginnt. Aber wie sich da zwei junge Menschen aus zwei zerstörten Ländern zusammenraufen und wie Essen dabei hilft, Grenzen zu überwinden – ein bisschen politisch ist das alles schon.

Im Wohnzimmer der di Camillos sieht man auch ein Foto des ergrauten Nick mit dem 35 Jahre jüngeren Frank-Walter Steinmeier, der damals noch Außenminister war. Der Wirt hat mehrere Auszeichnungen bekommen, deutsche und italienische, für seinen Beitrag zur Völkerfreundschaft. Janina lebt diese Freundschaft bis heute. Sie kann noch immer so von Italien schwärmen, dass man gleich hinfahren möchte. Und ihre Gesundheit führt sie natürlich auf die gute Mittelmeerküche zurück. Ob man sie so nennen darf: die erste deutsche Signora? Janina di Camillo taucht kurz in die Erinnerung ein. Dann sagt sie, als würde sie selber staunen: «Ja, das könnte ich sein.»

Ist noch Platz für ein Stück Pizza und einen Epilog? Denn ganz verblasst im Schwarz-Weiß der Erinnerung ist diese Sternstunde nicht: Die Familie di Camillo empfängt bis heute in Würzburg Gäste. Zwar hatten Janina und Nick keine Kinder, wohl aber Nicks junger Bruder Giuseppe, der 1952 aus den Abruzzen kam, um im Capri auszuhelfen. Er wurde berühmt als der Kellner, der beim Servieren Arien sang. Die Familienbande hielt 30 Jahre lang. Dann wollte «Peppino» lieber in seiner eigenen Gaststätte singen. Er wurde nicht ganz so alt wie sein Bruder. Seit den Neunzigern führt sein Sohn Antonio das Lokal.

Das Bei Peppino liegt zentraler als das Capri, gleich hinter dem Dom; es ist auch ein bisschen feiner. Ein typisches «Ristorante Pizzeria» – diese Art von Betrieb wurde in Deutschland erfunden. Oft von Wirten der zweiten Generation, die sich mehr zutrauten als Pizza und Pasta, aber nicht so tollkühn waren, den Deutschen ihre Leibspeisen zu verweigern.

Man tritt über die Schwelle und ist woanders. Gewusel, Schulterklopfen, alle hier scheinen sich zu kennen. Der Chef hat vergessen, dass er interviewt werden soll. Macht nichts, erst mal ablegen, Platz nehmen, was möchten Sie trinken? Und schon ist man Teil des Betriebs.

Antonio di Camillo erinnert sich gut ans Capri. Wie die Kellner ihn aus der Grotte scheuchten. «Die war ja auch für uns Kinder zum Spielen toll.» Wie voll das damals war, wie lustig. «Die Leute saßen auf der Kellertreppe mit ihrer Pizza auf dem Schoß, oft bis ein, zwei Uhr morgens.» Er hat sich viel abgeschaut von seinem Vater. Wie der einfach mal Pizza hinstellte bei Gästen, die bloß was trinken wollten. Wie er für jeden Platz fand, auch Fremde zusammensetzte, «aber mit Menschenkenntnis».

Aus italienischer Sicht waren die Deutschen der Wirtschaftswunderjahre ausgehtechnisch etwas rückständig: «Die kamen vielleicht mal auf ein Bier vor der Brotzeit und gingen dann früh schlafen, um morgens wieder das Land aufzubauen», sagt Antonio. Die musste man locker machen.

Über dem Tresen Bei Peppino stehen, wohl aus alten Tagen, die bewährten Instrumente dafür: der Macho-Pfefferstreuer, die Korbflasche mit billigem Rotwein. Und der Grappa, den der Padrone spendierte, weil der letzte Eindruck ja der wichtigste ist. Natürlich, sagt Antonio, war von Anfang an Geschäftssinn bei der Gastfreundschaft. Er schaltet um vom Fränkischen auf Gastro-Italienisch: «‹Ah, *dottore*, noch ein Esprässo?› Das ist was anderes, als dem Gast zu sagen: ‹Ich hab gleich Feierabend.›»

Wie lange die Familie im Geschäft ist, verrät auch die Karte. Da werden Gnocchi noch als «Kartoffelbällchen» übersetzt. Und alle Speisen bekommt man «auf Wunsch ohne Knoblauch». Die Italiener in Deutschland waren nie missionarisch. Die Nudeln zu Klump kochen? Sahnesoße draufkippen? Sicher, könnt ihr haben. Am Herd standen ja meist keine stolzen Profis, sondern frühere Stahlkocher oder Autoschlosser auf der Suche nach einem besseren Leben. Das kam gut an bei den jungen Deutschen, die geschmacklich eine neue Heimat suchten. Die französische Küche erwarb sich Respekt; die italienische lernten wir lieben.

Etwas Simples also, eine Pizza – warum nicht Carpentiere nach altem Familienrezept? Der Chef kommt an den Tisch, um sie mit dem Rädchen zu schneiden. So kann er erzählen, dass diese Pizza ihren Namen einem Stammkunden aus dem Capri verdankt. Dr. Zimmermann mochte die volle Dosis vom Süden – Salami, Peperoni, Sardellen; Knoblauch sowieso. Der sehr dünne, knusprige Teig hat mit einer neapolitanischen Pizza gar nichts gemein. Aber so kam sie hier am besten an, vielleicht als Erfüllung des deutschen Traums vom Wurstbrot ohne Brot. Antonio weiß vom Vater, vom Onkel, was Gäste berichteten nach ihrer ersten Italienreise: «So nette Leute, da unten. Aber von Pizza verstehen sie nichts.»

Inzwischen, sagt er, ist das anders. Die Deutschen waren gelehrige Schüler. Sie haben nicht nur die italienischen Aromen aufgesogen wie eine Auberginenscheibe das Olivenöl, sondern dabei auch eine Menge südlicher Lebensart. Auch bei uns wird heute abends warm gegessen, mit Vorspeise und einem Glas Wein. Gern draußen, wenn das Wetter es irgendwie zulässt. Beim Zahlen verzichten manche sogar schon auf die getrennte Rechnung. Und vielleicht wäre das alles anders gekommen, hätte sich nicht kurz nach dem Krieg ein italienischer Lebenskünstler in eine deutsche Tänzerin verliebt.

Beim Feiern allerdings waren wir schon besser, so erinnert sich Janina. «Da war eine andere Dankbarkeit», als Essen noch rar und Capri ein fernes Versprechen war. Ihr will nicht in den Kopf, warum Menschen heute im Restaurant erst einmal die Handys zücken. In der Blauen Grotte übrigens gibt es keinen Empfang. Da googelt man beim Warten nicht, was jenseits der Pappfelsen los ist. Sondern schaut in die Kerzenflamme und freut sich, jetzt hier zu sein. Nick di Camillo war seiner Zeit wirklich weit voraus.

Oooooooooooooh! Es funkelt!

Wie Ken Kesey und die Merry Pranksters in ihrem
Bus durch Amerika fahren und die Literatur zum tosenden
Gesamtkunstwerk machen

Von Volker Weidermann

Ein Mann tritt im Sommer aus einem Haus in Mexiko. Draußen ist gerade ein Gewitter, die Luft voller Blitze. Was dann geschah, hat er später einem amerikanischen Reporter im Maßanzug so erzählt: «Ich hob die Arme, und ein Blitz zuckte auf, und mit einem Mal hatte ich eine zweite Haut – aus Blitzen, aus Elektrizität, es war wie ein Anzug aus Strom, und da wusste ich, dass es in uns steckt, Superhelden zu sein, und dass wir Superhelden werden können. Superhelden oder gar nichts.»

Die Sternstunde der Menschheit, von der wir hier erzählen wollen, würden manche vielleicht eher als Sternhagelvollstunde bezeichnen. Es geht um Sterne auf Speed, tanzende Sterne, Sterne, die dich, wenn du ihnen folgst, in die ewige Finsternis leiten können. Oder ins Glück für immer. Es geht um die Fahrt mit einem bunten Schulbus durch die Vereinigten Staaten von Amerika im Sommer des Jahres 1964. Die Reise des Schriftstellers Ken Kesey mit seinen Freunden, die sich «Merry Pranksters» nennen, um unheimlich viele Drogen im Bus «Furthur» und darum, wie der Reporter Tom Wolfe sie später unter dem Titel *The Electric Kool-Aid Acid Test* in einem Buch beschrieben hat. Dem Reiseführer in eine bessere Welt.

Dieser Fahrt und diesem Buch sind später ganze Generationen von Langhaarträgern, Friedensfreunden, Naturschützern, Öko-

Aktivisten, Musikern, Drogenfreaks, Hippies, Glückssuchern, Gammlern und Visionären nachgefolgt. Es war die Geburtsstunde der Gegenkultur. Oder, wie Kesey es eher genannt hätte: Erweiterungskultur. Türen öffnen. Auf den Bus. Zu den Leuten. Auf die Straßen. In die Wälder. «Denn alles alles alles geht uns an», wie Rainald Goetz später schrieb.

Ken Kesey, 1935 in Colorado geboren, war damals ungefähr die größte junge Schriftstellerhoffnung Amerikas. 1962 war sein Debütroman *Einer flog über das Kuckucksnest* erschienen, der später in der Verfilmung mit Jack Nicholson weltberühmt wurde. Der Roman war ein fundamentaler Angriff auf die Welt der Psychiatrie, die normierte Welt überhaupt. Geschrieben mit den Mitteln der Vollkörper-Recherche und unter dem Einfluss von LSD. Kesey hatte in der Psychiatrie gearbeitet, hatte sich Elektroschock-Therapien unterzogen, und er war einer der ersten Teilnehmer der unter militärischer Aufsicht durchgeführten Experimente mit LSD. Das Buch war ein Riesenerfolg, Kesey gründete zusammen mit einigen Freunden eine Kommune in La Honda bei San Francisco, sie nahmen dort gemeinsam und in öffentlichen Happenings die damals noch legale Droge LSD, machten Musik, Straßentheater, Lärm und Liebe, Kesey schrieb noch einen zweiten Roman, *Manchmal ein großes Verlangen*, und zur Vorstellung des Buches wollte er zusammen mit seinen Freunden nach New York fahren. Außerdem war dort gerade die Weltausstellung eröffnet worden. Und irgendwie hatten sie das Gefühl, zur Erneuerung der Welt ihren ganz persönlichen Beitrag leisten zu können. Kesey kaufte einen alten Schulbus, sie malten ihn so grellbunt an, dass man den Drogenkonsum der Reisenden schon aus der Ferne erahnen konnte. Und fuhren los. Durchs Land.

Das Kunstwerk trat hinaus ins Leben und feierte sich selbst. «Sie hatten die Euphorie an Bord», schreibt Wolfe. Und auch wenn zu Beginn der Fahrt die Buchvorstellung in New York stand,

Die Hippie-Ikone Ken Kesey im Jahr 1971

so war doch bald klar, dass es hier in diesem Bus um etwas anderes ging. Sie wollten einen Schritt weiter kommen. Den einen Schritt über den Roman hinaus, die Seiten auflösen im Fahrtwind, im Rausch, im Gefühl der Freiheit von unterwegs und die Geschichten einfach gemeinsam erleben, statt sie auf papierenen Seiten erstarren zu lassen. Sie hatten das Dach des Busses aufgesägt, sie hatten ein Schlagzeug, E-Gitarren, E-Bass und große Lautsprecher an Bord. Sie hatten Mikrofone, Aufzeichnungsgeräte, sie nahmen Geräusche von der Außenwelt auf, mischten sie mit eigenen Ansprachen oder Geräuschen oder Gesang. Es war ein tosendes Gesamtkunstwerk, wie von einem Richard Wagner auf Speed erträumt, es war ein romantisches Reiseprojekt. Jeder folgte seinem inneren Drängen, jeder ließ sein Ich, seine innere Stimme frei und hörte zu, wie sie sich mit den anderen Stimmen und den Geräuschen des Motors und der Natur vereinigte. Eine fantastische Symphonie für alle Mitreisenden. Für die Menschen da draußen einfach nur ein Höllenlärm. Passte aber zu Keseys Motto: «Entweder du bist im Bus, oder du bist nicht im Bus.»

Ken Kesey war der Leitstern und der Visionär, mit dem «Charisma eines Staubsaugers», wie Tom Wolfe es beschrieb. Man konnte sich ihm nicht entziehen. Er war ein Hüne, ein Bär, wenige Haare, breite Schultern, enorme Muskeln. Er hatte in Stanford Kreatives Schreiben studiert, aber er war das Gegenteil eines Intellektuellen. Er war Bastler, Mechaniker, Bauer, Fischer, Menschenfänger ganz von allein. Seine Eltern waren mit ihm früh aufs Land nach Oregon gezogen, in die Nähe von Eugene. Er war in der Natur groß geworden. Seine magnetische Anziehungskraft auf Menschen lag in seiner unerschütterlichen Natur begründet, in seiner Lust voranzuschreiten, seiner Neugier, seinen Ideen, seiner Offenheit für alle und alles.

Reiseführer für diese kontinentale Busreise hätte Heinrich von Kleists *Über das Marionettentheater* sein können: die lange Fahrt vom Unbewusstsein zum totalen Bewusstsein einmal um die Welt. Ein Säugling als Ideal. Tom Wolfe schreibt mit: «Dieses Baby hier ist eine Kreatur voller Empfindungen ... Dieses Baby hier sieht die Welt mit einer Vollständigkeit, von der du oder ich nie wieder eine Ahnung haben werden. Seine Pforten der Wahrnehmung sind noch nicht geschlossen. Es erlebt noch immer den Augenblick, in dem es gerade lebt.» Also auf in die Welt: Öffnet alle Pforten der Wahrnehmung! Und hindurch geht es: «Oooooooooooooh! Es funkelt!»

Immer wieder hält der grellbunte Bus unterwegs an, die Passagiere veranstalten öffentliche Musik-, Party-, Drogen-Happenings.

Niemand ist auf die Wirkung dieser neuen chemischen Substanz vorbereitet, Dosierung, Mischung, individuelle Wirkung – das alles ist ja noch fast gänzlich unerforscht. Für manche sind die Folgen augenblicklich fatal. Über eine, deren Reisename in der deutschen Buchfassung mit «Splitta Nackt» übersetzt wird, schreibt Wolfe: «Sie düste auf und davon ins schwarze Nichts und wurde bald darauf von den Bullen aufgelesen, und die Türen der Psychiatrischen im Bezirkskrankenhaus schlossen sich hinter ihr, und das war's dann auch gewesen.»

Dass dies unter der Reiseführung ausgerechnet desjenigen geschah, der der lesenden Welt in seinem Erfolgsbuch zuvor mögliche Auswege aus der Welt der Psychiatrie gewiesen hatte, liest sich wie ein schlechter Scherz. Oder auch: ein Hinweis auf die Gefahren, die auf dem Wege lauern, der an den Rand der zuvor bekannten Welt und darüber hinaus führen sollte.

Es war eine Erleuchtung, eine religiöse Erfahrung, die die Reisenden machten. Sie stehen vor uralten Türen, schreibt Wolfe, in der Hoffnung, «durch sie könne der moderne Mensch endlich hindurchschreiten und sein göttliches Geburtsrecht wiederentdecken».

Einmal zieht Tom Wolfe ein Buch aus Keseys Regal. Es ist Hermann Hesses *Morgenlandfahrt*, und erstaunt stellt er fest, dass der alte Schwabe diese Drogenreise mit Gleichgesinnten lange vor Kesey und den Pranksters unternommen und darüber geschrieben hat. «Hörte sich grade so an, als wäre der Mann selbst auf Acid gewesen und als wäre er selbst im Bus.»

Die große Ernüchterung erfuhren die Glückssucher auf der Wendestation ihrer Fahrt, in New York. Sie hatten gehofft, die Kunst- und Intellektuellenszene in Schwingung versetzen zu können. Und trafen doch nur auf tote Seelen. Unrührbare. Schlurfende Routiniers des Lebens. Tot-Rezensierer. Kritiker in den Vakuum-Räumen ihrer Redaktionsstuben. Gleichgültige. Ohne

Glanz in den Augen. Ohne Bereitschaft, sich durch irgendetwas berühren zu lassen. «Was für ein trauriges Liedchen dieses New York doch war.»

Nun, man sendete offenbar nicht auf derselben Frequenz. Der Bus kehrte um, bald schon wurde Ken Kesey wegen Drogenbesitzes in verschiedenen Bundesstaaten gesucht und verfolgt, er floh schließlich nach Mexiko, wo er einmal diesen Anzug aus Blitzen trug. Bald aber schon kehrte er in die USA zurück, kam ins Gefängnis und versicherte nun, er werde der Jugend Amerikas öffentlich den Weg weisen, der über die Drogen hinausführe. Furthur – mit zwei «u» wie ein Urlaut – war der Name seines Busses, Motto seiner Reise und seines Lebens. Den Bus parkte er neben seiner kleinen Farm ein paar Meilen außerhalb von Eugene. Die Pranksters zerstreuten sich in alle Winde. Tom Wolfe schrieb sein Buch, die Fahrt war vorbei.

Ich habe Ken Kesey viele Jahre später auf seiner Farm besucht. Es war im Sommer 1998. «Kommen Sie vorbei, wir leben in einer Scheune», hatte er am Telefon gesagt. Er war herzlich, ein bisschen zittrig, einen ersten Schlaganfall hatte er hinter sich. Ein Hüne immer noch, er saß gerade vor dem Fernseher, schaute mit ein paar Freunden ein Baseballspiel und trank Whiskey aus der Flasche. Später hat er mir den alten Furthur gezeigt. Völlig verrottet, von Moosen bewachsen, stand er im Wald neben der Scheune. Der Natur zurückgegeben. Kesey hatte aber wieder einen neuen gekauft, bunt und groß wie der alte, mit dem wollte er mit mir ein bisschen über Land fahren. Der Motor sprang nicht an. Wir sind dann stattdessen mit dem Traktor gefahren, auf dem Anhänger eine Wanne voll Wasser, mit einem Eimer wässerte ich seine Apfelbäume, an denen wir vorbeikamen. Ein Schild auf einer Wiese warnte vor einem Erdgeist, der dort angeblich lebte. «Beware – Whoozle!» stand da. Ein kleines Loch in der Erde. Er beugte sich hinunter, um zu hören, ob Whoozle da sei. Doch, er sei da. Ich solle auch mal hören. Ich legte mein Ohr an das Erdloch und lauschte und hörte deutlich das Murmeln des kleinen Geistes aus dem Inneren der Erde. Später kam der dünne, bärtige Freund, der, offenbar um mich zu unterhalten, am anderen Ende des Tunnelsystems hineingeflüstert hatte, auf einen Whiskey zu Besuch.

Bücher schrieb Ken Kesey da schon lange nicht mehr. Das hatte er hinter sich. Wenn der Bus fuhr, nahm er noch regelmäßig zusammen mit Freunden an einer großen Spaßparade teil, die im nahen Eugene stattfand. Eugene war, nicht zuletzt durch seine Inspiration, ein Ort der Hippies und Naturaktivisten geworden. Junge Menschen lebten damals, Ende der Neunzigerjahre, in unglaublicher Höhe auf selbst gebauten Plattformen in uralten Redwood-Bäumen, um sie vor Abholzung zu schützen. Auch sie waren Schüler seiner umfassenden Liebe zum Leben und zur Natur. 2001 ist Ken Kesey gestorben.

Tom Wolfe lebte in seinen späten Jahren im 14. Stock eines Luxusapartmentbuildings in unmittelbarer Nähe des Central Park in New York. Das Empfangszimmer ganz in cremefarbenem Plüsch eingerichtet, er selbst in seiner Lebensuniform, dem weißen Anzug. Auch er war gegen Ende auf seine Weise ein Vollendeter. Selbst wenn er den in seinem eigenen Buch beschriebenen New Yorkern nun fast bis ins Karikaturhafte gesteigert zu ähneln schien.

Das Leben hatte den Guru Ken Kesey und den Reporter Tom Wolfe für einen Lebensmoment zusammengeführt. Eine Sternstunde lang.

Sie bauen ein Haus, das schwebt

Die Allgemeine Erklärung der Menschenrechte vom
10. Dezember 1948: eine ganz und gar unwahrscheinliche
Errungenschaft des 20. Jahrhunderts

Von Christian Staas

«Fast die ganze Nacht Nebelhörner, schwerer Seegang, es wird kälter», notiert Eleanor Roosevelt am 2. Januar 1946 auf der Überfahrt ins kriegszerstörte Europa. In ihrer Schiffskabine wälzt sie nervös Akten und Dokumente; wenige Tage zuvor ist sie in New York an Bord der *Queen Elizabeth* gegangen. «Bete dafür, dass ich in diesem Job zu etwas tauge», hat sie vor der Abreise an ihre Tochter Anna geschrieben. Roosevelt soll die Vereinigten Staaten als Mitglied der US-Delegation bei der ersten Generalversammlung der Vereinten Nationen in London vertreten. Präsident Harry S. Truman hatte die frühere First Lady darum gebeten und ihren Einwand – *«Oh no,* das ist unmöglich, ich habe keinerlei Erfahrung mit internationalen Treffen» – lächelnd beiseitegeschoben.

In London zeigt Eleanor Roosevelt eindrücklich, dass sie in diesem «Job» zu etwas taugt. Sachkundig und eloquent erwirbt sie sich den Respekt ihrer männlichen Kollegen. Die Konferenz wird so zum Auftakt eines Projekts, das nicht nur ihr eigenes Leben verändert: Kurz nach ihrer Rückkehr beruft man sie in den Wirtschafts- und Sozialrat der UN, um dort eine internationale Erklärung der Menschenrechte vorzubereiten.

Zwei Jahre wird die Arbeit an dem Dokument dauern. Zwei Jahre, in denen sich die Welt neu ordnet – und in denen Roosevelt und ihre Mitstreiter versuchen, der Geschichte ins Getriebe zu greifen, um ihr eine neue Richtung zu geben.

Das Ergebnis ist nicht weniger als ein Wunder.

Das Wunder, dass sich Länder aller fünf Kontinente auf einen gemeinsamen Wertekanon einigen, alte Demokratien und ehemalige Kolonien, christlich, muslimisch, multikulturell und multireligiös geprägte Gesellschaften.

Das Wunder eines schlanken, eleganten Textes, der ein Kompromiss ist, zäh errungen, und sich doch liest, als sei er in einem Moment der Eingebung aufs Papier geflossen.

Ein Wunder allerdings – auch das gehört dazu –, das oft genug in Wut und Enttäuschung umschlug, als es zu beweisen galt, dass es mehr war als ein in schöne Worte gefasster guter Wille.

«Alle Menschen sind frei und gleich an Würde und Rechten geboren. Sie sind mit Vernunft und Gewissen begabt und sollen einander im Geiste der Brüderlichkeit begegnen», lautet der erste Artikel, gefolgt von 29 weiteren Artikeln, die jeweils ein großes Versprechen formulieren, an dem sich die Staaten der Welt seither messen müssen: Kein Mensch soll Not und Diskriminierung erleiden. Folter und Sklaverei werden geächtet. Jeder und jede hat das Recht, Rechte zu haben, und soll in Freiheit und Sicherheit leben können. Am 10. Dezember 1948 wird die *Universal Declaration of Human Rights* auf der UN-Vollversammlung in Paris feierlich verkündet.

Auch Eleanor Roosevelt spricht an diesem langen, langen Abend: «Wir stehen heute», sagt sie, «vor einem großen Moment, nicht nur im Leben der Vereinten Nationen, sondern im Leben der Menschheit.» Filmaufnahmen zeigen sie, ihren Vortrag lebhaft intonierend, in einem langärmeligen Kleid, die Lesebrille auf- und absetzend, eine Frau von furchtloser Zuversicht und souveräner Ungezwungenheit. Doch wie allen anderen ist auch ihr an diesem 10. Dezember klar: Das Ziel, das sie erreicht haben,

Eine Magna Charta für die ganze Menschheit:
Eleanor Roosevelt mit einem Plakatdruck der Deklaration

ist kein sicherer Hafen, sondern, wie es in ihrer Rede heißt, ein *«threshold»*, eine Schwelle.

***

In der Rückschau wirkt es geradezu zwingend, dass nach Weltkrieg und Holocaust die Idee der Menschenrechte triumphierte. Doch zwingend war dies keineswegs. Die Menschenrechtserklärung ist ein eher zufälliges, unwahrscheinliches Nebenprodukt des Ringens um eine internationale Friedensordnung.

Die Großmächte stehen dem Projekt zunächst reserviert gegenüber: Die Sowjetunion sorgt sich um ihre Einflusszonen, und der britische Premier Winston Churchill findet zwar *«meeting jaw to jaw better than war»*, «miteinander reden besser als aufeinander schießen», wie er später einmal sagte, ein Freund internationaler Menschenrechte aber ist er als Herr über ein Kolonialimperium kaum. Vermutlich ist es nur der Arbeit gut vernetzter Menschenrechtsgruppen zu verdanken, dass sich das amerikanische Außenministerium 1945 für die Bildung einer UN-Menschenrechtskommission starkmacht. «Die Idee universeller Menschenrechte war ein schimmernder Faden in einem Geflecht von Macht und Interesse», schreibt die Juristin Mary Ann Glendon in ihrer fulminanten Biografie der Deklaration von 1948, *A World Made New*. Mehr als einmal droht dieser Faden zu reißen.

Auf der Londoner UN-Konferenz, zu der sie Anfang 1946 mit dem Schiff reist, erhält Eleanor Roosevelt eine erste Vorstellung dessen, was kommt. Denn der Sozialausschuss, in dem sie die USA repräsentiert, erweist sich schnell als einer der brisantesten. Der Grund: die Millionen Flüchtlinge in Europa, über deren Schicksal dort verhandelt wird. Beherzt spricht sich Eleanor Roosevelt für das Menschenrecht auf Freizügigkeit aus, während die sowjetischen Delegierten die Rückkehr ihrer Landsleute in Stalins Machtbereich fordern; wer sich weigere, sei ein Nazi-Kollaborateur oder Verräter.

Kurz darauf reist Roosevelt durch das zerbombte Deutschland, um sich selbst ein Bild zu machen. Aus den Fenstern einer Militärmaschine blickt sie auf die Ruinen von Köln und Frankfurt am Main, München und Berlin, passiert im Jeep die zerstörte Reichskanzlei und das «pockennarbige» Brandenburger Tor – überall *«utter, horrible destruction»*, wie sie notiert. In Zeilsheim bei Frankfurt führt man sie durch ein jüdisches Flüchtlingscamp; hier haben Überlebende einen Gedenkstein errichtet «in Erinnerung an alle Juden, die in Deutschland starben». Eine alte Frau sinkt vor der Besucherin aus Amerika in den Schlamm der unbefestigten Straße, umklammert ihre Beine und murmelt: «Israel! Israel!»

Eleanor Roosevelt, geboren 1884 in New York, ist damals 61 Jahre alt. Und sie sieht nicht nur die Welt an einem Wendepunkt, sondern auch ihr eigenes Leben. Am 12. April 1945 ist ihr Mann an einer Gehirnblutung gestorben. Kurz nach seinem Tod erfüllt sich eines der großen Ziele seiner Präsidentschaft: In San Francisco werden die Vereinten Nationen gegründet, in denen seine Frau nun ein neues politisches Leben beginnt.

Eine eigene Agenda hatte sie schon, als ihr Mann noch im Weißen Haus saß: Sie kämpfte für Frauenrechte und für die Aufnahme jüdischer Flüchtlinge aus Europa, stritt für soziale Gerechtigkeit und gegen die Diskriminierung der Afroamerikaner. Mitunter war sie populärer als ihr Mann. Dessen Abendgebet, witzelten Spötter, laute: «Lieber Gott, bitte mach Eleanor müde.» Doch nichts kann sie ermüden. Sie reist durchs Land, hält Reden, widerspricht. Von 1935 an erklärt sie in ihrer Kolumne *My Day* den Lesern – und Leserinnen – von 90 amerikanischen Zeitungen Tag für Tag ihre Sicht der Dinge.

«Ich bin darauf gefasst, noch viele Male enttäuscht zu werden», schreibt sie am 26. Juni 1945, «*but I want to try for a peaceful world.*» Keine zwei Monate später machen amerikanische Atombomben Hiroshima und Nagasaki dem Erdboden gleich.

***

Im Januar 1947 tagt die Human Rights Commission zum ersten Mal – in Lake Success bei New York, wo eine ehemalige Fabrik für Navigationsgeräte und andere Flugzeugtechnik als provisorisches UN-Hauptquartier dient. Im Februar 1946 hat Kreml-Chef Josef Stalin die friedliche Koexistenz von Kommunismus und Kapitalismus für unmöglich erklärt. Kurz darauf warnte der US-Diplomat George F. Kennan in seinem «Langen Telegramm» vor Moskaus imperialen Ambitionen. Am 5. März 1946 prägte der britische Premier Winston Churchill in seiner berühmten Rede in Fulton, Missouri, den Begriff vom Eisernen Vorhang. Rasend schnell driftet die Welt, die sich nach dem Sieg über Hitler für eine historische Sekunde gesammelt hat, wieder auseinander, zerfällt in

Einflusszonen, stürzt in neue Krisen und Konflikte. Der Weg zum Beschluss der Menschenrechtserklärung ist ein Sprint auf ein sich unerbittlich schließendes Tor zu, während die zermürbende Kommissionsarbeit in Zeitlupe stattfindet.

Auch in dem neuen Gremium selbst ist wenig unstrittig. Auf eins allerdings verständigt man sich sofort: auf Eleanor Roosevelt als Vorsitzende.

Zur Allgemeinen Erklärung der Menschenrechte wird sie keine Zeile beitragen. Ohne Eleanor Roosevelt aber würde es das Dokument wohl nicht geben: Sie leitet die Sitzungen und hat stets die Uhr im Blick. Ihre Arbeitstage beginnen am frühen Morgen mit dem Verfassen ihrer Kolumne und enden am späten Abend mit der Lektüre von Akten. Sie verordnet ihren Kommissions-Kollegen unbarmherzige Stundenpläne für die Konferenzen in New York und in Genf – und sie hält zusammen, was gleich auf der ersten Sitzung auseinanderzubrechen droht.

18 Mitglieder hat die Kommission, entsandt von den UN-Mitgliedsstaaten. Fünf von ihnen sind dauerhaft vertreten: die USA, Großbritannien, die Sowjetunion, Frankreich und China. Die übrigen 13 Sitze sollen gestaffelt im Dreijahrestakt rotieren.

«Wir fühlten uns anfangs *completely lost*», erinnert sich einer der achtzehn später, Charles Malik, Gesandter des Libanon und Professor der Philosophie, «wir hatten kein Konzept und keine Ahnung, wie wir unsere Aufgabe angehen sollten.» Malik geht sie mit Feuereifer an. «Was», fragt er Anfang 1947 in die Runde, «ist der Mensch?»

Er hätte auch eine Bombe zünden können.

Für die westlich geprägten Köpfe ist der Mensch ein Individuum mit Freiheitsrechten. Für die kommunistischen Delegierten existiert er nur als Teil des Kollektivs. In Asien hat man ein anderes Menschenbild als in Europa, in religiösen Gesellschaften ein anderes als in säkularen.

Fortan meidet man in der Kommission das allzu Prinzipielle. So kommt es, dass die Universelle Erklärung der Menschenrechte auf einem wundersamen Paradox beruht: Sie ist ein fundamentaler Text ohne festes Fundament, eine schwebende Architektur, die – im besten Fall – auf ganz unterschiedlichem kulturellem und philosophischem Boden stehen kann, ohne einzustürzen. Dass sie Grundsätzliches formuliert, ohne zu grundsätzlich zu werden, ist die Bedingung ihrer Universalität. Aber wie errichtet man ein Haus, das schwebt?

Eine erste Antwort sucht man in der Geschichte: Der Kanadier John Peters Humphrey, Leiter der Menschenrechtsabteilung im UN-Generalsekretariat, erhält die Aufgabe, eine Erstfassung der Deklaration aus sämtlichen existierenden Vorläuferdokumenten zu kompilieren. «Ich spiele jetzt die Rolle eines Jefferson», schreibt er am 21. Februar 1947 seiner Schwester Ruth. Später erklärt er demütig, die *Universal Declaration* habe «keinen Vater in dem Sinne gehabt, in dem Jefferson der Vater der Unabhängigkeitserklärung war». Hunderte Menschen hätten zu ihr beigetragen. Der Jurist Humphrey aber, 41 Jahre jung, ist es, der den ersten Wurf wagt und dazu aus einer jahrhundertelangen Rechtsgeschichte schöpft.

***

Die meisten Autoren lassen diese Geschichte mit der Magna Charta von 1215 beginnen, die dem aufbegehrenden britischen Adel Freiheitsrechte gegenüber der Krone einräumte, und setzen sie bis in die Hochphase der Menschenrechtsidee in der Aufklärung fort. Stets resultierten neue Rechte dabei aus der Revolte gegen eine überkommene Herrschaft: Die Französische Revolution brachte 1789 die *Déclaration des Droits de l'Homme et du Citoyen* hervor. Mit der *Declaration of Independence* befreiten sich die amerikanischen Kolonien 1776 vom Gängelband der britischen Monarchie.

Ein ums andere Mal erweiterte sich der Kreis der neu Berechtigten: erst der Adel, dann das Bürgertum. Und immer wieder forderten marginalisierte Gruppen Anerkennung und Mitsprache. Kolonisierte und Frauen blieben auch im revolutionären Frankreich außen vor. Der mutigen Olympe de Gouges, die eine Erklärung der Frauenrechte verfasste, schlug man 1793 den Kopf ab. Und mancher US-Gründervater war Sklavenhalter, obwohl er «diese Wahrheiten» für ausgemacht hielt: *«that all men are created equal»*.

Im 19. Jahrhundert wurden Grund- und Menschenrechte in zahlreiche Länder-Verfassungen aufgenommen. Nach dem Zweiten Weltkrieg nun soll das Individuum als Rechtssubjekt die Weltbühne betreten.

Pionierdokumente findet Humphrey auch für diesen Gedanken: Der «schimmernde Faden» universeller Menschenrechte wurde nach dem Ersten Weltkrieg und während des Zweiten gesponnen – von linksliberalen und sozialistischen Gruppen in den USA und in Lateinamerika; vom American Jewish Committee, das den Menschenrechtsschutz als beste Vorsorge gegen antisemitische Verfolgung verstand; von Männern wie dem russischen Juristen André Mandelstam, der 1931 einen «Weltvertrag über Menschenrechte» forderte, und von dem Völkerrechtler und Schöpfer des Terminus «Verbrechen gegen die Menschlichkeit» Hersch Lauterpacht, der in Lemberg studierte, das heute Lwiw heißt und in der Ukraine liegt. Noch während des Weltkriegs brachte er eine *International Bill of the Rights of Man* zu Papier.

Am Ende dampft John Peters Humphrey sein Material auf 48 Artikel ein, während fast täglich weitere Vorschläge aus aller Welt in Lake Success eintreffen. Im Juni 1947 liegt der Kommission das Ergebnis seiner Kärrnerarbeit vor. Und findet wenig Zuspruch.

Das Papier sei ohne jede Ordnung, moniert der australische Abgeordnete. Was, bitte schön, sei die Philosophie dahinter?

«*No philosophy whatsoever*», antwortet Humphrey.

***

Der Gremienmarathon, den das Dokument in den kommenden Monaten absolviert, kann selbst demjenigen den Mut sinken lassen, der ihn nur beschreiben will. Mehr als 3000 Druckseiten umfasst die Dokumentation sämtlicher Sitzungen, Anträge und Beschlüsse. Und nichts wäre einfacher gewesen, als Humphreys Erstfassung bis zur Unkenntlichkeit zu zerreden. «*A camel is a horse designed by committee*», lautet ein beliebter Witz – ein Kamel ist ein Pferd, entworfen von einem Komitee. Die Menschenrechtskommission beweist, dass es auch anders geht: Aus Humphreys Vorarbeit erwächst ein in sich schlüssiger Text, allgemein genug, um konsensfähig zu sein, und konkret genug, um nicht zahnlos zu wirken.

Viele arbeiten daran mit, Männer wie der Chilene Hernán Santa Cruz, Frauen wie die Inderin Hansa Mehta. Vor allem aber prägen, neben John Humphrey, drei Jeffersons den Text der Deklaration: ein griechisch-orthodoxer Christ aus dem Libanon, ein konfuzianischer Gelehrter aus China und ein französischer Jude – Charles Habib Malik, Peng Chun Chang und René Cassin.

Malik – der die Kommission mit der Frage «Was ist der Mensch?» in Aufruhr versetzte – ist der Sohn eines Dorfarztes. Die Eltern schicken ihn auf eine amerikanische Missionsschule. Er liest die Bibel, lernt Französisch und Englisch. An der Universität von Beirut entflammt sein Interesse an der Wissenschaftstheorie. 1932 wechselt er nach Harvard in den USA; als Stipendiat studiert er 1935 in Nazi-Deutschland bei Martin Heidegger, bis er in Freiburg auf offener Straße zusammengeschlagen wird. Man hält ihn wohl für einen Juden, diesen Mann, der, wie ein Freund ihn beschreibt, «für Michelangelo hätte Modell stehen können» – «enormer Kopf, immenser Nasenbogen, brennende schwarze Augen». 1938 kehrt er zurück in den Libanon, wo man, nach der Unabhängigkeitserklärung 1943, auch in Regierungskreisen auf den charismatischen Philosophieprofessor aufmerksam wird. 1945 vertritt er sein Land auf der UN-Gründungskonferenz in San Francisco und wird dank seiner Streitlust und Beredtheit zum Liebling der Presse. «Wenn er spricht, wiegt sich sein mächtiger Körper wie eine Palme im Sturm, und seine Stimme ist Donner», schildert ihn ein Band mit Karikaturen der UN-Delegierten.

P. C. Chang stammt aus einer Händlerfamilie. Er ist noch ein Kind, als 1899 in China der Boxeraufstand gegen die westlichen Imperialmächte losbricht. 1921 geht er zum Studium der Philosophie in die USA und bringt das später von Disney popularisierte *Mu Lan*-Epos an den Broadway, um Geld für die Hungerhilfe in seiner Heimat zu sammeln. Als 1937 Japan China angreift, zählt er zu den bekannten Universitätslehrern, Denkern und Dramatikern des Landes. An der Nankai-Universität in Tianjin schließt er sich dem Widerstand gegen die Invasoren an und flieht in Frauenkleidern, als die Japaner das Gelände okkupieren. 1940 beginnt seine Diplomatenkarriere mit Stationen in der Türkei und in Chile. Er ist, wie es in einem Memorandum des US-Außenministeriums von 1947 heißt, «einer von Chinas herausragenden Liberalen».

Schließlich: René Cassin, einer der großen Intellektuellen und Juristen Frankreichs. Vom Vater wird er im Geist der Französischen Revolution erzogen, von der Mutter jüdisch-orthodox. Karriere im Militär. Im Ersten Weltkrieg zum Invaliden geschossen, geht er fortan am Stock. Er vertritt Frankreich im Völkerbund, wird 1929 Juraprofessor in Paris. 1940 marschiert die Wehrmacht in Frankreich ein. Als Cassin hört, dass General de Gaulle von

London aus den Widerstand organisiert, lässt er alles liegen. Mit seiner Frau Simone erreicht er nach nächtlicher Reise die Themse, 52 Jahre alt, weißes Haar. Sein Glück: De Gaulle braucht einen Juristen. Es folgen der Entzug der Staatsbürgerschaft durch das Kollaborations-Regime in Vichy und das Todesurteil in Abwesenheit. Nach der Befreiung wird er Vorsitzender des Staatsrats der neuen, Vierten Republik.

Mitte Juli 1947 nimmt sich Cassin auf Bitten der Kommission Humphreys Entwurf vor, gibt ihm Form und innere Gestalt. John Humphrey hat das Baumaterial beschafft, René Cassin ist der Statiker der Deklaration – und formuliert eine erste Fassung jenes Bekenntnisses, das die Allgemeine Erklärung der Menschenrechte bis heute in Artikel 1 eröffnet. «*All men*», «alle Menschen», lautet es bei ihm, «gehören zu einer großen Familie, sind frei, besitzen die gleiche Würde und gleiche Rechte und sollten einander als Brüder begegnen.»

Währenddessen spitzt sich der Ost-West-Konflikt weiter zu. Im März 1947 hat Präsident Truman seine Doktrin verkündet, dass von der Sowjetunion bedrohte Länder auf Unterstützung der USA zählen dürfen. Zeitgleich beginnt das politische Tauziehen um die Zukunft des britischen Mandatsgebietes Palästina. Und im August mündet, nachdem Indien seine Unabhängigkeit erklärt hat, die Abspaltung Pakistans in einen Exzess blutiger Vertreibungen.

***

Die Bruchlinien der Gegenwart verlaufen bald auch mitten durch die Menschenrechtskommission.

Eleanor Roosevelt versucht, sie bei Teestunden und Dinners in ihrem New Yorker Apartment zu überbrücken. Charles Malik nutzt die Gelegenheit, über Thomas von Aquin zu monologisieren, P. C. Chang rät der Kommission, sich ein paar Monate zum Studium des Konfuzianismus zurückzuziehen. Weniger delikat scheint das Essen gewesen zu sein. Ms. Roosevelt ließ dem britischen Königspaar einst Hotdogs reichen; den Herren der Kommission serviert sie, wie John Humphrey sich erinnert, «das zäheste Roastbeef, das ich je gegessen habe».

Noch zäher sind die wechselnden Kreml-Delegierten. Sie bleiben allen privaten Runden fern (bis auf Alexander Bogomolow, der während der Genfer Kommissionstagung in seinem Hotelzimmer großzügig Wodka ausschenkt) und halten sich streng an die Vorgaben aus Moskau. Dort weiß man: Schert die UdSSR aus dem Menschenrechtsprojekt aus, macht sie sich zum Paria; lässt sie sich darauf ein, muss sie sich vor der Weltöffentlichkeit an dem Ergebnis messen lassen. Der Ausweg besteht darin, die Kommission durch die eigene Mitarbeit möglichst effektiv auszubremsen.

Von Anfang an zielen die Sowjet-Delegierten dabei auf die Achillesferse der USA: die Tatsache, dass die USA, die sich zum Vorkämpfer der Menschenrechte aufschwingen, ihren eigenen afroamerikanischen Bürgern elementare Rechte vorenthalten. Mit diesem Argument treffen die sowjetischen Kommissionsmitglieder besonders Eleanor Roosevelt: Als First Lady pflegte sie enge Beziehungen zu schwarzen Bürgerrechtlern. Nun sieht sie sich gezwungen, das Unrecht, das sie immer wieder angeprangert hat, schönzureden.

Vor allem aber hegt Moskau den Verdacht, dass eine globale Menschenrechtserklärung dem Westen dazu dienen könnte, sich in die inneren Angelegenheiten anderer Staaten einzumischen. – Einspruch Cassin: Es gehe doch um das Recht, einzugreifen! «Warum? Weil wir nicht wollen, dass sich wiederholt, was 1933 geschah.» – Das sei unvereinbar mit der UN-Charta, argumentiert der Kreml, denn die schütze die Souveränität der Staaten.

Tatsächlich garantiert die Charta die Souveränität ihrer Mitglieder. Es sei denn, der Sicherheitsrat befindet, dass der internationale Friede gefährdet ist. Im Sicherheitsrat sitzt allerdings, ausgestattet mit dem Vetorecht, auch die Sowjetunion. Sie kann jeden Entschluss blockieren, wie alle Vetomächte des Gremiums – ein bis heute virulentes Problem.

***

Eleanor Roosevelt folgt den Debatten mit wachsender Unruhe. Bis Herbst 1948, drängt sie, müsse der Text fertig sein. Doch die Kommission ist sich nicht einmal über den Charakter des Dokuments einig. Soll es eine bloße Deklaration sein? Oder eine Konvention, also rechtlich bindend?

Roosevelt plädiert für Ersteres, denn eine Konvention müsste von allen beteiligten Staaten als Recht anerkannt werden. Das, fürchtet sie, könne Jahre dauern. Zudem steht ihr Woodrow Wilsons Scheitern vor Augen: Wilson hatte als US-Präsident während des Ersten Weltkriegs die Gründung des Völkerbundes vorangetrieben, des Vorläufers der UN. Doch der US-Senat stimmte 1919 gegen einen Beitritt der USA. Ein erneutes Nein wäre eine Blamage und ein Desaster für die Menschenrechtsarbeit.

Die Konventionsfrage, hält Charles Malik dagegen, sei der *«acid test»*, die Nagelprobe, ob man es wirklich ernst meine. So sehen es einige in der Kommission – etwa Hansa Mehta, die an Gandhis Seite für die Unabhängigkeit Indiens gekämpft hat. Madam Chairman Roosevelt entscheidet salomonisch, es werde fortan an beidem gearbeitet.

Ihre Bedenken, zeigt sich, waren berechtigt: Bis die ersten UN-Menschenrechtskonventionen fertig sind, vergehen fast zwei Jahrzehnte. Der Text – mit einer von Charles Malik entworfenen Präambel – steht im Sommer 1948. Artikel 1 lautet nun: «Alle Menschen sind frei und gleich an Würde und Rechten geboren.

Sie sind von Natur aus mit Vernunft und Gewissen begabt und sollen einander im Geiste der Brüderlichkeit begegnen.»

Aus René Cassins *men* sind *all human beings* geworden. Das hat Hansa Mehta durchgesetzt. In vielen Ländern, beharrte sie, werde man *men* nicht mit «Menschen», sondern mit «Männer» übersetzen. Die «von Natur aus» gegebene Vernunft geht auf Cassin und den philippinischen Delegierten Carlos P. Rómulo zurück. Das «Gewissen» fügte man auf Drängen P. C. Changs hinzu. Ein besseres Wort fand man nicht für das, was er im Chinesischen *Ren* nannte, wörtlich «Zwei-Menschen-Denkweise», das konfuzianische Konzept, stets die Perspektive des Gegenübers mitzudenken. Es wurde zum wichtigsten Bauprinzip der Menschenrechtserklärung überhaupt.

***

Paris im September 1948: Drei Jahre nach Kriegsende blüht die französische Hauptstadt neu auf. In den Gesichtern auf den Boulevards aber erkennt Eleanor Roosevelt die Spuren der Besatzung, und bei den Jeffersons der Menschenrechtskommission herrscht beklommene Spannung.

Die Weltlage hat sich weiter verdüstert: In Korea stehen die Zeichen auf Spaltung. In Berlin hat Stalin die westlichen Sektoren abriegeln lassen. «Rosinenbomber» versorgen die eingeschlossenen Westberliner über eine Luftbrücke. Im Nahen Osten tobt der Krieg. Die arabischen Staaten haben Israel unmittelbar nach der Staatsgründung im Mai angegriffen.

Niedergeschlagen wirkt vor allem der herzkranke P. C. Chang: Dass die USA tatenlos zusehen, wie Maos Bürgerkriegstruppen in seiner Heimat die Oberhand gewinnen, erfüllt ihn mit Groll und Verzweiflung. René Cassin, der zur Mahnung das Gestapo-Siegel an der Tür seiner Pariser Wohnung belassen hat, blickt unterdessen bang nach Israel. Fast dreißig seiner Verwandten wurden im Holocaust ermordet. Entschieden unterstützt er die israelische Staatsgründung, während Charles Malik sich zur Loyalität mit den arabischen Staaten verpflichtet sieht.

In Paris geht es nun um alles oder nichts. Zunächst muss die Erklärung den Dritten UN-Ausschuss (für soziale, humanitäre und kulturelle Fragen) passieren. Dann stimmt die Generalversammlung ab.

Es erweist sich als Glücksfall, dass kurz zuvor einer der Architekten der Deklaration selbst zum Vorsitzenden des Dritten Ausschusses gewählt wurde und nun die entscheidende Debatte leitet: Charles Malik mag ein philosophischer Feuerkopf sein, als Moderator aber ist er ein Mann von großem diplomatischem Geschick. Geduldig gibt er auch kleinsten Einwänden Raum – vielleicht, weil er als Sprecher eines jungen Staates nachfühlen kann, wie wichtig es für jeden Einzelnen ist, gleichberechtigt Gehör zu finden. Eleanor Roosevelt platzt unterdessen fast vor Ungeduld. Vor allem die Einlassungen des sowjetischen Delegierten Alexej Pawlow lösen Unwillen in ihr aus. «Er war ein Redner von großer Kraft», schreibt sie später, «die Worte sprudelten wie ein Fluss aus seinem schwarzen Bart hervor, und es war kaum möglich, ihn zu stoppen.»

Allein die Diskussion über Artikel 1 dauert fast eine Woche. Der südafrikanische Delegierte findet, es gebe «keinen universellen Standard für Würde», und möchte lediglich *«fundamental rights and freedoms»* anerkannt wissen – sein Land errichtet gerade ein rigoroses Apartheidsystem; die Versammlung stellt sich geschlossen gegen ihn. Viele Stunden dagegen währt der Streit um die Formulierung, dass dem Menschen Vernunft und Gewissen «von Natur aus» gegeben seien. Belgien will sie ersatzlos streichen. Brasilien wünscht den Zusatz *«all human beings are created in the image and likeliness of God».* Ren-Meister Chang geht mit seiner Zwei-Menschen-Denkweise dazwischen: Man möge sowohl auf Gott als auch auf die naturrechtlichen Ideen der Aufklärung verzichten. Wer an Gott glaube, dem eröffne der Text genug Raum, ihn sich hinzuzudenken, dasselbe gelte für die Anhänger des Naturrechts. So bringt er den Artikel in die Schwebe, die er braucht, um zu bestehen.

Mitte Oktober schreibt John Humphrey seiner Schwester, er halte es kaum noch aus. «Nur Gott weiß, wann wir fertig werden.»

Seit Tagen wird da um Artikel 2 gerungen, der jegliche Diskriminierung ächtet – aufgrund von «Rasse, Hautfarbe, Geschlecht, Sprache, Religion, politischer oder anderer Meinung, Besitz oder anderem Status, nationaler oder sozialer Herkunft». Die Debatte entzündet sich am Einspruch Jugoslawiens: Sollte nicht auch auf die Rechte von Menschen aus nicht selbstverwalteten Territorien, also Kolonien, hingewiesen werden? Die Gegenredner aus Belgien, Frankreich, den Niederlanden und Großbritannien haben eins gemeinsam: Sie repräsentieren Kolonialmächte. Mit knapper Mehrheit gibt das Gremium dem jugoslawischen Antrag statt.

Wenig strittig hingegen, könnte man meinen, ist der erste Satz von Artikel 3: «Jeder hat das Recht auf Leben». Doch was ist mit dem ungeborenen Leben? Was mit der Todesstrafe? In den USA wird sie bis heute praktiziert. Pawlow fordert ihre Ächtung. René Cassin stellt ihn daraufhin zur Rede: Was, fragt er, auf den Gulag anspielend, sei mit Lagerstrafen, die einer schleichenden Todesstrafe gleichkämen? Sein Einspruch nötigt den sowjetischen Delegierten, den Zwangscharakter der Stalin-Diktatur zu offenbaren, den er sonst so wortreich kaschierte: Unter vernünftiger Leitung, antwortet er, führten Lagerstrafen nicht zum Tod, sondern zu einer Verbesserung derjenigen, die ihrer Freiheit zeitweilig beraubt würden.

Am 11. Oktober feiert Eleanor Roosevelt ihren 64. Geburtstag.

Am 20. Oktober wird nach heftigem Streit Artikel 3 beschlossen. Wenig später kauft sich Charles Malik eine Stoppuhr. Die Redezeit beträgt nun maximal drei Minuten.

Bald erreicht man ein Arbeitstempo von einem Artikel pro Tag. Im Nahen Osten fliehen unterdessen Hunderttausende Araber aus den israelischen Gebieten oder werden vertrieben – was auch in der Deklaration Spuren hinterlässt. Der Libanon, wo viele Geflüchtete Schutz suchen, setzt als Ergänzung zu Artikel 13 (Freizügigkeit und Auswanderung) das Recht auf Rückkehr ins Heimatland durch. In Artikel 14 wird das Recht, Asyl zu erhalten, abgeschwächt zum Recht, «Asyl zu suchen und zu genießen».

Am 7. Dezember nimmt der Dritte Ausschuss die Erklärung nach insgesamt 168 Änderungsanträgen an. Jetzt tagt die Generalversammlung.

Um halb neun am Abend des 9. Dezember tritt Charles Malik ans Rednerpult im Palais de Chaillot nahe dem Eiffelturm. Die Menschenrechtserklärung, ruft er den Versammelten zu, ermögliche es jedem, seine Regierung mit der «moralischen Unterstützung der ganzen Welt» zur Verantwortung zu ziehen. Das habe es nie zuvor gegeben.

Abgestimmt wird zunächst über jeden Artikel einzeln. Sechs Neinstimmen zählt man zum Familienrecht, sieben zur Meinungsfreiheit (vor allem aus dem sowjetischen Block). Ansonsten: ein fast ausnahmsloses Ja der Delegierten. Vier Minuten vor Mitternacht beginnt die Abstimmung über das Gesamtdokument.

Das Votum ist eindeutig. 48 der damals 58 UN-Staaten nehmen die Deklaration an. Selbst die Länder des Sowjetblocks riskieren kein Nein, sondern enthalten sich. Ebenso Südafrika und – als einziges muslimisches Land – Saudi-Arabien, dessen Gesandter wiederholt die «westlichen» Moralprinzipien der Erklärung gegeißelt hat.

Standing Ovations für Eleanor Roosevelt.

Müde, wohl auch ein wenig glücklich, zieht sie sich an diesem Abend in ihr Hotel an der Place de la Concorde zurück. Was in Charles Malik im Moment des Triumphes vorgeht, bleibt sein Geheimnis. Seinem Tagebuch hat er nur ein raunendes Heidegger-Zitat anvertraut: «Wir sind zu spät für die Götter, zu früh für das Sein.» René Cassin unterdessen feiert und zieht mit einer Schar Reporter durch Paris, seine Stadt.

***

Zurück in den USA, erntet Eleanor Roosevelt nicht nur Applaus. Amerikanische Konservative verteufeln die Menschenrechtserklärung als kommunistisch, da sie – worauf unter anderem die Sowjetunion bestanden hat – auch soziale Rechte umfasst: das Recht auf Arbeit, gleichen Lohn und einen angemessenen Lebensstandard. Die Kreml-Propaganda diffamiert den Text derweil als Werk des «angloamerikanischen Blocks».

Wenig später, 1949, gründen sich in Deutschland zwei Staaten, in China siegt Mao, und in Korea bricht 1950 der erste heiße Konflikt des Kalten Krieges aus. Das Tor, durch das die Menschenrechtskommission gerade noch rechtzeitig geschlüpft ist, schließt sich mit einem dumpfen Knall. In den USA bläst Senator McCarthy zur Kommunistenhatz, 1953 löst der Republikaner Dwight Eisenhower den Demokraten Truman im Weißen Haus ab, und der Kalte Krieger John Foster Dulles wird Außenminister.

Die Allgemeine Erklärung der Menschenrechte ist in der Welt, aber die Welt will von ihr zunächst nicht viel wissen.

Den «aufwendigsten Papierkorb, der je erfunden wurde», nennt ein frustrierter John Humphrey die Human Rights Commission später. Allein in ihrem ersten Jahrzehnt erreichen bis zu 40 000 Petitionen die Kommission. Die beschließt, nicht zuständig zu sein. Ein «Akt der Selbstentmächtigung», urteilt der Historiker Jan Eckel in seiner wuchtigen Geschichte der Menschenrechtspolitik *Die Ambivalenz des Guten*.

Hatte Hersch Lauterpacht, der Völkerrechtler aus Lemberg, recht, als er meinte, die Deklaration sei «für sich genommen keine große Errungenschaft», da sie «keine Gesetzeskraft und wahrscheinlich keine nennenswerte moralische Autorität» besitze?

Ja. Und nein. Denn auf lange Sicht entfalten die 30 Artikel sehr wohl ihre Wirkung. Unter anderem bilden sie die Grundlage mehrerer UN-Menschenrechtskonventionen: Die ersten beiden, der UN-Zivilpakt und der UN-Sozialpakt, werden 1966 verabschiedet und treten 1976 in Kraft.

Mehr noch wirkt die Deklaration über die Jahrzehnte als Argument und Selbstverpflichtung – am eindrücklichsten auf der Konferenz für Sicherheit und Zusammenarbeit in Europa in Helsinki 1975, als sich sogar die Sowjetunion auf die Sprache der Menschenrechte einlässt. Die Oppositionsbewegungen des Ostblocks können sich fortan auf dieses Bekenntnis berufen. Nicht zuletzt fließen die Gedanken der 48er-Deklaration in die Verfassungen zahlreicher Staaten ein und erlangen so im nationalen Rahmen Gesetzescharakter.

Verstummt ist die Kritik an Theorie und Praxis der Menschenrechte bis heute nicht. Autoren der *postcolonial studies* verdächtigen das Menschenrechtskonzept des Eurozentrismus: In neokolonialer Manier beklage der reiche Norden Menschenrechtsverletzungen oft ausgerechnet dort, wo er selbst durch eine rücksichtslose Wirtschaftspolitik ein menschenwürdiges Leben erschwere – in den von Kolonialgewalt und Ausbeutung gezeichneten Ländern des Globalen Südens. Schon auf der Konferenz der asiatischen und afrikanischen Staaten in Bandung 1955 wurden skeptische Stimmen laut. Sind die Menschenrechte am Ende gar nicht universell?

Unter den 58 UN-Mitgliedern – heute sind es 193 – waren 1948 gerade einmal vier afrikanische Staaten und nur fünf asiatische. Die Entstehungsgeschichte der Menschenrechtserklärung, schreibt der Historiker Jan Eckel, sei «zur universal-historischen Traditionsbildung wenig geeignet».

Noch weniger allerdings eignet sie sich für den Beleg des Gegenteils. Gewiss, Charles Malik und P. C. Chang haben in den USA studiert; ihr Denken aber blieb dem Dialog der Kulturen verpflichtet. Die Schwierigkeit, nur für einen Teil der Welt sprechen zu können, war den Vereinten Nationen zudem von Anfang an bewusst. 1947 bat die Unesco deshalb Intellektuelle und Staatsmänner aus aller Welt um Stellungnahmen. Der Rücklauf machte Mut: Der indische Politologe S. V. Puntambekar erinnerte an hinduistische Freiheits- und Tugendideale, die sich in vielem mit denen der Aufklärung deckten. Und der bengalische Muslim Humayun Kabir schrieb, dass im frühen Islam «Unterscheidungen nach Rasse und Hautfarbe in einer Weise überwunden» gewesen seien wie «kaum jemals davor und danach». Viele «westliche» Ideen hatten offenbar Entsprechungen in anderen Denktraditionen.

Vor allem aber übersieht, wer die Menschenrechte nur für ein Werkzeug der Mächtigen hält, dass sie von jeher eine scharfe Waffe in den Händen der «Verdammten dieser Erde» waren. In der Gründungsphase der UN pochten denn auch besonders Abgeordnete «kleiner Staaten» auf menschenrechtliche Garantien, allen voran Carlos Rómulo, Delegierter der Philippinen, die bis 1946 eine Kolonie der USA waren. Unermüdlich erinnerte er die Großen in den UN an ihre hehren Worte im Kampf gegen Hitler. Nun seien «die Völker der Welt in Bewegung». Die Dekolonisierung und der Kampf gegen den Rassismus, verkündete er, seien die Themen der Zukunft.

***

Es ist leicht, die Geschichte der Menschenrechte als eine Geschichte des Scheiterns und der Bigotterie zu erzählen. Was haben all die schönen Versprechungen genützt? Bis heute werden die Menschenrechte täglich verletzt – in Russlands Krieg gegen die Ukraine, in Diktaturen wie dem Iran und China, aber auch an Europas hochgerüsteten Außengrenzen oder durch eine verschleppte Klimapolitik.

Ein Leitstern sind sie dennoch geblieben, selbst wenn ihr Licht ferner wirkt denn je. Auch darin liegt eine Ambivalenz des Guten: Es lässt den Menschen über sich selbst hinauswachsen – und demonstriert ihm doch stets seine Unzulänglichkeit.

Niemand wusste dies besser als die Baumeister von 1948, allesamt Idealisten ohne Illusionen, klug geworden durch die Krisen des 20. Jahrhunderts, jeder auf seine Weise. Die des 21. Jahrhunderts erlebt keiner von ihnen mehr mit.

Peng Chun Chang erlag 1957 seinem Herzleiden. René Cassin, der 1968 den Friedensnobelpreis erhielt, starb 1976. Charles Habib Malik, zwischenzeitlich libanesischer Außenminister, lebte bis 1987, John Peters Humphrey, Mitgründer von Amnesty International Canada, bis 1995.

Eleanor Roosevelt (1884–1962) zog sich 1951 aus der Menschenrechtskommission zurück. Bis heute ist ihr Name untrennbar mit der *Universal Declaration of Human Rights* verbunden, während die anderen Mitglieder der Kommission, einst Berühmtheiten, weithin vergessen sind. Ein tausendfach reproduziertes Foto zeigt sie, wie sie ein Plakat mit den 30 Artikeln betrachtet. Madam Chairman mit ihrem Baby. Oder auch: die Amerikanerin mit ihrem Anspruch, der Welt eine Verfassung zu geben. Vielleicht rührt allein aus diesem Bild manches Missverständnis.

Dabei lag es Eleanor Roosevelt fern, nach Hegemonie zu streben. Sie betonte, im Gegenteil, die «kleinen Orte», an denen die Menschenrechtsarbeit beginne – in der Nachbarschaft, der Schule, bei der Arbeit. Hier müsse sich das Prinzip der Universalität zuallererst beweisen. Sie erinnerte sich täglich daran mit ihrem Nachtgebet, das fast so etwas ist wie der 31. Artikel der Menschenrechtserklärung.

«Lieber Gott», «*Our Father*», heißt es darin, «öffne unsere Augen für die Schönheit, die uns umgibt, und unsere Herzen für die Liebenswürdigkeit, die Menschen vor uns verbergen, weil wir nicht versuchen, sie zu verstehen. Rette uns vor uns selbst, und zeige uns die Vision einer neu geschaffenen Welt.»

Gott, «unseren Vater», hätte P. C. Chang angemerkt, kann man auch weglassen.

Kein Tropfen Blut

Der letzte Tag des sowjetischen Imperiums verläuft
erstaunlich geräuschlos

Von Michael Thumann

Am Morgen nach dem Untergang setzt sich Boris Jelzin mit seinen Getreuen um 8.30 Uhr ins Arbeitskabinett von Michail Gorbatschow und öffnet eine Flasche Whisky. Eben noch hat der russische Präsident den Schreibtisch des entthronten sowjetischen
Staatsoberhaupts Gorbatschow durchforstet. Er wurde kurz laut,
als er eine Schublade verschlossen vorfand. Jetzt essen sie Schnitt-
chen aus dem Kreml-Buffet, belegt mit Wurst, Käse und Stör. Die
Stimmung ist aufgekratzt. Gorbatschow kommt und wird sofort
in ein Nebengelass umgeleitet. Sein Namensschild an der Tür ist
schon abgeschraubt, persönliche Dinge hat ein Frühkommando in
die Leibwächterstube verfrachtet. Gorbatschow sollte wegen der
«paar Zettelchen nicht einen Monat vor sich hin packen», sagt
Jelzin dazu später in seinen Memoiren und befindet: «Lange Ab-
schiede sorgen für überflüssige Tränen.»

Das Ende der Sowjetunion war von wenig Abschiedsschmerz
begleitet. In Moskau war es ein normaler Arbeitstag, nur wenige
Menschen verfolgten das Drama im Kreml. Am 25. Dezember
1991 wurde eines der brutalsten Regime der Weltgeschichte geräuschlos abgewickelt. Nach über 70 Jahren eines sozialistischen
Experiments mit vielen Millionen Toten in Straflagern am Polar-
kreis und auf gigantischen Baustellen, bei Deportationen und
Hungerkatastrophen. Auf die Revolution folgte eine zermürbende
Stagnation in farbloser Durchschnittlichkeit. Michail Gorbat-

schow stand schließlich für die Öffnung des Landes, neue Freiheiten und die Aufarbeitung der Verbrechen. In seinem letzten Jahr als sowjetischer Präsident wurde er von Putschisten und ehrgeizigen Republikchefs bedrängt, vor allem vom russischen Präsidenten Jelzin. Der Zerfall des Reiches drohte blutig zu werden. Im sozialistischen Jugoslawien war bereits ein Krieg entflammt. In Moskau herrschte drei Augusttage lang eine Junta. Dank der Unbeugsamkeit Jelzins und der Einsicht Gorbatschows zerfiel das Riesenimperium ohne Blut und Schrecken. Nur eine Schrecksekunde gab es, in der doch noch alles hätte schiefgehen können.

Am Morgen des 25. Dezember empfängt Michail Gorbatschow ein Team des amerikanischen Fernsehsenders ABC. Die russischen Kanäle werden bereits von Boris Jelzin kontrolliert. Gorbatschow führt die US-Journalisten durch den Kreml, vorbei an den Kirchen, den haushohen Blautannen, an der Zarenkanone aus dem 16. Jahrhundert, am Großen Kremlpalast, am Senatsgebäude, wo er an diesem Morgen noch sein Arbeitskabinett hat, und dem Verwaltungsgebäude direkt daneben, wo der russische Präsident Jelzin in seinem Büro auf das Ende des Tages wartet. Während Gorbatschow mit den Journalisten spazieren geht, sprechen seine Mitarbeiter mit dem Jelzin-Team über die letzten Details der Machtübergabe. Über vieles hatten sich Jelzin und Gorbatschow bereits zwei Tage zuvor geeinigt, auch darauf, dass die Kreml-Flagge am 31. Dezember abgenommen wird und Gorbatschow bis dahin sein Kabinett geräumt haben muss. Dass nun alles schon am 25. Dezember geschieht, gehört zu den Überraschungen dieses Tages. Die Kreml-Nachbarn Jelzin und Gorbatschow geraten darüber aneinander, obwohl sie sich nicht begegnen.

Es war ein Jahr der Misshelligkeiten. Im Januar schossen sowjetische Geheimdiensttruppen einen Aufstand in Vilnius nieder. Die Wirtschaft verfiel, die Lebensmittelläden waren leer. Nach dem Scheitern des Putsches von Bürokraten und KGB-Schergen

Der Machtverlust ist greifbar: Während einer Rede vor dem russischen Parlament am 23. August 1991 unterbricht Jelzin Gorbatschow und unterzeichnet ein Dekret, das die KPdSU verbietet

im August 1991 erklärten sich alle Sowjetrepubliken inklusive Russland für unabhängig von der UdSSR. Boris Jelzin verhandelte auf zwei Gipfeln mit den anderen Republikchefs den friedlichen Übergang zur Eigenständigkeit und eine Totgeburt namens «Gemeinschaft Unabhängiger Staaten». Tatsächlich war die Sowjetunion am 25. Dezember längst zerfallen. Aber die Insignien der Macht, insbesondere der so brisante Atomkoffer, waren noch nicht übergeben.

Vom späten Mittag an überarbeitet Michail Gorbatschow seine Rede. Er sitzt in seinem Kabinett, während das ABC-Team die Ausstrahlung vorbereitet. Derweil plaudert Jelzin um 16 Uhr vor Fernsehjournalisten aus, dass Gorbatschow heute «einen schweren Tag hat» und abtreten werde. Die Zeitungen haben viele Details breitgetreten: wann Gorbatschow welche Wohnung und welche Datscha räumen muss und welcher Dienstwagen ihm bleiben wird. Gorbatschow indes schreibt unverdrossen. Mit seinem

Pressechef Andrej Gratschow, so erzählt dieser es drei Jahrzehnte später, geht er die Rede noch mal durch, korrigiert hier und da. Plötzlich klingelt eines der vielen weißen Telefone auf seinem Schreibtisch. Es ist Raissa! Gorbatschows Frau ist völlig aufgelöst: Die Wache vor der Dienstwohnung in der Kossygin-Straße habe ihr kühl mitgeteilt, dass die Wohnung innerhalb von zwei Stunden zu räumen sei. Wie soll das gehen, mit allen Möbeln und Sachen, in einer Wohnung, in der sie jahrelang gelebt haben? Gratschow sieht, wie Gorbatschow rote Flecken im Gesicht bekommt. Noch hat der Chef seinen Abtritt nicht verkündet und soll schon die Wohnung verlassen? Das war so nicht abgemacht. Der erniedrigte Präsident flucht, ruft seine Wachleute an, die in Wirklichkeit schon für Jelzin arbeiten, fährt sie an: «Was erlauben Sie sich!» Nach einigem Hin und Her kann Raissa wenigstens diesen Tag noch bleiben.

Gorbatschow begreift spätestens jetzt: Boris Jelzin macht ihm den letzten Tag im Amt zur Hölle. Von den Vereinbarungen über das Drehbuch der Machtübergabe bricht er viele, zu viele. Jelzin nimmt noch einmal Rache. Rache für den November 1987, als er selbst im Krankenhaus lag, nach einer herben Niederlage im Politbüro und einem Suizidversuch. Rache für Gorbatschows Befehl an die KGB-Leibwächter, die Jelzin damals aus dem Bett rissen und zu einem Treffen des Moskauer Parteikomitees schleppten, wo er vor aller Augen vom Posten des Ersten Sekretärs abgelöst wurde. Rache für all die Schmerzmittel und krampflösenden Injektionen, die ihm Ärzte verabreichten, damit er bei alledem nicht zusammenbrach. Rache für die bittere Rivalität zwischen zwei Palästen des Kreml. Jelzins Sicherheitschef und Leibwächter Alexander Korschakow beschreibt das Verhältnis der beiden Präsidenten in einem Gespräch gute dreißig Jahre später als eine einzige Geschichte der Schläge und Gegenschläge. Was laut Korschakow auch eine Rolle in der Politik jener historischen Tage spielte:

Jelzins Frau Naina soll die italienischen Möbel so schön gefunden haben, die Raissa für die Dienstwohnung in der Kossygin-Straße ausgesucht hatte.

Um 17 Uhr stellt die Kreml-Vermittlung ihren scheidenden Chef zum Präsidenten George Bush (dem Älteren) auf dessen Landsitz in Camp David durch. Gorbatschow sitzt vor einem seidig glänzenden Rüschenvorhang und nimmt den weißen Hörer in die Hand. «Lieber George, fröhliche Weihnachten für dich und Barbara und die ganze Familie.» Das amerikanische Fernsehteam filmt den sowjetischen Präsidenten in seinem vielleicht glücklichsten Augenblick an diesem Tag. Gorbatschow strahlt geradezu, als er Bush versichert, dass er den Atomkoffer sicher an Jelzin übergeben werde. «Ihr könnt schön ruhig Weihnachten feiern.»

Doch bevor es zur Übergabe kommen kann, muss Gorbatschow die beiden letzten Dekrete als Oberhaupt der Sowjetunion unterzeichnen: eines über seinen Rücktritt und ein zweites zur Übertragung der Funktion des Oberkommandierenden der Streitkräfte sowie zur Übergabe des Atomkoffers an Jelzin. Er fragt seine Berater, welches Dekret er zuerst unterzeichnen soll. Gratschow sagt, den Rücktritt zuletzt. Gorbatschow will unterzeichnen, doch sein Stift funktioniert nicht. Hilfesuchend guckt er um sich. Da reicht ihm ein amerikanischer Journalist seinen Montblanc-Stift. «Ist der amerikanisch?», fragt der letzte sowjetische Präsident. Kamera läuft. Gorbatschow unterschreibt seinen Rücktritt mit dem deutschen Stift eines Amerikaners. Ein Gänsehautmoment. Für Sowjetpatrioten einer, der es rechtfertigen würde, bei lebendigem Leibe die Haut abzuziehen. Eine Kaffeetasse neben sich, die Mundwinkel tief heruntergezogen, unterzeichnet Gorbatschow. Schiebt die Dekrete in eine hellgrüne Mappe, schlägt sie zu und legt sie zur Seite. Schaut fast beleidigt auf. Nimmt die Metallbrille ab, zuckt mit den Brauen, steckt die Brille ins Etui. Das war's. Es ist kurz vor 19 Uhr.

Punkt sieben sitzt Gorbatschow in dunkelblauem Anzug und mit weinroter Krawatte vor einer Sowjetflagge. Er spricht zum Volk und zur Welt – in eine amerikanische Kamera. Seine Stimme zittert kurz, er formuliert langsam, dann reckt er sich. Er sei nicht einverstanden mit dem Gang der Dinge, wolle aber der Zukunft nicht im Weg stehen. Er lobt die Reformen der letzten Jahre, die neuen Freiheiten, das Ende des Wettrüstens und des Kalten Kriegs. Er lobt sich selbst. Spricht von Besorgnis über die Krise des Landes, von Hoffnung auf die Zukunft. Und erwähnt Boris Jelzin mit keinem Wort.

Jelzin sieht die Rede nicht, sagt sein Leibwächter Korschakow. Es sind Naina und seine Tochter Tatjana, die Jelzin erzählen, dass Gorbatschow nur von sich selbst redete und er mit keinem Wort vorkam. Eine Retourkutsche? Jelzin fasst es so auf.

Um 19.38 Uhr holen Arbeiter in hellem Scheinwerferlicht die rote Sowjetflagge von der Kuppel des Senatsgebäudes. Langsam und knittrig fällt die Flagge in sich zusammen. Das ikonische Bild für die Kameras der Welt. Dann ziehen die Arbeiter die russische Flagge hoch, die gleich wie bestellt waagerecht im Westwind steht. Ein Moment, der erst für den 31. Dezember abgemacht war. Gorbatschow weiß zu dem Zeitpunkt nicht, was auf dem Dach über ihm geschieht, erinnert sich sein Presseoffizier Gratschow später.

Der russische Präsident hatte mit Gorbatschow auch vereinbart, dass er nach der Rede zu ihm ins Kabinett kommen würde, um den Atomkoffer entgegenzunehmen. Doch Jelzin bockt. Missgelaunt lässt er Gorbatschows Büro mitteilen, er komme nicht. Stattdessen schlägt er ein Treffen auf «neutralem Boden» vor: im Katharinensaal, einem in Weiß und Gold gehaltenen Saal im Großen Kremlpalast, in dem früher die Gattinnen der Zaren ihre Gäste empfingen. Gorbatschow, der inzwischen vom Einholen der Fahne gehört hat, ist empört über den erneuten Wortbruch. «Selbst in den ersten Minuten nach meinem Abtritt war ich mit

Frechheiten konfrontiert», schreibt er später in seinen Erinnerungen. Die Rivalen einigen sich nicht, die Übergabe droht zu scheitern. Aber was wird dann aus dem Koffer, mit den Geheimcodes, mit der Kontrolle über das größte Nukleararsenal der Welt? Schrecksekunden der Unsicherheit, von denen die westliche Welt beim Weihnachtsfest nichts ahnt, auch nicht der Präsident der USA.

Am Ende findet sich ein Mittelsmann. Jelzin schickt einen Vertrauten, Verteidigungsminister Marschall Jewgeni Schaposchnikow. Auf ihn war schon im August-Putsch der alten Garde Verlass gewesen. Er meldet sich bei Gorbatschow an, der eine ziemliche Abneigung gegen den Marschall hegt. Zu klar hatte sich Schaposchnikow in den vergangenen Monaten auf Jelzins Seite gestellt. Dennoch lässt Gorbatschow ihm den Koffer übergeben, unfeierlich in einem Korridor des Senatsgebäudes. Schaposchnikow nimmt das schwarze Ledergepäck an sich und geht zurück in das Verwaltungsgebäude nebenan, übergibt den Koffer an einen General. Der ruft über das Haustelefon bei Jelzins Vorzimmer an und sagt: «Wir sind bei Ihnen!» So erinnert sich Jelzins Leibwächter Korschakow. Die Kofferkrise ist abgewendet.

Am Ende legt sich der Hunger über den Schmerz. Michail Gorbatschow beordert seine vier engsten Mitarbeiter in den Walnussraum neben seinem Kabinett. Der Tisch ist gedeckt, das Kreml-Buffet hat ordentlich viele Brote mit Stör und Wurst geschmiert, Suppe und eingelegtes Gemüse sind vorbereitet. Dazu Gorbatschows armenischer Lieblings-Cognac Jubilejnyj, Wodka, Mineralwasser. «Ein bescheidenes Essen unter befreundeten Genossen», erinnert sich Andrej Gratschow. Gorbatschow hadert noch, dass keiner der Republikchefs von Kiew bis Taschkent angerufen hat: «Hätten sie ja mal können.» Es wird emotional, als die Mitarbeiter dem abgetretenen Präsidenten sagen, er könne stolz auf seine Amtszeit sein, er habe Geschichte geschrieben.

Gorbatschow legt großen Wert darauf, dass er die Macht friedlich übergeben hat: «Wann gab es das in der russischen Geschichte?», sagt er zu Gratschow. Wie recht er damit hat. Die Zaren und Generalsekretäre waren fast immer erst nach dem Tod des Vorgängers an die Macht gekommen. Bei Gorbatschows Abgang fiel kein Schuss, es floss kein Blut, es starb kein Mensch. Übrigens wird acht Jahre später auch Jelzin die Macht freiwillig und friedlich übergeben. Leider an einen Mann, der nicht daran denkt abzutreten, bevor er nicht die Ukraine und womöglich die ganze Welt in Brand gesetzt hat.

Doch am 25. Dezember 1991, in einer glücklicheren Zeit, sitzen Gorbatschow und seine Getreuen zusammen und trinken mit Jubilejnyj auf eine bessere Welt. Die letzte sowjetische Flagge über dem Kreml ist nach dem Abnehmen spurlos verschwunden. Gorbatschows Namensschild übrigens auch. Noch bevor die mächtige Uhr des Spasski-Turms zwölf Uhr Mitternacht schlägt, haben alle den Kreml verlassen.

Nicht von dieser Welt

Der Bigband-Pharao Sun Ra hebt die Musikstile
des 20. Jahrhunderts in kosmische Sphären und wird zur
Lichtgestalt des Afrofuturismus

Von Ulrich Stock

Ein Musiker, der nie geboren wurde, weshalb er auch nicht sterben kann, der 1914 nur «zur Welt gekommen ist», wie man so sagt, und diese Welt dann 1993 wieder verlassen hat, um zu seinem Heimatplaneten, dem Saturn, zurückzufliegen, das war Sun Ra. Aber was heißt hier *war*? Den Tod hat er zeit seines Lebens abgelehnt, weshalb von ihm im Präsens zu reden ist. Sun Ra – für immer da, nur woanders.

Die Sternstunden, die dieser schwarze Komponist, Pianist, Bandleader und Selbstdenker den Menschen beschert hat, sind wirklich Stern-Stunden, und das im üppigsten Plural. Sie überschreiten die 45 Minuten einer Langspielplatte oder die 120 Minuten eines Konzerts um Jahrzehnte. Sie klingen nach, dauern an, schwingen rund um den Globus, zu den Pyramiden, nach Lagos, Tokio, Helsinki, Florenz und Mexiko-Stadt, in die Hamburger Elbphilharmonie und hinauf ins All. Es sind Sternstunden über die Musik hinaus, im Kampf gegen die Erdanziehungskraft wie gegen den Rassismus, mit der Fantasie als mächtigem Antrieb.

Dem großen Publikum galt Sun Ra lange als ein Sonderling, der mit seinem Kosmos-Geschwafel und den grellen Verkleidungen das ja wohl Unzureichende seiner Musik überdecken wollte. Im Rückblick auf das 20. Jahrhundert lässt sich nun sagen, dass dies eine grandiose Verkennung war, sowohl seiner Musik als auch ihrer visuellen Inszenierung. Heute, da Fragen der Identität den gesellschaftlichen Diskurs bestimmen, wird Sun Ra von vielen Künstlern und Musikern und Hörern geradezu verehrt, als Gründungsfigur des Afrofuturismus, jener surreal-trotzigen Antwort auf Sklaverei und Unterdrückung. Wenn die Schwarzen auf Erden nicht zu ihrem Recht kommen, dann eben anderswo: *Space Is the Place.*

Ein gewisser Herman Poole Blount erscheint am 22. Mai 1914 in Birmingham, Alabama, USA, in den Akten. Das Standesamt interessiert es wenig, dass er womöglich im alten Ägypten mit den Pharaonen unterwegs war oder im Jahr 2222 mit einem Raumschiff zur Erde zurückkehren könnte. Sein Vater arbeitet bei der Bahn, seine Mutter hilft im Bahnhofsrestaurant. Aber wie hätte einer, für den Jahrhunderte keine Rolle spielen, überhaupt Vater und Mutter haben können? Familie ist Ballast beim Flug durch die Unendlichkeit.

1942 kommt er in Haft, weil er sich jeglichem Kriegsdienst widersetzt. Irgendwann danach streift er seine behördliche Identität ab, verweigert alle Auskunft zu Kindheit und Werdegang und nennt sich Sun Ra. Der selbst gewählte Name weist in die mythische Vergangenheit wie in den zu erschließenden Weltraum. Die fünf Buchstaben kurz schütteln, schon steht da *Sa-urn.* Gut, das *t* fehlt, aber irgendwas ist ja immer auf dem unzulänglichen Planeten Erde.

Sun Ra landet hier zwei Monate vor Ausbruch des Ersten Weltkriegs. Er erlebt den rasanten Aufschwung von Radio und Fernsehen und Tonaufzeichnung, das Massenmedium Schallplatte. Der Beginn der irdischen Raumfahrt um 1950 fasziniert ihn ebenso wie jede neue Art der Klangerzeugung. Als einer der ersten Musiker setzt er 1969 den Synthesizer ein.

Am Anfang seiner Karriere, noch in den Dreißigerjahren in Birmingham, schreibt er Arrangements für den schwarzen Swing-

Die trotzig-stolze Antwort auf Sklaverei und Unterdrückung:
Sun Ra mit kosmischem Kopfschmuck

Star Fletcher Henderson. Später geht er nach Chicago, ohne groß bekannt zu werden. Erst in New York, 1961, in seinen späten Vierzigern, erregt er Aufsehen, als er gekleidet wie auf der Bühne durch die Straßen geht: in einer feierlichen rot-goldenen Robe, glitzernd, funkelnd. Auf dem Kopf eine Kappe mit okkulten Symbolen oder vielleicht dem Modell unseres Sonnensystems, die Planeten an ihren Drähten schwingend.

«Irgendwann» und «vielleicht», apropos, sind Begriffe der Unschärfe. Sie passen zu einem, der alle Fakten verwischt, was ihn nicht davon abhält, Präzision und Disziplin als vom Saturn mitgebrachte Tugenden zu predigen. Acht, neun Stunden am Tag probt er mit seinem seit den Fünfzigerjahren nach und nach anwachsenden Jazz-Orchester, das der Einfachheit halber bei ihm im Loft haust. Es sind exzellente Musiker und aufgelesene Taugenichtse, denen er bei der Selbstfindung hilft. Viel Gemeinschaft, wenig Geld. Kein Alkohol, keine Drogen, keine Groupies, nur Musik. Sie spielen mehr ohne Publikum als vor Publikum, und jede Sitzung beginnt mit einer kosmischen Lektion, in der er die mal 15, mal 20, mal 25 Musiker, Feuerschlucker und Tänzer mit den Perspektiven der Ewigkeit vertraut macht.

Sein schillerndes Orchester tauft er Arkestra. Da ist die Silbe -ra hinten und die Silbe -ra vorne, nur umgedreht, so was liebt er, der im Sternzeichen der Zwillinge angereist ist, Verdoppelung und Verkehrung. Das altägyptische Wort Ra bezeichnet die göttliche Sonne. Sun Ra: Sonne Sonne, doppelt hält besser. Außerdem steckt im Arkestra die ark, die Arche, die ins All aufbricht, wenn das Dasein auf Erden zu unwirtlich wird.

Der wortmächtige Pianist liest die Bibel rauf und runter und liebt ihre Bedeutungs-Oszillationen ebenso sehr wie die Mehrdeutigkeit anderer überlieferter Schriften, unter denen sich viel historisch Spekulatives befindet, das sich um die Farbe seiner Haut dreht. Hatten die schwarzen Herrscher in Ägypten nicht eine frühe Hochkultur der Menschheit begründet? Er behauptet, all die Bücher würde er nicht kaufen, sondern nach Konzerten auf dem Piano finden. Irgendwie gelandet da.

Seine Musik prägt kein Genre. Er wird kein King of Swing wie Fletcher Henderson, erhebt nicht den Bebop zur Kunst wie Charlie Parker, erfindet nicht den Free Jazz wie Ornette Coleman. Welchem Stil er sich auch widmet: Die Resultate klingen verschoben, verschroben, überirdisch. Kritiker spotten: unterirdisch.

In den Sechzigern spielt er im New York von Miles Davis, Thelonious Monk, John Coltrane, Charles Mingus, aber diese Großen des neuen Jazz halten alle Abstand. Zu seltsam, der Mann.

Im Lauf der Jahrzehnte bringt er Blues, Rock 'n' Roll, Doo Wop, Latin, Bop, Free Jazz, Fusion und immer wieder Swing auf die Bühne, zwischendurch sogar Musik aus Trickfilmen von Walt Disney, von *Dumbo* bis *Schneewittchen* – welch eine wilde Mischung.

Eine Mischung, deren Teile immer sofort als von ihm zu erkennen sind. Da ist etwas Lässiges, Verschlepptes, Trottendes im Rhythmus, eine gewisse transmolekulare Laszivität. Aus den Melodien zwitschern Töne, die nie so ganz zu den Harmonien passen. Es sind Erweiterungen des Vertrauten, Dehnungen ins Außen, multidimensionale Klangblasen.

Die Jazzkritiker ignorieren Sun Ra lange Zeit oder tadeln ihn, schon wegen der Kostüme. Dabei haben Bigband-Musiker sich immer kostümiert; sie trugen allerdings Uniformen der Dienstbarkeit, keine Raumanzüge der Selbstermächtigung.

Das Birmingham, aus dem er kam, war eine Stadt der Apartheid im Süden der USA. Schwarze durften ihre Geschäfte nur in einem Viertel *downtown* eröffnen, argwöhnisch umstellt vom Ku-Klux-Klan. Wie schön war es demgegenüber im antiken Ägypten gewesen, bis die Seinen in Ungnade fielen und zur Strafe Verschleppung und Sklaverei erlitten. So sieht es jedenfalls Sun Ra, der nun einen Weg ins Freie kennt, in die unendliche Schwärze des Alls: *Space Is the Place.*

Stück um Stück schreibt er sich ins Universum hinein. Die Kompositionen heißen *Astro Black* oder *Rocket Number 9, Blues On Planet Mars, Friendly Galaxy, Journey Through the Outer Darkness* – es mögen um die tausend sein. Zu vielen dichtet er Texte, so zum *Sun Song:* «Ihr Leute vom Planeten Erde / Vergesst gestern und die Sorgen / Fliegt weg mit mir in meine unsterbliche / Welt von morgen».

Während er musikalisch unbeirrt Kurs hält, tauft er das Arkestra permanent um: The Solar Arkestra, The Intergalactic Arkestra, The Intergalactic Research Arkestra, The Omniverse Arkestra, The

Cosmo Discipline Arkestra, The Astro Infinity Arkestra, um nur einige zu nennen. Wenn er Musik aufnimmt, und aufgenommen wird schon bei den Proben, bekommen verschiedene Stücke den gleichen Namen oder gleiche Stücke verschiedene. Unübersehbar ist die Flut seiner Platten. Aufnahmedaten und Besetzungslisten sind teils falsch, teils unvollständig oder nicht vorhanden. Sun Ra erschafft sich auch in der Welt der Tonträger einen mystischen Raum. Zeitweise bemalen seine Musiker die weißen Hüllen frischer Pressungen unterwegs im Tourbus und verkaufen die kleinen Auflagen anschließend von der Bühne herab, ohne dass sie je einen Laden erreicht hätten – eine immerwährende Herausforderung für Sammler. Die kiloschwere Sun-Ra-Biografie *Space Is the Place* von John F. Szwed enthält eine 21-seitige Diskografie. Aber ob die vollständig ist?

Und wo das Arkestra überall spielt! Im Smiling Dog Saloon in Cleveland/Ohio, in Blues-Spelunken, hippen Colleges, unkonventionellen Jazzclubs. 1968 in der Carnegie Hall in New York, 1970 erstmals in Europa und bei den Donaueschinger Musiktagen, eingeladen von Joachim-Ernst Berendt, dem deutschen Jazz-Entdecker. Ein glühender Fan ist Hartmut Geerken vom Kairoer Goethe-Institut, der das Arkestra 1971 zu den Pyramiden führt. Geerken sammelt alles, was er über Sun Ra finden kann, und wird fünf Jahrzehnte später 43 Kartons mit Tausenden Fotos, Videokassetten, Tonbändern, Partituren, Büchern, T-Shirts und einer Flasche Sun-Ra-Hot-Dog-Sauce dem Darmstädter Jazzinstitut vermachen. In einem Karton gibt es verwischte Fernsehaufnahmen von einem Auftritt in Berlin/DDR 1986, die aussehen, als wären sie auf einem erdähnlichen Planeten entstanden.

Dass ich das Arkestra das erste Mal sah, muss um diese Zeit in Hamburg gewesen sein. Irgendwie hatte ich davon gehört, ohne die Musik zu kennen, ging hin, saß ganz vorn. Sun Ra, Anfang siebzig, schwitzend, behäbig, fiepte zum Groove seiner Band auf einem Synthesizer. Was mich irritierte, waren die angefressenen Kostüme, die einen strengen Geruch nach Mottenkugeln verströmten. Nun, da war das Erdumrundungsorchester auch schon drei Jahrzehnte lang unterwegs. Das Ende der Legende schien nahe zu sein.

Von wegen.

Sun Ra verlässt den Planeten 1993. Das Arkestra spielt weiter, John Gilmore übernimmt, sein Saxofonist der ersten Stunde. Gilmore verlässt den Planeten 1995, der Saxofonist Marshall Allen übernimmt, auch er da schon seit fast vier Jahrzehnten dabei. Bis heute, mit 99, leitet er das Ensemble, als inzwischen ältester aktiver Jazzmusiker der Welt. Noch immer lebt er in seinem geerbten Haus in Philadelphia, in das auch Sun Ra zog, als ihnen New York zu teuer geworden war.

Wer das Arkestra einmal erlebt hat, kann dem Wunsch, in eine höhere Sphäre aufzusteigen, dauerhaft verfallen. Da ist es ganz egal, ob das Konzert 1998 oder 1958 stattgefunden hat, 1975 oder 2016. Diese Musik ist zeitlos, mehr jedenfalls als man selbst. Und je später man dazustößt, desto schneller erkennt man, welch ein Gesamtkunstwerk der vermeintliche Bahnarbeitersohn aus Birmingham der Welt geschenkt hat: ein Paralleluniversum des Jazz, bunt, tief, schrill, spirituell.

Im Herbst 2022 soll das Arkestra zum x-ten Mal nach Deutschland kommen. Marshall Allen geht es nicht gut. Schwindel plagt ihn, zum Arzt will er nicht, schließlich Klinik, Blutarmut, Eisenmangel, Medikation. Er erholt sich, aber der lange Flug nach Berlin wäre zu viel. So trifft das Arkestra am Nachmittag des 11. November ohne ihn im Festsaal Kreuzberg auf dem früheren Mauerstreifen zum Soundcheck ein.

Der Baritonsaxofonist Knoel Scott, 66, gibt den Ton an. Gleich hat er Zeit für meine Fragen in einem Nebenraum auf dem Sofa. Wie läuft es ohne Marshall Allen? Er murmelt eine Antwort, als ihm mitten im Satz die noch nicht angezündete Zigarette aus der Hand rutscht. Dann sinkt ihm der Kopf nach hinten auf die Lehne, und er gibt keinen Laut mehr von sich. Mein Gott, was ist los? Hat er einen Schlaganfall? Braucht es einen Notarzt? Ist es der Jetlag?

In meiner Verwirrung stelle ich eine zweite Frage; er hebt den Kopf, brummelt etwas, sackt wieder weg. Dann kommt jemand rein und sagt, das Essen sei fertig. Knoel Scott berappelt sich, fischt nach seiner Zigarette, steht auf, geht sich stärken.

Was für ein Konzert kann das werden?

Drei Saxofone, zwei Trompeten, Waldhorn, Klavier, Gitarre, Bass, Schlagzeug, Perkussion und eine Sängerin. Der Groove ist sofort da. Zwanzigjährige drängen nach vorn und tanzen. Die Fans der Band werden jünger; 2014 spielte das Arkestra auf dem britischen Glastonbury Festival vor 60 000 Leuten.

Knoel Scott setzt sein Saxofon ab, nimmt Anlauf und schlägt zwischen Kabeln und Monitorboxen ein Rad, macht eine Vorwärtsrolle, springt nach vorn mit beiden Händen auf den Boden und wieder auf die Füße zurück. Der Saal ist außer sich. Das Arkestra erobert das Haus ohne Marshall Allen, ohne John Gilmore, ohne Sun Ra. Es scheint sich von seinen biologischen Rahmenbedingungen lösen zu können. Vielleicht, weil die Band sich keineswegs alleingelassen fühlt: Die drei seien ja da, das spüre man doch!

Am nächsten Tag sitzen die älteren Herrschaften schweigend im Bus nach Hamburg. Sie haben Millionen Kilometer in den Knochen. Während sie dösen, reißt die dichte Wolkendecke über Mecklenburg auf: Das Loch hat den Umriss eines Raumschiffs. Ich habe es fotografiert, sonst glaubt das ja keiner.

Das Konzert in der Elbphilharmonie soll eine Veranstaltungsreihe zum Thema Afrofuturismus krönen. Den Begriff prägte der Amerikaner Mark Dery in seinem Essay *Black to the Future* 1994, ein Jahr nachdem Sun Ra sich verabschiedet hatte. Seither ist der Mann vom Saturn zur Lichtgestalt einer schwarzen Bewegung aufgestiegen, die das Gefühl, von der Gesellschaft ausgestoßen zu sein, ein Alien zu sein, ins Positive wendet und in der Imagination alle irdischen Fesseln sprengt.

Längst sind die glamourös utopischen Welten des Afrofuturismus auch in den Pop eingesickert, vom P-Funk eines George Clinton bis hin zu Beyoncés Musikfilm *Black Is King* oder dem Hollywood-Streifen *Black Panther*. Zuletzt im Kino: das Sequel *Wakanda Forever*.

So ist Sun Ra zur Leitfigur einer kulturellen Strömung geworden, deren Namen er nicht einmal kannte. Und je länger er fort ist, desto größer wird die Zahl derer, die sich auf ihn beziehen.

Der Detroiter Techno-Produzent Mike Huckaby reiste in den 2010er Jahren mit einem Tonbandgerät durch die Welt, um in hippen Clubs ein jugendliches Publikum mit bearbeiteten Sun-Ra-Tapes zum Tanzen zu bringen. Ein herrlicher Spaß – bis er 2020 an Corona stirbt.

Und ob in der *New York Times* oder dem *New Yorker*, in der jeder Esoterik unverdächtigen *Neuen Zürcher Zeitung* oder deutschen Blättern – Sun Ra taucht heute in den Medien immer wieder auf, bewundert und bestaunt.

Beim Elbphilharmonie-Festival wird ein kurz zuvor liebevoll restaurierter Sun-Ra-Film gezeigt, der seit 1974 über den Globus irrlichtert: *Space Is the Place,* ein Science-Fiction-Thriller zwischen Bürgerrechtsbewegung und Blaxploitation. Sun Ra landet in einem musikgetriebenen Raumschiff in Oakland und gründet eine außerirdische Arbeitsvermittlung, um die Hoffnungslosen von der Straße zu holen. Ein großer Moment ist sein improvisiert gedrehter Besuch in einem Jugendzentrum. Sun Ra im Weltraum-Ornat verspricht den Halbwüchsigen eine glorreiche Zukunft im All, woraufhin er von ein paar mutigen Mädchen in die Zange genommen wird: «Wer sagt uns, dass du real bist, dass dein Gerede kein Fake ist?»

Er sagt: «Ich bin nicht real. Ich bin wie ihr. Ihr existiert nicht in dieser Gesellschaft, sonst würdet ihr keine gleichen Rechte verlangen. Ich komme nicht zu euch als Wirklichkeit, ich komme als Mythos. Denn das ist es, was wir sind. Ich komme aus einem Traum, den die Schwarzen vor langer Zeit geträumt haben.»

Sie war's

*Die Forscherin Rosalind Franklin kommt dem Geheimnis
des Lebens ganz nahe. Doch drei Männer betrügen sie um den
Lohn ihrer Arbeit – und erhalten den Nobelpreis*

Von Moritz Aisslinger

Wenige Stunden nachdem sie aus den Händen des schwedischen
Königs Gustav VI. Adolf ihre Nobelpreismedaillen erhalten haben, sitzen die Wissenschaftler James Watson, Francis Crick und
Maurice Wilkins zusammen am Ehrentisch des Goldenen Saales
im Stockholmer Rathaus. Die Wände sind verziert mit 18 Millionen goldenen Mosaiksteinchen, die langen Tische drapiert mit
feinstem weiß-goldenem Leinentuch. 210 weiß behandschuhte
Kellner in azurblauen Fracks mit goldenen Schulterklappen bedie-
nen die Gäste.

James Watson soll gleich im Namen der drei die traditionelle
Dankesrede der Preisträger halten. Es geht ihm nicht gut, er hat
Halsschmerzen. Am Morgen hat er noch einen Arzt aufgesucht.
Der hat ihm versichert: alles in Ordnung. Es ist der 10. Dezember
1962, früher Abend, gerade haben alle ihre Nachspeise gegessen,
gedünsteter Pfirsich mit Schuss. James Watson erhebt sich.

Er ist 34 Jahre alt, lang und dünn und unendlich nervös. An all
das, die Halsschmerzen, den Arzt, die Nervosität, wird er sich
später in Büchern erinnern. In seinem Frack, den er sich extra im
englischen Cambridge hat anfertigen lassen, tritt er ans Mikrofon.
Vor ihm liegen Seiten aus Leinenpapier mit dem Emblem des
luxuriösen Grand Hôtel Stockholm, in dem die Preisträger unter-
gebracht sind. Watson hat seine Rede darauf geschrieben.

Er sagt, dieser Abend sei der zweitschönste Moment in seinem Leben. «Der schönste war, als wir die Struktur der DNA entdeckt haben. In dem Augenblick wussten wir, dass sich eine neue Welt vor uns aufgetan hatte.» Er dankt seinen Mitpreisträgern: «Die Entdeckung war nur möglich mit der Hilfe von Francis und Maurice.» Er dankt anderen Forschern, «großen Männern», die an sie geglaubt hätten. Als sich James Watson wieder setzt, schiebt ihm Francis Crick einen Zettel zu: «Viel besser, als ich es hätte machen können, – F.»

Was für eine Geschichte: Zwei Freunde, James Watson und Francis Crick, rätseln an der Universität Cambridge jahrelang über die Frage, wie, aus biologischer Sicht, das Leben entsteht. Sie wissen: Die Antwort liegt in der Struktur der DNA. Als es ihnen schließlich gelungen ist, sie zu entschlüsseln, so wird es Watson später in seinem Bestseller *Die Doppelhelix* beschreiben, rennen sie in ihr Lieblings-Pub und verkünden: «Wir haben das Geheimnis des Lebens entdeckt!» Ihr Modell der Doppelhelix wird zur Ikone, für viele Fachleute ist die Entschlüsselung der DNA die wichtigste wissenschaftliche Entdeckung des 20. Jahrhunderts. Maurice Wilkins veredelt die Arbeit, indem er die Richtigkeit der Struktur nachweist. Die drei erhalten den Nobelpreis.

Die Geschichte wird weitererzählt, von Jahr zu Jahr, von Generation zu Generation, Biologielehrer verbreiten sie in ihren Schulklassen, Professoren tragen sie in ihre Uni-Seminare, Fernsehdokumentationen bringen sie in die Wohnzimmer.

Es klingt wie die Erzählung eines Märchens.

Es ist: eine Märchenerzählung.

In seiner Dankesrede beim Nobelbankett in Stockholm lässt Watson ein Detail unerwähnt. Das Detail ist eine Frau, auch sie Forscherin, sie heißt Rosalind Franklin. Als Watson, Crick und Wilkins den Nobelpreis erhalten, ist sie bereits tot, fünf Jahre zuvor im Alter von 37 Jahren an Krebs gestorben. Kaum jemand

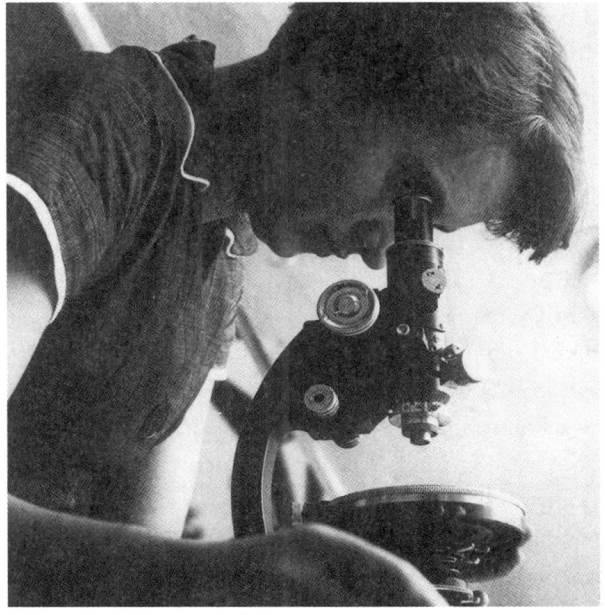

Das Labor ist ihre Welt:
Rosalind Franklin am Mikroskop

kennt sie oder ihre Arbeit. Warum sollten sie diese Frau da erwähnen?

Die drei Preisträger wissen, warum. Sie wissen, was ihre Kollegin für sie getan hat. Sie wissen, was sie ihr angetan haben. Sie wissen, dass es ohne Rosalind Franklin all das wahrscheinlich für sie nicht gegeben hätte: den Empfang beim schwedischen König, das Bankett, die gedünsteten Pfirsiche mit Schuss. Den Nobelpreis. Sie wissen, wie es ihnen gelungen ist, die Struktur der DNA zu entschlüsseln: Sie haben Rosalind Franklin um ihre Forschungsergebnisse betrogen.

Sechzig Jahre nach der Nobelpreisverleihung legt eine alte Frau vorsichtig einen Karton auf ihren Esstisch. Sie hebt den Deckel ab und fährt mit den Fingern durch die Papiere, die sich in dem Karton stapeln. Sie sagt: «Das sind all die Briefe, die Rosalind an meine Eltern und uns geschrieben hat.»

Ein Haus am Rande der Universitätsstadt Cambridge. Durch die Terrassentür scheint die Sonne herein, hinter dem Garten erstreckt sich ein natürlicher Teich. Ein Fasan pickt im Rasen und fliegt davon. Die Frau schaut dem Fasan hinterher. «Ein junges Männchen», sagt sie.

Jenifer Glynn ist in den Anfängen ihrer Neunziger, eine zierliche Frau in beiger Cordhose, beigem Pullover, um den Kopf hat sie ein geblümtes Tuch gewickelt. Sie lebt seit 1960 in diesem Haus. Sie hat hier in Cambridge Geschichte studiert und später gelehrt. Sie ist die jüngste Schwester von Rosalind Franklin.

«Rosalind war eine sehr gute große Schwester», sagt sie.

Rosalind Franklin: geboren am 25. Juli 1920 in London. Die Familie jüdisch, der Vater Banker, die Mutter zu Hause, die Kindheit geborgen. Vier Geschwister. Eine Nanny. Die Wochenenden im Sommerhaus des Großvaters, er hat es vom selben Architekten modernisieren lassen, der die Fassade des Buckingham-Palastes renoviert hat. Rosalinds Eltern leben bescheidener. Der Vater fährt mit der U-Bahn zur Arbeit, am Abend unterrichtet er ehrenamtlich am Working Men's College. Die Mutter hilft, wo sie helfen kann, sorgt für Alte, Arme, Alleinerziehende.

Die junge Rosalind ist anders als andere. Eine Jüdin in einem anglikanischen Land. Ein Mädchen, das Jungssachen mag. Ein Kind, das alles hinterfragt. «Meine Mutter», sagt Jenifer Glynn, «erzählte, dass sich Rosalind als kleines Mädchen weigerte, die Existenz Gottes einfach so anzuerkennen. Sie habe gefragt: Und überhaupt, woher weiß man denn, dass Er nicht eine Sie ist?»

Als Rosalind sechs Jahre alt ist, schreibt ihre Tante in einem Brief an die Mutter: «Rosalind ist erschreckend schlau – sie verbringt ihre ganze Zeit damit, aus Spaß arithmetische Aufgaben zu lösen & bekommt ausnahmslos die korrekten Ergebnisse heraus.»

Jenifer Glynn, das einzige der fünf Geschwister, das noch lebt, sagt: «Rosalind war schon immer klar, was sie werden wollte: Forscherin.»

Also: Mathe, Chemie, Physik als Fokusfächer in der Schule. Jedes Jahr Urkunden und Preise für herausragende schulische Leistungen. Abschluss mit Auszeichnung. Dreijähriges Stipendium über 30 Pfund pro Jahr. Mit 17 Jahren Aufnahmeprüfung in Mathematik und Physik an der Universität Cambridge. Dort gibt es damals Regeln: 500 Studienplätze sind für Frauen reserviert, 5000 für Männer. Studentinnen müssen in allen Kursen in für sie gekennzeichneten Bereichen Platz nehmen, in den vorderen Reihen. Sie werden nicht als «Mitglieder der Universität» akzeptiert.

Rosalind Franklin besteht die Aufnahmeprüfung, 1938 zieht sie nach Cambridge. Die ungleiche Behandlung stört sie, der Sexismus. Noch viel mehr aber scheint sie die politische Gleichgültigkeit ihrer Kommilitonen zu nerven. 1938 ist ein Jahr größter Krisen. Hitler schließt Österreich ans Deutsche Reich an, der britische Premierminister Neville Chamberlain spricht im Münchner Abkommen gemeinsam mit Frankreich und Italien Deutschland das Sudetenland zu, über den Kopf der Tschechen hinweg. Die Reichspogromnacht. Rosalind Franklin schreibt nach Hause: «Ohne Eure Briefe und die *Times* hätte ich keine Ahnung davon, dass irgendwer gegen Deutschlands Umgang mit den Juden protestiert. Die Leute hier reden nicht über Politik.»

Sie gerät in einen Streit mit einer anderen Studentin, einer Kommunistin, Stalin-Anhängerin. Aus einem der Briefe im Karton: «Sie versuchte, Russland zu verteidigen. Wir sprachen über die fehlende Freiheit in Russland, und ich erwähnte die russische Angewohnheit, Leuten, die sie nicht mögen, die Köpfe abzuschlagen. Sie stand empört auf und sagte: Das machen sie gar nicht, sie erschießen sie.»

In jener Zeit werden in London bereits Schützengräben ausgehoben und Luftschutzkeller eingerichtet. Tausende Juden fliehen 1938 aus Deutschland und Österreich nach England, die Franklins unterstützen die Ankommenden. «Wir nahmen ein neunjähriges Mädchen bei uns zu Hause auf», sagt Jenifer Glynn.

In Cambridge versucht auch Rosalind zu helfen. Die 30 Pfund ihres Stipendiums überlässt sie einer geflüchteten Studentin. Sie engagiert sich in einem jüdischen Flüchtlingszentrum und animiert ihre Kommilitoninnen mitzumachen. Sie befüllt Sandsäcke. Sie spricht mit ihrer kleinen Schwester: «Sie erklärte mir ganz geduldig, was da gerade in Deutschland passiert. Was das für ein Mann ist, der dort herrscht. Sie war sehr fürsorglich.»

Und dann ist Krieg. In Cambridge verschwinden die jungen Männer, von den 5000 Studenten sind 1940 nur noch gut die Hälfte da. Sie werden gebraucht: bei den Geheimdiensten, im Militär, fürs Knacken der deutschen Verschlüsselungsmaschine Enigma. Auch Rosalind Franklin wird zu kriegswichtiger Arbeit eingezogen: beim britischen Kohle-Forschungslabor. Sie findet heraus, wie man Gasmasken optimieren kann. Nachts übernimmt sie Freiwilligenschichten als Wachtposten für den Luftalarm. Um Gas einzusparen, macht sie sich zum Frühstück keinen Toast mehr.

Als Bomben auf London fallen, drängt ihr Vater sie dazu, lieber in der Landwirtschaft auszuhelfen, das sei im Krieg viel nützlicher als dieses Wissenschaftszeug. Seine Tochter, 20 Jahre alt, antwortet in einem Brief: «Du schaust auf die Wissenschaft (oder redest zumindest so über sie), als sei sie eine Art demoralisierende Erfindung der Menschheit, etwas Weltfremdes, das mit Vorsicht zu genießen ist und abgeschieden von unserem alltäglichen Leben gehalten werden muss. Doch Wissenschaft und Alltag können und sollen nicht voneinander getrennt werden. Meinem Glauben nach gibt uns Wissenschaft eine partielle Erklärung für das Leben.»

Sie habe, sagt Jenifer Glynn, vieles aus jenen Kriegsjahren vergessen, an diesen Moment ganz am Ende aber erinnere sie sich genau: «Rosalind und ich waren zu Besuch bei unserer alten Nanny, die auf dem Land wohnte. Wir hörten Radio, die Nachrichten. Sie meldeten, die Amerikaner hätten eine Atombombe auf die japanische Stadt Hiroshima geworfen. Ich fragte Rosalind, was das bedeute, und sie erklärte es mir: was eine Atombombe ist, wie sie funktioniert, was sie anrichtet. Sie sagte, der Krieg sei jetzt vorbei.»

Die Atombombe ist der traurige Schlusspunkt einer Epoche, in der die Menschheit von der Wissenschaft in Atem gehalten wurde ob all der spektakulären Entdeckungen: Röntgenstrahlung, Radioaktivität, Relativitätstheorie. Forscher und Forscherinnen sind zu Stars geworden, Marie Curie, Albert Einstein, Niels Bohr, Max Planck, Werner Heisenberg. Es ist ihnen gelungen, in eine unsichtbare Welt vorzudringen, in der Elektronen und Neutronen und Protonen universelle Gesetze bestimmen und Moleküle Menschen formen. In der Mitte des Jahrhunderts steht man vor der nächsten großen, der vielleicht größten Frage: Was ist das überhaupt – Leben?

Angefangen hatte alles in den Jahren um 1860 herum mit einem kleinen, kurzsichtigen Mönch aus Schlesien. Gregor Johann Mendel war bei der Züchtung seiner Erbsen im Klostergarten etwas aufgefallen: Wenn er unterschiedliche Erbsensorten miteinander kreuzte, gab es klare Regeln, wie Merkmale von einer Generation an die nächste weitergegeben werden. Mendel folgerte, es müssten also irgendwelche «materiellen Elemente» existieren, über die Eigenschaften der Eltern an die Nachkommen übertragen werden.

Der Träger dieser Erbinformationen ist das Gen. Der Begriff tauchte erstmals 1909 auf, abgeleitet vom griechischen *génos*, Abstammung. Gene liefern die Grundanweisungen für den Aufbau und die Entwicklung eines Individuums. In jenen Jahren Anfang des neuen Jahrhunderts entdeckte die amerikanische Biologin Nettie Stevens, dass die Gene wiederum von den Chromosomen getragen werden, fadenförmigen Gebilden aus Chromatin, jeder Mensch besitzt 46 davon, 23 vom Vater, 23 von der Mutter. Stevens' Kollege Thomas Hunt Morgan erkannte, wie die Gene auf den Chromosomen liegen, zu Ketten aneinandergereiht. Damit war klar: Das Gen ist keine abstrakte Einheit, sondern etwas Materielles, etwas, das in einer bestimmten Form in einer Zelle vorkommt.

Erwin Schrödinger, Österreicher, Quantenphysiker, Nobelpreisträger, Hitler-Gegner, schreibt 1944 genau darüber ein Buch, *What is Life?*. Ein Gen, glaubt er, müsse irgendein außergewöhnliches Molekül sein, so wahnsinnig groß, dass es all die Informationsmengen in sich tragen kann, so wahnsinnig klein, dass es in eine Zelle passt. Es müsse ganz regelmäßig sein, um die Informationen kopieren und weitergeben zu können, und ganz unregelmäßig, um die unfassbare Vielfalt der Gene widerzuspiegeln.

Als Schrödinger sein Buch schreibt, hat der Biochemiker Oswald Avery gerade bewiesen, dass bei der Vererbung eine Substanz namens Desoxyribonukleinsäure, kurz DNA, eine entscheidende Rolle spielt. Sie ist die Trägerin der Erbinformation. Es ist die jüngste große Entdeckung in der noch ziemlich jungen Geschichte der Genetik.

Jetzt, kurz nach dem Zweiten Weltkrieg, fragt sich die Wissenschaft: Wie sieht diese Form, die DNA, aus?

Im Januar 1951 tritt Rosalind Franklin einen neuen Job an. Die vergangenen vier Jahre hat sie in einem Labor in Paris gearbeitet, sie hat dort an Kohlekristallen geforscht, Jean-Paul Sartre und Simone de Beauvoir gelesen und die intellektuelle Welt der Boheme kennengelernt. «Sie hat die Zeit in Paris geliebt», sagt ihre Schwester Jenifer Glynn.

Rosalind Franklin bekommt eine Stelle in der Abteilung für Biophysik am Londoner King's College angeboten, sie soll an den biophysikalischen Verfahren der Kristallografie und der Röntgenbeugung arbeiten: Bestrahlt man einen Gegenstand mit Licht, wirft dieser Gegenstand Schatten, selbst wenn er winzig und mit bloßem Auge nicht zu erkennen ist. Bestrahlt man ihn aus verschiedenen Perspektiven, kann man aus den einzelnen Schattenwürfen in mühsamster Kleinstarbeit seine Struktur berechnen. Um die Struktur eines Moleküls zu entschlüsseln, geht man genauso vor. Es ist nur noch komplizierter. Moleküle in flüssiger Form oder im Gaszustand sind wie Kinder vor einer Fotokamera: Sie halten nicht still. Anders als Kinder kann man Moleküle aber in Kristalle verwandeln. Es ist, als würde man das Molekül verhexen: Mit einem Mal hält es still. Beschickt man es jetzt statt mit Licht mit den stärkeren Röntgenstrahlen, erzeugen die Kristallgitter regelmäßige Schattenrisse. Aus ihnen lassen sich die räumlichen Konturen des Moleküls folgern.

Am King's College versucht zu jener Zeit der stellvertretende Leiter der Biophysik, mit genau diesem Verfahren die Struktur der DNA zu entschlüsseln. Der Mann heißt Maurice Wilkins, er ist damals Mitte dreißig und wird später zusammen mit Francis Crick und James Watson den Nobelpreis erhalten. (Wilkins und Crick sind 2004 gestorben. Watson lebt noch, zurückgezogen in den USA. Eine Bekannte von ihm richtet auf eine Anfrage aus, er gebe keine Interviews mehr.)

Als Rosalind Franklin am 8. Januar 1951 ihren neuen Kollegen vorgestellt wird, fehlt Wilkins. Er ist im Urlaub und deshalb nicht dabei, als der Abteilungsleiter Rosalind Franklin anbietet, ebenfalls an der DNA zu arbeiten. Noch schlimmer für Wilkins: Bei seiner Rückkehr ins Labor erfährt er, dass die Neue gar nicht, wie er gedacht hat, seine Assistentin werden soll. Sie ist ihm gleichgestellt.

In den Physik-Fakultäten der angelsächsischen Eliteuniversitäten sieht es damals so aus: In Harvard dürfen Frauen nicht als Lehrkräfte eingestellt werden, in Princeton ist ihnen nicht gestattet, das Physik-Gebäude auch nur zu betreten. Ihre Anwesenheit, glaubt der dortige Institutsleiter, lenke die männlichen Geistesgrößen von der Arbeit ab. Auch die Welt, in die die Jüdin Rosalind Franklin am King's College eintritt, ist dominiert von weißen christlichen Männern.

«Rosalind war da von Anfang an eine Außenseiterin», sagt Anthony North. Er schiebt an einem sonnigen Nachmittag einen Teewagen in sein Wohnzimmer. «Milch? Zucker? Ein paar Kekse?»

Anthony North lebt im Norden Englands, in Leeds, er ist über 90 und wohnt allein in einem großen Haus am Rande der Stadt. Alles sehr aufgeräumt, grauer Teppichboden, graues Sofa. «Leider ist meine Frau letztes Jahr gestorben. Sie könnte Ihnen mehr über Rosalind erzählen.»

Anthony North und seine verstorbene Frau Margaret arbeiteten mit Franklin im Labor für Biophysik. Er selbst habe nicht viel mit ihr zu tun gehabt, sagt North, weder im Labor noch außerhalb. «Margaret und Rosalind aber haben manchmal die Mittagspause zusammen verbracht.» Es habe ja nach Geschlechtern getrennte Speiseräume gegeben. «Und im Aufenthaltsraum der Universität durften sich die Frauen nicht aufhalten. Der war nur uns Männern vorbehalten.»

North sagt, sein Chef Maurice Wilkins und die neue Kollegin Rosalind Franklin seien von Beginn an nicht miteinander klargekommen. «Maurice war Frauen gegenüber verschlossen, schüchtern. Rosalind dagegen war selbstbewusst und zielstrebig. Das passte nicht zusammen.»

Eines Morgens, im Mai 1951, versammelt sich das ganze Laborteam um Wilkins, er arbeitet an DNA-Proben, kommt aber nicht richtig voran. Franklin schaut zu, tritt vor und sagt, er mache da etwas falsch. Sie schlägt vor, wie es besser gehe. Und hat recht. Doch Wilkins dankt ihr nicht, er ist außer sich. Er fühlt sich vor aller Augen vorgeführt. In einem späteren Interview wird er sich an den Vorfall erinnern: Ihr Vorschlag habe nichts Originelles an sich gehabt, nichts Innovatives. «Ihre Haltung war immer von oben herab. Sie hatte einfach Glück, dass ihre Idee funktionierte.»

Also arbeitet Franklin weiter an der Strukturanalyse der DNA. Die bisherigen Fotoaufnahmen von DNA-Segmenten sind schlecht, verschwommen und unklar. Sie will herausfinden, woran das liegt. Sie entdeckt, dass sich die DNA-Moleküle spannen und entspannen, je nach Feuchtigkeitsgehalt. Franklin gelingt es, die Feuchtigkeit der DNA so zu regulieren, dass ihre Fasern ununterbrochen im Entspannungsmodus verharren. Es ist eine ihrer großen Leistungen. Jetzt kann sie sie fotografieren, so klar und gut, wie DNA noch nie fotografiert wurde. Es seien, wird ihr späterer Laborchef rückblickend sagen, «die schönsten Röntgenaufnahmen von einer Substanz, die je gemacht wurden».

Am 21. November 1951 hält Rosalind Franklin am King's College eine Vorlesung über ihre Arbeit. Ein gutes Dutzend Zuhörer sitzen im Hörsaal. Unter ihnen ist James Watson. Wilkins hat ihn eingeladen. Die beiden kennen sich von einer Tagung in Neapel.

James Watson stammt aus Chicago, als Teenager hat er mal bei der beliebten amerikanischen Radioshow *Quiz Kids* mitgemacht, bei der einige der klügsten Kinder Amerikas in Wissensfragen gegeneinander antreten. Jetzt ist er Anfang zwanzig und forscht zusammen mit dem zwölf Jahre älteren Francis Crick in Cambridge ebenfalls an der DNA.

Die beiden haben Schrödingers Werk *What is Life?* gelesen, seitdem sind sie besessen von der Genetik. Ihr Ziel ist es, als Erste die Struktur der DNA zu entschlüsseln. Für sie ist es ein Wettlauf. Sie wissen: Den Siegern ist der Nobelpreis sicher. «Mir war klar», wird Watson später sagen, «dass ich dann auf einer Stufe mit Darwin wäre.»

Als Franklin ihren Vortrag beginnt, versteht Watson wenig. Es ist alles sehr technisch, sehr kompliziert, und Watson hat kaum Ahnung von Kristallografie und Röntgenbeugung. Er konzentriert sich lieber auf die Frau, die da vorne spricht, nicht auf die Wissenschaftlerin. In seinem 1968 erschienenen Buch *Die Doppelhelix* beschreibt er Franklin, wie sie im Hörsaal steht, so: «In ihren Worten war keine Spur von Wärme oder Frivolität. Und doch konnte ich Rosy nicht vollständig uninteressant finden. Einen Augenblick überlegte ich, wie sie wohl aussehen würde, wenn sie ihre Brille abnehmen würde und irgendetwas Neues mit ihrem Haar versuchte.» Man könne sich «Rosy gut als das Produkt einer unbefriedigten Mutter vorstellen, die es für überaus wünschenswert hielt, dass intelligente Mädchen Berufe erlernten, die sie vor der Heirat mit langweiligen Männern bewahrten».

Als Franklin ihren Vortrag beendet hat, stellt Wilkins ihr Watson vor. «Nach einem kurzen und, wie ich später oft beobachten konnte, typischen, nämlich gereizten Gespräch mit Rosy», schreibt Watson in der *Doppelhelix*, «wanderten Maurice und ich den Strand entlang und dann hinüber zu Choy's Restaurant in Soho.» Sie essen Chopsuey, trinken billigen Rotwein und lästern über «Rosy». Rosalind Franklin hasst den Spitznamen. Wilkins nennt sie so, Watson macht es daraufhin auch. Für Watson ist klar: «Rosy musste gehen oder an ihren richtigen Platz verwiesen werden.»

Rosalind Franklin merkt, was hinter ihrem Rücken vorgeht, das Tuscheln, die Häme, Rosy. Der Jungs-Club, der sich gegen sie verschworen hat. Sie ist einsam. In diesen Monaten lernt sie einen Mann kennen, Jude wie sie, allein in einem fremden Land. Er wird ihr guter Freund.

Simon Altmann hat auf die E-Mail mit der Frage, ob man ihn

besuchen dürfe, gleich geantwortet: «Natürlich! Lassen Sie mich nur früh genug wissen, wann Sie kommen: Ich bin 98!!»

Er läuft in kleinen Trippelschritten durch seine Wohnung, den Gehstock lässt er unbeachtet im Flur lehnen, Erdgeschoss, Oxford, England. Ein Nachmittag. Die Wohnung ist voller Kunst, an den Wänden hängen Gemälde, auf den Kommoden stehen Skulpturen. Vor ihm auf dem Tisch liegen zwei seiner selbst verfassten Bücher, ein dünnes Kinderbüchlein, Märchen, die sich Altmann für seinen Enkel ausgedacht hat, und ein Gedichtband. Sein Leben lang schon schreibt Simon Altmann Gedichte.

Altmann ist in Argentinien geboren, Buenos Aires, seine jüdischen Eltern waren um die Jahrhundertwende vor den Pogromen aus Russland dorthin geflohen. Als Student weigerte er sich, der Partei Juan Peróns beizutreten, und führte die Proteste gegen den Machthaber an. Deswegen: nach dem Uni-Abschluss keine Anstellung. 1949 Ausreise nach London. Doktorand am King's College in Theoretischer Physik, wo er auf Rosalind Franklin traf. 1953 Wechsel an die Universität Oxford, dort blieb er bis 1991. Seitdem Rente.

Altmann lässt sich auf einen Stuhl im Esszimmer fallen, steckt die Daumen hinter die Hosenträger und sagt: «Die Sache mit Rosalind war eine echte Tragödie.»

Er habe sie über einen gemeinsamen Freund kennengelernt. Sie hätten sich sofort hervorragend verstanden und bei gemeinsamen Abenden über James Joyce' *Ulysses* gesprochen, über Sartre und den Existenzialismus, übers Theater, Rosalind habe gekocht. «Sie war eine sehr gute Köchin. Ihr Risotto: Oh mein Gott! So gut!»

Es seien Abende gewesen, in denen sie für ein paar Stunden das Labor und Wilkins und Watson habe vergessen können. «Die meiste Zeit ging es ihr wegen dieser Typen miserabel.»

Die Atmosphäre bei den Biophysikern, Franklins Abteilung, sei schrecklich gewesen, sagt Altmann, besonders für jemanden wie sie, gebildet, sensibel, intellektuell. «Dort arbeiteten richtige Rowdys. Die hatten keine Ahnung von Poesie oder Philosophie.»

Nach Franklins Vortrag im November 1951 besucht James Watson immer wieder das King's College, er trifft sich mit Wilkins, er guckt, wie weit Franklin mit ihrer Forschung an der DNA ist, er spioniert. Simon Altmann sagt: «Jimmy war eine verdammte Plage.»

Einmal, erinnert sich Altmann, sei Franklin zu ihm ins Labor hineingestürmt. «Kurz vorher war sie von einer Vorlesung zurück in ihr Büro gegangen. Als sie die Tür öffnete, sah sie, wie Jimmy sich durch ihre Unterlagen wühlte.» Sie habe Watson rausgeschmissen, sei zu ihm, Altmann, gerannt und habe es ihm völlig aufgelöst und den Tränen nahe erzählt. «Dieses Maß an Unanständigkeit!», ruft Altmann durchs Zimmer.

Auf Grundlage von Franklins Forschungsergebnissen bauen Watson und Crick Ende November 1951 ein erstes simples Modell der DNA. Es ist aus Pappe, sie haben die einzelnen Bausteine wie aus Lego zusammengesteckt. Ein DNA-Molekül, das weiß man heute, ist so aufgebaut: Es besteht aus zwei Strängen, jeder hat ein Rückgrat aus Zuckern und Phosphaten. Von dort gehen die vier Basen ab, Cytosin, Guanin, Adenin und Thymin. Die zwei Stränge umlaufen sich schraubenförmig. Das ist die Doppelhelix.

Watson und Crick wissen damals nicht, ob ein DNA-Molekül zwei oder drei oder vier Stränge besitzt, wie die Basen angeordnet sind, wo sie sitzen. Sie glauben: Es ist eine Tripelhelix, also drei Stränge, mit Phosphaten an der Innenseite. Als sie ihr Modell fertig gebaut haben, sind sie begeistert von sich selbst. «Francis stürzte ans Telefon und rief Maurice an», erinnert sich James Watson in der *Doppelhelix*. Crick habe Wilkins mitgeteilt, sie seien «gerade auf ein Ding gestoßen, das sehr wohl die Lösung sein könne, auf die wir alle warteten».

Am nächsten Morgen sitzen Wilkins, Franklin und drei Laborkollegen aus dem King's College im Zug ins rund eine Stunde entfernte Cambridge. Sie wollen sich das Modell anschauen. Als Watson und Crick es in Raum 103 ihres Instituts enthüllen, erkennt Franklin: Das Modell ist falsch. Die DNA könne keine Tripelhelix sein. Watson schreibt rückblickend: «Bedauerlicherweise waren die meisten ihrer Einwände nicht pure Bosheit: Bei dieser Gelegenheit kam die äußerst peinliche Tatsache heraus, dass mich meine Erinnerung an Rosys Angaben über den Wassergehalt ihrer DNA-Moleküle getäuscht haben musste. Die traurige Wahrheit wurde offenbar: Das korrekte DNA-Modell musste mindestens zehnmal so viel Wasser enthalten, wie in unserem Modell zu finden war.»

In Raum 103 sinkt die Laune ins Bodenlose. Watson: Cricks «Stimmung war inzwischen nicht mehr die eines selbstsicheren Schulmeisters vor unglücklichen Kolonialkindern, die zum ersten Mal mit einem hervorragenden Intellekt in Berührung kommen. Es stand einwandfrei fest, welche Gruppe am Ball war.» Franklins Gruppe.

Mit dem Zug um 15.40 Uhr fährt Rosalind Franklin zurück nach London und wendet sich wieder ihrer Arbeit zu.

In einem Archiv der Universität Cambridge lagern noch heute all die wissenschaftlichen Unterlagen von Rosalind Franklin, Notizhefte, Aufzeichnungen von Vorlesungen, Transkripte. Bevor man sie dort ausgehändigt bekommt, muss man sich ein Filmchen über den korrekten Umgang mit den alten Papieren anschauen, dann erst darf man sie durchblättern. Man erkennt, wie nah Franklin in den kommenden Monaten der Lösung zur Entschlüsselung der DNA kommt.

Gemeinsam mit ihrem Doktoranden macht sie Aufnahmen der DNA, immer bessere und bessere, und dann, am 2. Mai 1952: die beste, die alles verändern wird. Es ist ein Freitagabend, als sie im Labor DNA-Fasern auf ein winziges Röhrchen legen. Sie richten die Kamera richtig aus, sie stellen die Röntgenstrahlen ein. Und Schuss.

Vier Tage später entwickelt Franklin die Aufnahme. In ihrem Notizheft vermerkt sie: «Gut. Nassfoto». Neben das Bild schreibt sie: «photo 51».

Das Foto Nummer 51 ist schärfer und schöner als jedes Bild zuvor. Jetzt scheint klar zu sein: Die Struktur der DNA ist eine Doppelhelix.

Franklin legt die Aufnahme beiseite und arbeitet weiter an der Erforschung der DNA. Den Sommer über rechnet sie, analysiert, notiert. Und beschließt zu gehen. Sie hält es am King's College nicht mehr aus, die ewigen Streitereien, die Gehässigkeiten, die eisige Atmosphäre. In einem Brief an eine Freundin schreibt sie über die Kollegen: «Ich habe alles so gelegt, dass ich keinem von ihnen kaum je über den Weg laufen muss, was die Sache besser macht, aber auch sehr langweilig.»

Sie erhält eine Stelle am Birkbeck College in London, sie soll im kommenden Jahr dort anfangen und an Viren forschen. Ein paar Monate muss sie noch in ihrem Labor durchhalten.

Sie wertet ihre Röntgenaufnahmen von photo 51 aus, berechnet Parameter, stellt Gleichungen auf. Ihre Ergebnisse, DNA hat helikale Struktur, Basen sitzen innen, Zucker-Phosphat-Rückgrat außen, C_2-monokline Raumgruppe, sind sensationell. Im Winter 1952 begutachtet eine externe Forschungskommission die Arbeit der Biophysik-Abteilung des King's College, Routineprogramm, Franklin fasst dafür ihre vorläufigen Resultate in einem Bericht zusammen. Der Bericht ist nur für die Mitglieder der Kommission gedacht, nicht für andere Forscher, schon gar nicht für Konkurrenten. Doch ein Kommissionsmitglied aus Cambridge gibt Franklins Bericht an Watson und Crick weiter. Auf dem Weg zur Entschlüsselung der DNA wird dies für die beiden Männer ein wichtiger Moment. Der entscheidende aber findet am 30. Januar 1953 statt.

James Watson wird ihn in der *Doppelhelix* so schildern: Es ist Nachmittag, er streunt mal wieder durch die Flure des King's College, er will sich mit Maurice Wilkins treffen. Vor Franklins Labor stoppt Watson. Ohne zu klopfen, reißt er die Tür auf. Der Raum ist abgedunkelt, Rosalind Franklin beugt sich gerade über Röntgenaufnahmen. «Im ersten Augenblick war sie erschrocken, aber dann gewann sie rasch ihre Fassung wieder und sah mich unverwandt an. Ihr Blick gab mir zu verstehen, dass ungebetene Gäste wenigstens die Höflichkeit haben sollten, anzuklopfen.»

Watson redet auf sie ein, Tripelhelix, Spiralstrukturen, Basenfolgen, Moleküle. Franklin entgegnet, widerlegt, und Watson, der merkt, dass sie einfach ihre Ruhe haben will, entscheidet sich, «eine Explosion zu riskieren. Ohne weiter zu zögern, gab ich ihr zu verstehen, sie sei unfähig, Röntgenaufnahmen zu interpretieren (...). Plötzlich kam Rosy hinter dem Labortisch, der uns trennte, hervor und ging auf mich los. Da ich Angst hatte, sie könnte mich in ihrer Wut schlagen (...), zog ich mich hastig Richtung offene Tür zurück. Aber Maurice, der auf der Suche nach mir gerade den Kopf hineinsteckte, verhinderte meine Flucht. Während sich Rosy und Maurice über meine gebeugte Gestalt hinweg anblickten, teilte ich Maurice kleinlaut mit, mein Gespräch mit Rosy sei zu Ende.»

Jene Szene, sagt Jenifer Glynn, sei von allen schlimmen Beschreibungen ihrer Schwester in Watsons Buch die schlimmste. Das Bild einer geifernden, um sich schlagenden irren Frau im Labor: ein Lacher für die Leser. Ein Stich in die Trauer der Familie. «Ich habe nie erlebt, dass Rosalind die Contenance verloren, schon gar nie jemanden physisch attackiert hat», sagt Jenifer Glynn. «Abgesehen davon: Rosalind war, als Watsons Buch herauskam, tot. Sie konnte sich nicht mehr wehren. Es war einfach unfair.»

Wilkins bringt Watson nach dem Vorfall im Labor in einen Nachbarraum. «Dank meiner Auseinandersetzung mit Rosy war Maurice so zugänglich wie nie zuvor. Jetzt hatte ich mit eigenen Augen die seelische Hölle gesehen, in der er zwei Jahre gelebt hatte.» Der King's-College-Mann Wilkins entschließt sich, dem Cambridge-Mann Watson das Wertvollste zu zeigen, was seine Uni gerade besitzt. Aus einer Schublade holt er Franklins Aufnahme photo 51. Ihr Doktorand hat sie nach Franklins Ankündigung, das King's College zu verlassen, seinem künftigen Chef Wilkins gegeben. Franklin weiß nichts davon. Watson: «In dem Augenblick, als ich das Bild sah, klappte mir der Unterkiefer herunter, und mein Puls flatterte.»

Es sollte der wichtigste Augenblick im Forscherleben von James Watson werden.

Im Frühjahr 1953 verlässt Rosalind Franklin das King's College. In nur zwei Jahren ist es ihr beinahe gelungen, auf einem Forschungsgebiet, das ihr bis dahin völlig fremd war, eine der größten Fragen der Wissenschaft zu beantworten.

Watson und Crick bauen im März auf Grundlage von Franklins photo 51 und ihren Messdaten ein neues Modell der DNA. Diesmal ist es korrekt. Am 25. April 1953 veröffentlichen sie in der Fachzeitschrift *Nature* ihren Artikel über die Entschlüsselung der Erbinformation. Sie geben an, sie hätten bei ihrer Entdeckung keinerlei Kenntnis von Franklins zeitgleich veröffentlichten Forschungsergebnissen gehabt.

Der Artikel wird die Wissenschaft für immer verändern.

Jenifer Glynn sagt, ihre Schwester habe nie erfahren, welchen Anteil sie an der Entdeckung gehabt habe. Nie habe ihr jemand erzählt, was Watson, Crick und Wilkins hinter ihrem Rücken betrieben.

Im Herbst 1956 sucht Rosalind Franklin, die sich in ihrem Forschungsalltag jahrelang weitgehend ungeschützt Röntgenstrahlung ausgesetzt hat, einen Arzt auf. Sie hat unendliche Unterleibsschmerzen. Der Arzt diagnostiziert Eierstockkrebs.

Es ist, wie ihr Freund Simon Altmann sagte, tragisch: Die Forscherin, die den Großteil der Arbeit bei der Entschlüsselung der DNA geleistet und zeitlebens keine Anerkennung dafür erfahren hat, zahlt den höchsten Preis.

Die Behandlung, der sie sich unterziehen muss, eine Kobalttherapie, ist, wie jede Krebsbehandlung in den Fünfzigerjahren, äußerst schmerzvoll. Gammastrahlen sollen den Tumor bekämpfen, bekämpfen aber auch den restlichen Körper. Die Strahlen führen zu schweren Verbrennungen der Haut, zu Übelkeit, Durchfall und inneren Blutungen. Der Arzt sagt Rosalind Franklin, ihr bleibe nicht mehr lange.

65 Jahre später, in ihrem Haus in Cambridge, erzählt die jüngere Schwester, wie sie mit der älteren in jener Zeit der Krankheit noch einmal auf Reisen geht. Zusammen seien sie in einem winzigen Auto durch Italien gerollt. Verona, Ravenna, Pistoia, Lucca, Viareggio. Die Sonne, das Meer.

Alles ein letztes Mal, Sommer 1957.

Rosalind, sagt die jüngere Schwester, sei, obwohl es ihr damals schon sehr schlecht ging, noch immer voller Neugierde gewesen, sie habe alles sehen, jeden kennenlernen wollen.

Jenifer Glynn schaut hinaus in ihren Garten, sie schweigt. Tränen füllen ihre Augen. Es fällt ihr bis heute schwer, über diese letzten Monate zu sprechen.

Am 16. April 1958 stirbt Rosalind Franklin in einem Krankenhausbett in London. Sie ist 37 Jahre alt.

1962 erhalten Watson, Wilkins und Crick ihren Nobelpreis. Rosalind Franklin wird nicht geehrt. Der Preis darf laut Nobelstatuten nur an lebende Personen vergeben werden. Selbst jetzt, im Rampenlicht und auf dem Höhepunkt ihres Schaffens, verschweigen die drei Forscher Franklins Anteil an allem. Dann, wenige Jahre später, schreibt James Watson das Buch *Die Doppelhelix*. Die Welt erfährt darin von Rosalind Franklin, ihrem photo 51, von dem Betrug. James Watson wirkt als Autor wie ein eitler Dieb, den niemand bei seiner Tat erwischt hat, der aber so sehr nach Aufmerksamkeit giert, dass er den Lesern all seine scheinbar genialen Tricks und Täuschungen verrät.

Nachdem sie das Manuskript gelesen haben, versuchen Francis Crick und Maurice Wilkins noch, die Veröffentlichung zu verhindern. Vergebens. Das Buch erscheint.

Hunderttausende Menschen lesen Watsons Erinnerungen, sie erfahren, wie drei Spitzenforscher monatelang ihre Kollegin mobbten, sich gegen sie verschworen, sie um ihre Forschungsdaten betrogen. Aus heutiger Sicht würde man einen Aufschrei aus der Wissenschaftsgemeinschaft erwarten, ein Aufbegehren gegen den sich über die Seiten ziehenden Sexismus, über die Verachtung der wissenschaftlichen Leistung einer Frau.

Damals, Ende der Sechzigerjahre, geschieht nichts davon. Als sei das Verhalten der drei Wissenschaftler das Normalste auf der Welt, stürmt das Buch die Bestsellerlisten. Die Zeitschrift *Nature* jubelt in ihrer Rezension, es sei «fesselnd und von beachtlichem öffentlichem Nutzen». Die *Doppelhelix* wird für den amerikanischen National Book Award nominiert.

Alle drei, Watson, Wilkins, Crick, kommen fortan nicht mehr los von Rosalind Franklin. Sie werden immer wieder über sie reden, sich rechtfertigen.

Maurice Wilkins wird 1990 in einem Interview auf die Frage, wie das denn gewesen sei mit dem photo 51, sagen: «Oh, wie ich Rosalind Franklins Foto stahl und es Jim zeigte!»

Francis Crick wird 1979 in einem Aufsatz schreiben: «Rosalind hat sich ihre Schwierigkeiten und ihr Versagen hauptsächlich selbst zuzuschreiben. Hinter ihrer forschen Art war sie überempfindlich und, ironischerweise, zu entschlossen, um wissenschaftlich fundierte Arbeit zu leisten und Abkürzungen zu vermeiden. Sie war zu sehr darauf bedacht, allein erfolgreich zu sein, und zu stur, um Ratschläge von anderen einfach anzunehmen, wenn sie ihren eigenen Vorstellungen zuwiderliefen.»

James Watson wird am tiefsten sinken. Einmal wird er sich in einem Interview dafür aussprechen, Frauen zu erlauben, ihren Fötus abzutreiben, sollte sich mittels Genanalyse herausstellen, dass das ungeborene Kind homosexuell veranlagt sei. Ein anderes Mal wird er sagen, schwarze Menschen seien dümmer als weiße. Seine Nobelpreismedaille wird er wegen Geldproblemen für 3,9 Millionen Euro an den russischen Oligarchen und Putin-Freund Alischer Usmanow versteigern. Noch 2018 wird James Watson in einem seiner letzten Interviews über Franklin sagen: «Ich würde sie als Loser bezeichnen. Ich benutze hier das Wort Loser nicht im Sinne, dass sie Abschaum war oder ein schlechter Mensch. Sie hat es verkackt. Sie hat es verkackt!»

Simon Altmann wird sich 2002 an seinen Schreibtisch setzen und ein Gedicht über seine Freundin Rosalind Franklin schreiben:

Sie zog
Den harten, gewissenhaften, steinigen Weg vor.
Doch sie brauchte Zeit, und Zeit
War ihr nicht gegeben:
Andere eilten zum Sieg.
Ohne ihre Arbeit hätte kein Modell
Gebaut werden können:
Das wurde schroff übersehen
Aber schon bald war sie tot
Und konnte keinen Einspruch mehr erheben.
Geschichte ist für die Gewinner –
Erinnerung aber ehrt auch noch jene,
Die nicht da sind, wenn die Medaillen
vergeben werden.

Der Computer lernt spielen

Im «Manhattan Project» arbeitet der Physiker
William Higinbotham an der Atombombe mit. Später entwickelt
er mit «Tennis for Two» das erste Videospiel – und erfindet damit
das wichtigste Unterhaltungsmedium der Gegenwart

Von Florian Eichel

Der Prolog dieser Sternstunde spielt sich in weniger als einer Millionstelsekunde ab – so lange dauert es, bis sich die kritische Masse an Uran gespalten hat. Heller denn je zuvor ist der Himmel erleuchtet, die Luft fünfmal heißer als die Oberfläche der Sonne. Als am 6. August 1945 «Little Boy», so der Name der ersten militärisch eingesetzten Atombombe, die japanische Hafenstadt Hiroshima in einem Feuerball verpuffen lässt, verändert sich die Welt für immer. Bis heute, geradewegs in die Kriegsrhetorik Putins hinein, kann man das Nachbeben der Detonation spüren. «Hiroshima war verwüstet – und mit der Stadt auch wir.» So beschrieb der spätere Nobelpreisträger Hans Bethe die Krise, in die er und andere Wissenschaftler angesichts des Leids stürzten, das sie mitzuverantworten hatten. Sie hatten unter Leitung des Physikers J. Robert Oppenheimer am *Manhattan Project* mitgearbeitet, der Entwicklung der zerstörerischsten Waffe, die die Welt bis heute kennt. Einer aus der Reihe der Wissenschaftler aber verwandelte sich von einem Weltenzerstörer in einen Weltenschöpfer: William Higinbotham, einer der Konstrukteure der ersten Atombombe, ist auch der Erfinder des ersten Videospiels.

Beiden Ereignissen geht eine glänzende wissenschaftliche Karriere voraus. Higinbotham wird 1910 in Bridgeport geboren, der

größten Stadt Connecticuts und Gründungsort des Rüstungs-
riesen Remington. Für Waffen interessiert sich der hochbegabte
junge Mann allerdings nicht. Er studiert Physik am Williams College und an der Cornell University, danach beruft man ihn ans
Massachusetts Institute of Technology, zur Entwicklung von Ra-
dartechnologien. Der Zweite Weltkrieg zieht den Theoretiker in
die Praxis: 1943 wird Higinbotham ins Labor von Los Alamos ab-
kommandiert, um die Zeitschaltkreise der Atombombe zu konzipieren. Unter dem Eindruck der Gräuel, die er mitverursacht hat,
gründet er gemeinsam mit anderen Veteranen des *Manhattan
Project* 1945 die Federation of American Scientists und setzt sich
als deren erster Generalsekretär gegen die atomare Aufrüstung ein.

Wie viele seiner Kollegen hätte Higinbotham in die Geschichte
als Sprengmeister eines explosiven Fortschritts eingehen können,
dessen Geist er zeitlebens zurück in die Flasche zu zwängen versuchte. Eine Sternstunde schlug ihm jedoch, die seinen Platz in der
Geschichte verschieben sollte. Genau genommen waren es zwei
Stunden. So lange brauchte Higinbotham, um die elektronischen
Verschaltungen für ein Nebenprojekt zu konzipieren, das ihm damals lachhaft unbedeutend erschienen sein muss: Er war beauf-
tragt, sich eine Attraktion für einen Besuchertag auszudenken.

Zu diesem Zeitpunkt neigten sich die Fünfzigerjahre bereits
ihrem Ende zu. Die USA waren geradezu besessen vom Phänomen
der Kernspaltung, das ihre Vormachtstellung in der Weltordnung
sichern sollte. Die schaudernde Faszination reichte bis in die Pop-
kultur: Erzählungen über gestohlene Nuklearwaffen und radioak-
tiv verseuchte Monster hatten Konjunktur. Bis heute erinnern die
Superhelden-Filme *X-Men* und *Fantastic Four* mit ihren mutierten
Protagonisten an die damalige Atomfaszination. Auch Gerüchte
über misslungene Experimente und veruntreute Atombomben an
Higinbothams Arbeitsplatz, dem Brookhaven National Labora-
tory, lieferten schon damals Stoff für viele B-Movies und Comics,

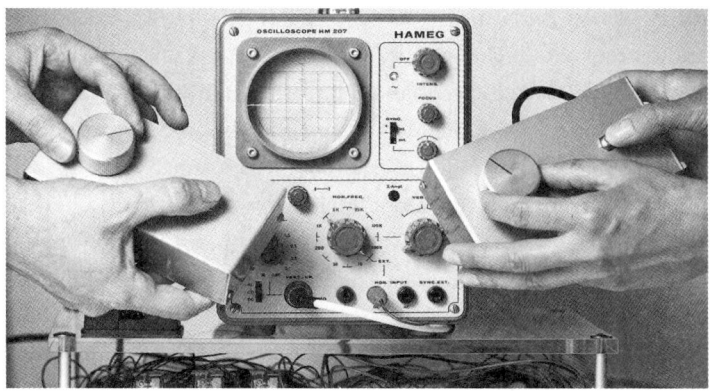

*Das erste Computerspiel ist eigentlich bloß die Bastelei eines
Wissenschaftlers, entwickelt für einen Tag der offenen Tür*

darunter *Spider-Man*. Um das misstrauische Raunen der Öffentlichkeit in ein ehrfürchtiges Staunen zu verwandeln, entschied
sich die Institutsleitung, zu Tagen der offenen Tür einzuladen –
und beauftragte die mitarbeitenden Wissenschaftler, sich tun-
lichst nahbar zu präsentieren.

1958 also sieht sich Higinbotham, technischer Direktor in
Brookhaven, mit der Herausforderung konfrontiert, die zahllosen
Messgeräte seiner Abteilung möglichst besucherfreundlich zu in-
szenieren. Seine Entscheidung, der Öffentlichkeit keinen Frontal-
unterricht zu erteilen, sondern etwas Interaktives anzubieten, wird
der Weltkultur ein neues Genre bescheren. Nur eine Woche nach
Higinbothams erstem Entwurf steht es da: Erratisch verschlingen
sich die Kabel des Analogcomputers «Donner Model 30», eines
von ihnen führt an einer Kunststoffhalterung entlang hoch zu
einem kleinen bullaugenförmigen Oszilloskop – eigentlich als
Radaranzeige gedacht –, auf dem sich grünlich zwei Striche und
ein Punkt abzeichnen. Der eine Strich dehnt sich horizontal über

die Breite des Bildschirms aus und soll ein Spielfeld darstellen, der andere ragt senkrecht darüber in der Mitte auf und imitiert ansatzweise ein Netz. Zwei handliche Aluminiumquader sind mit der Apparatur verbunden, auf denen jeweils ein Knopf und ein Regler angebracht sind. Mittels ersterem können Spieler den punktförmigen Ball von einer Hälfte des Feldes in die andere schlagen, letzterer stellt den Winkel der Flugbahn ein.

Tennis for Two ist geboren. Am Tag der offenen Tür finden die anderen Abteilungen Brookhavens kaum Beachtung, obwohl ihnen einige der renommiertesten Naturwissenschaftler der Welt angehören, viele von ihnen sind Nobelpreisträger. Sie haben Poster angebracht, wohlgemeinte, aber unverständliche Flyer liegen an ihren Ständen aus. Wenn überhaupt technisches Gerät ausgestellt wird, darf man es nur mit Sicherheitsabstand betrachten. Higinbotham macht es anders. Seine Gelegenheitsidee entfaltet eine derartige Anziehungskraft, dass die Warteschlange für ein virtuelles Tennismatch – das wohlgemerkt nicht länger als 30 Sekunden dauert – bis hinaus auf die Straße reicht, um das Institutsgebäude herum.

Trotz des großen Andrangs lässt sich der erste Spieler von *Tennis for Two* leicht ermitteln: Robert Dvorak Junior, Sohn von Higinbothams Chefingenieur Robert Dvorak Senior, durfte sich bereits am Vortag des Tags der offenen Tür an dem Spiel versuchen. «Es stand einfach da und wartete darauf, der Öffentlichkeit gezeigt zu werden», wird er sich später in einer amerikanischen Dokumentation erinnern. Den ganzen Mittag habe er damit verbringen dürfen, die von seinem Vater mitkonstruierte Maschine auszuprobieren. Bis heute trägt Dvorak Junior deshalb stolz den selbstverliehenen Titel des ersten Gamers der Welt. «Wie hypnotisiert folgten die Augen dem kleinen Punkt auf dem winzigen Oszilloskop, und nach einer Weile meinte man darin tatsächlich einen Tennisball zu erkennen», berichtet er. «Im Nachhinein ist es unglaublich, was für eine Faszinationskraft so ein primitives Spiel ausüben konnte.»

Mit seiner Verwunderung hat Dvorak Junior nicht Unrecht. Zwar erscheint die Begeisterung über *Tennis for Two* rückblickend angemessen, immerhin wurde mit dem Videospiel ein Stück Kultur- und Wissenschaftsgeschichte geschrieben. Dennoch stellt sich die Frage, warum die krude Imitation einer Tennispartie damals überhaupt jemanden interessierte. Kein Amerikaner stand zu der Zeit vor einem Tennisplatz an, um das analoge Äquivalent von Higinbothams Spiel erleben zu dürfen. Nein, der Erfolg von *Tennis for Two* hat wenig mit der Sportart zu tun, um die es geht. Vielmehr beruht er auf der Innovation, eine Partie Tennis auf eine Art und Weise ästhetisch erfahrbar zu machen, die ein Grundbedürfnis des Menschen befriedigt: die Lust an der Imitation.

Schon Aristoteles führte jeglichen Genuss an Kunstwerken auf eine tief angelegte menschliche Freude an der Mimesis, der Nachahmung, zurück. Sein Zeitgenosse Zeuxis etwa wurde als bedeutendster Maler der griechischen Antike verehrt, weil er die Wirklichkeit am genausten nachzubilden vermochte – so exakt, dass der Legende nach sogar Vögel versuchten, an den von ihm gemalten Trauben zu picken. Higinbotham nun gelang, was vorher technisch unmöglich war. Er bemühte sich dabei weder sonderlich, einen Gegenstand, noch gar einen Gedanken zu imitieren: Die Grafik war schlicht, Soundeffekte gab es erst gar nicht. Aber zum ersten Mal in der Kunstgeschichte wurde eine menschliche Handlung interaktiv simuliert. *Tennis for Two* bildete die Aktionen ab, die seine virtuellen Sportler vollführen wollten.

Oft wird eingewandt, dass analoge Spiele bereits eine ähnliche interaktive Dimension ausreizten, Computerspiele also nichts grundlegend Neues seien. Auch wer Schach oder *Monopoly* spielt, führt nicht wirklich eine Schlacht oder baut ein Immobilienimperium auf. Doch im Gegensatz zu solchen Brettspielen verlagerte

Tennis for Two das Ungreifbare in eine neue Sphäre: Die imitierten Handlungen vollzogen sich in einer virtuellen Welt, Higinbotham verwandelte das fremde «Es» des Computers in das «Du» des Mit- und Gegenspielers. Sein Videospiel demonstrierte, dass die unförmigen Computer, die als Nebenprodukt des Zweiten Weltkriegs entstanden waren, nicht nur Werkzeuge der abstrakten Vernunft sein konnten, sondern sich als Leinwand des menschlichen Handlungs- und Spieltriebs eigneten, ganz im Sinne von Zeuxis.

Es würde noch Jahre dauern, bis das Digitale in nahezu alle Domänen des Lebens vordringen sollte. Trotzdem eröffnete schon *Tennis for Two* den Menschen eine gänzlich neue virtuelle Welt, die Abenteuer und Eroberung versprach, nachdem zuvor «Little Boy» eine Zäsur durch die Geschichte gezogen hatte, von der an es in der wirklichen Welt militärisch kaum mehr etwas zu gewinnen, aber alles zu verlieren gab.

Higinbotham hat aus dem von ihm erschlossenen neuen Reich der Freiheit keinen Gewinn geschlagen. Nie hat er ein Patent auf seine Erfindung angemeldet. Das mag zum einen der Tatsache geschuldet sein, dass *Tennis for Two* formal Eigentum des amerikanischen Staates war, weil es in einer seiner Institutionen entwickelt worden war. Doch seinen Notizen nach zu urteilen, war Higinbotham ohnehin nicht der Meinung, mit dem Programm etwas Bedeutendes geleistet zu haben. Sein Resümee lautete, er habe lediglich die bestehende Technologie neu arrangiert. Dass er seiner Zeit dennoch voraus war, wird allein dadurch ersichtlich, wie sehr sie ihm hinterherhinkte. 14 Jahre sollten vergehen, bis auf den Pionierschritt ein kommerzieller folgte: 1972 eroberte mit *Pong* zum ersten Mal ein massenproduziertes Videospiel die Welt. Sein Prinzip erscheint bekannt: ein virtuelles Tennismatch, das nicht über ein horizontal, sondern ein vertikal verlaufendes Feld gespielt wird.

Fünfzig Jahre nach *Pong* sind Videospiele zum wichtigsten Unterhaltungsmedium der Gegenwart aufgestiegen und generieren mehr Umsatz als alle anderen Kulturbranchen zusammen. Trotz dieses Triumphzugs hat sich bei vielen Fans der Reflex eingeschlichen, Computerspiele gegen das Stigma zu verteidigen, ein bloßer Zeitvertreib zu sein. Der Blick zurück auf Higinbotham zeigt, dass Videospiele wie jede Kunstform als genau das gedacht waren: als Zeitvertreib. Zusammen mit der Zeit vertrieb *Tennis for Two* auch ein wenig die Angst vor dem technischen Fortschritt.

Heute ängstigt uns wieder eine Technologie, für die Higinbotham mitverantwortlich ist. 13 400 Atomwaffen lauern in weltweit verstreuten Arsenalen, die meisten davon in Russland und den USA – genug, um diesen Planeten mehrmals zu vernichten. Ungezählt sind dagegen die Videospiele, die im Laufe der Jahrzehnte produziert wurden. Sicher ist, dass sie inzwischen von mehr als drei Milliarden Menschen gespielt werden. Wenn jeder dieser Spieler auch nur für den Bruchteil einer Sekunde einen angstbefreiten Moment erlebt, sind es immer noch Abermillionen Sternstunden, die Higinbotham der Nachwelt bereitet hat. Er selbst, der nur den unheilvollen Prolog kannte, hätte diesen Epilog für sein Leben wohl am allerwenigsten erwartet.

«Freiheit und Leben kann man uns nehmen, die Ehre nicht»

Frühjahr 1933: Adolf Hitler greift nach der unbegrenzten Macht. Doch nur eine Partei stemmt sich gegen das Ermächtigungsgesetz

Von Hauke Friederichs, Malte Henk und Wolfgang Uchatius

Einen Tag vor dem Tod der deutschen Demokratie halten Lastwagen mit Menschen darin auf einem alten Fabrikgelände nordwestlich von München. Im Ersten Weltkrieg haben mehrere Tausend Arbeiter dort, in der «Königlich Bayerischen Pulver- und Munitionsfabrik Dachau», Schießpulver und Patronen für deutsche Gewehre und Geschütze hergestellt. Danach stand die Fabrik leer, die Gebäude verfielen.

Bis im Frühjahr 1933 die bayerische Polizei einen Zaun aus Stacheldraht um den alten Verwaltungsbau zieht. Bis die Lastwagen mit den Menschen kommen.

Sie bringen die ersten Gefangenen. 200 Männer. Frauen werden erst viel später dazukommen, als hinter dem Zaun schon lange Reihen von Baracken stehen, in denen sich Tausende Häftlinge neben- und übereinander in die hölzernen Bettgestelle zwängen. Als Tausende weitere schon gestorben sind an diesem Ort, den die Nationalsozialisten Konzentrationslager nennen, abgekürzt KL, später KZ.

Für die 200 Männer, die an diesem Tag im März 1933 aus den Lastwagen steigen, bedeutet der Begriff Konzentrationslager noch gar nichts. Er ist nur eine Worthülle, die sich aber schnell füllt, mit unerdenklichem Gräuel. Denn für all das, was in den folgenden zwölf Jahren in den 24 Konzentrationslagern der Nationalsozialisten Wirklichkeit werden wird, die Galgen, Gaskammern und Krematorien, die Erschießungen, Menschenversuche und neu entwickelten Foltermethoden, bildet das KZ Dachau die Keimzelle.

Von den Lastwagen gehen die Männer zum Verwaltungsgebäude, ein paar Meter sind es nur, und steigen dort in den Keller hinab, wo Polizisten lange Listen anlegen. Name, Vorname, Geburtsdatum, Häftlingsnummer. Kalt ist es an diesem Tag, und auch die Nacht verbringen die Männer in diesem Gebäude, in dem es nichts gibt, worauf sie liegen könnten. Keine Betten, keine Matratzen, nicht einmal Stroh. Nur den nackten Beton. Er habe vor Kälte nicht schlafen können, wird sich einer der ersten Häftlinge viele Jahre später an diese Stunden erinnern, also habe er sich bewegt, ununterbrochen bewegt, um sich selbst zu wärmen. «Ich bin die Nacht durchgelaufen», wird er sagen.

Es ist die Nacht auf den 23. März 1933.

Adolf Hitler ist an diesem Tag seit sieben Wochen Reichskanzler. Und Deutschland bereits ein anderes Land. Die von den Nationalsozialisten geführte Regierung hat wichtige Grundrechte wie die Rede-, Presse- und Versammlungsfreiheit außer Kraft gesetzt. Zehntausende politische Gegner befinden sich schon in Haft. Aktivisten der SA prügeln Juden auf offener Straße krankenhausreif. Heinrich Himmler, Kommissarischer Polizeipräsident von München, kündigt die Errichtung des Dachauer Lagers offen in einer Pressekonferenz an.

All das sind harte Schläge gegen die deutsche Demokratie. Aber noch hält sie sich am Leben. Noch ist die Diktatur nicht errichtet. Etwas fehlt.

Es ist ein Schriftstück, das «Gesetz zur Behebung der Not von Volk und Reich». Schon damals ist ein anderer Name weiter verbreitet: Ermächtigungsgesetz. Hitler braucht dieses Gesetz, um das Land in Sicherheit zu wiegen. Viele Deutsche haben Angst vor

Der SPD-Vorsitzende Otto Wels im Februar 1933
(von seiner Rede am 23. März 1933 gibt es kein Foto)

Chaos, Straßenkämpfen, Staatszerfall. Davon haben sie genug erlebt in den Krisenjahren der Weimarer Republik. Wenn Hitler die
Demokratie erfolgreich beseitigen will, muss dies mit rechten
Dingen zugehen, nichts daran darf aussehen, als wäre es illegal,
sonst werden die gesetzestreuen Beamten in ihren Ministerien
und Richterstuben sich wohl bald von ihm abwenden. Und womöglich nicht nur die.

Das Ermächtigungsgesetz ist kurz, nur fünf Artikel, die aus
elf Sätzen bestehen, auch für Laien leicht verständlich: Ab sofort
erhält die Regierung vom Parlament das Recht, selbst Gesetze zu
erlassen – sogar dann, wenn sie der Verfassung widersprechen. Alle
Macht soll sich beim Reichskanzler sammeln. Das Parlament soll
sein eigenes Ende beschließen. Der Tod der Demokratie, er soll ein
Selbstmord sein.

500 Kilometer Luftlinie vom KZ Dachau entfernt, in der

Hauptstadt Berlin, wird der Reichstag an diesem 23. März 1933 über das Gesetz abstimmen.

Es wäre dies nur eine Formsache, wenn die Nazis den Reichstag beherrschen würden. Doch die NSDAP hat bei den letzten Wahlen lediglich 44 Prozent der Stimmen erhalten, gemeinsam mit der Kampffront Schwarz-Weiß-Rot, der ehemaligen Deutschnationalen Volkspartei, kommt sie auf knapp über fünfzig Prozent der Sitze. Zu wenig, für das Ermächtigungsgesetz ist eine Zweidrittelmehrheit nötig. Adolf Hitler braucht Stimmen aus der Opposition. Die Stimmen derer, die er hasst. Die Stimmen derer, die er vernichten will.

Dieses Kapitel erzählt die Geschichte des 23. März 1933, eines Tages, der wie wenige andere in der jüngeren deutschen Geschichte düster und hell zugleich erscheint. Eines Tages, an dem manche Demokraten die Demokratie preisgeben – und andere Demokraten sie unter Lebensgefahr zu verteidigen versuchen.

Vier Menschen spielen eine besondere Rolle an diesem Tag, jeder von ihnen lenkt das Geschehen zu einem bestimmten Zeitpunkt in eine neue Richtung. Die vier sitzen für jene beiden großen Parteien im Reichstag, die mehr als alle anderen die Republik von Weimar aufgebaut und getragen haben. Die eine Partei ist die SPD, die andere ist das Zentrum, die Partei der deutschen Katholiken.

Da ist die Sozialdemokratin Louise Schroeder, 45 Jahre alt, die gerne davon erzählt, wie sie 1918, mit 31 Jahren, bei einer Parteiversammlung ihren ersten öffentlichen Auftritt hatte und ihr Vater fürchtete, das könne nichts werden. Zwei Jahre später wurde sie in den Reichstag gewählt, wo sie bald als gute Rednerin auffiel.

Da ist der SPD-Chef Otto Wels, ein großer, einst vor Kraft strotzender Mann, den ein Journalist als «Herakles der Sozialdemokratischen Partei» bezeichnet hat. Jetzt aber, mit 59 Jahren, ist er schwer am Herzen erkrankt und müsste eigentlich im Sanatorium sein. Er hat es gegen den Rat seiner Ärzte verlassen, als Hitler an die Macht kam.

Da ist Heinrich Brüning, 47 Jahre alt und bis vor zehn Monaten selbst noch Reichskanzler. Mit seiner Sparpolitik mitten in der Weltwirtschaftskrise hat er Millionen Deutsche in Hitlers Arme getrieben. «Hungerkanzler» haben sie ihn genannt. Nun ist er einfacher Abgeordneter der Zentrumspartei.

Und da ist Ludwig Kaas, der Parteichef des Zentrums, ein katholischer Geistlicher, 51 Jahre alt. Kaas sieht sich schon länger als Gegenspieler von Heinrich Brüning. An diesem Tag wird der Konflikt der beiden Männer Folgen haben für das Schicksal der deutschen Demokratie.

***

Am späten Morgen des 23. März also betreten die Abgeordneten von SPD und Zentrum den Reichstag, am Nachmittag soll die Abstimmung über das Gesetz beginnen, zuvor steht bei beiden Parteien eine Fraktionssitzung an. Vor knapp vier Wochen hat das Gebäude gebrannt, Rauch und Flammen schossen aus der Kuppel in den Berliner Nachthimmel, grell glühten die Fenster. Nun liegt der Plenarsaal in Trümmern. Gestern hat ein Abgeordneter notiert, der Brandgeruch hänge noch immer im Inneren des Reichstages. Die Fraktionszimmer aber sind verschont geblieben.

Der Saal des Zentrums liegt im Erdgeschoss, im Südostturm, nicht weit entfernt von der Poststelle und dem Turnsaal samt Baderäumen. Die Abgeordneten der SPD nehmen die Treppen ins erste Obergeschoss. Durch die Fenster ihres Saals können sie nach draußen blicken, auf den Platz der Republik. Ein Mitarbeiter hat die Lüftungsschächte mit Wolldecken verstopft, damit Louise Schroeder, Otto Wels und die anderen nicht von den Nationalsozialisten mit versteckten Mikrofonen abgehört werden.

Als Louise Schroeder ihren Platz einnimmt, dürfte sie ahnen, dass an diesem Tag neben vielem anderen auch eine Erfolgsgeschichte zu Ende gehen könnte, in der sie selbst eine Hauptrolle spielte.

Louise Schroeder: aus dem heutigen Hamburger Stadtteil Altona stammend, Tochter eines Bauarbeiters, jüngstes von acht Kindern, von denen vier früh starben. Mit 15 hat sie die Schule verlassen, um als Bürokraft bei einer Versicherung anzufangen. Sie verfügt weder über die Herkunft noch über die formale Bildung, die lange Zeit zwingend nötig waren, um in Deutschland politischen Einfluss zu erlangen. Vor allem aber: Sie ist eine Frau. Und als Frau durfte sie im Deutschen Kaiserreich nicht einmal wählen, geschweige denn gewählt werden.

Dies änderte sich erst durch die deutsche Revolution von 1918/19. Schroeder, schon damals Mitglied der SPD, hatte sich in Altona seit Langem für arbeitende Frauen und für ledige Mütter eingesetzt, 1919 kandidierte sie für die Nationalversammlung, das verfassunggebende Organ der entstehenden Weimarer Republik, später für den Reichstag – und wurde gewählt. Als engagierte Sozialpolitikerin machte sie sich schnell einen Namen. Später jedoch musste sie beobachten, wie in Deutschland eine Partei immer weiter wuchs, die sich selbst als Männerpartei begriff. Höhere Positionen waren für Frauen in der NSDAP nicht vorgesehen.

Der spätere Reichspropagandaminister Joseph Goebbels schrieb im Frühling 1932 in sein Tagebuch: «Der Mann ist Organisator des Lebens, die Frau seine Hilfe und sein Ausführungsorgan.» Es war ein Denken, das viele Frauen nicht davon abhielt, für die NSDAP zu stimmen, im Gegenteil. Weshalb Louise Schroeder zur gleichen Zeit in einem Zeitungsartikel schrieb: «Ob auch alle Frauen wissen, daß das weibliche Geschlecht wieder um jedes Recht im Staate gebracht werden soll?»

Alles, wofür Louise Schroeder gekämpft hat, alles, was sie mit aufgebaut hat in ihren Jahren im Reichstag – jetzt scheint es zusammenzubrechen, zu verschwinden. Sogar ihre eigene Fraktion.

120 Sitze hat die SPD im Reichstag, sie ist nach der NSDAP noch immer die stärkste Partei des Landes. 120 Abgeordnete, 107 Männer und 13 Frauen, die hier in den vergangenen Jahren Reden gehalten und Gesetze erarbeitet haben, 120 Abgeordnete, von denen an diesem Tag nur noch 94 übrig sind. Die fehlenden werden später im Abstimmungsprotokoll als «krank» oder «unentschuldigt» geführt werden, Wörter, die der Wahrheit nicht ferner sein könnten.

Einer der Fehlenden zum Beispiel, ehemaliger Reichsinnenminister, liegt an diesem 23. März zwar in einer Klinik, aber er ist nicht krank, sondern schwer verletzt, SA- und SS-Männer haben ihn zusammengeschlagen und ihm ein Messer in den Leib gerammt. Andere sind in Haft. Wieder andere, meist jüdischer Herkunft und deshalb den Nazis besonders verhasst, sind auf der Flucht, nach Dänemark, in die Tschechoslowakei oder die Schweiz.

Keiner der Abgeordneten im Fraktionssaal der SPD weiß, wen es als Nächsten trifft.

Was sie wissen, ist: Sie allein können das Ermächtigungsgesetz nicht verhindern. Sie sind zu wenige. Die Kommunisten hätten das Gesetz sicherlich ebenfalls abgelehnt, aber die sind nicht mehr da. 81 Sitze im Reichstag hatte die Kommunistische Partei Deutschlands bei den Wahlen errungen, doch die Regierung hat ihr die Mandate entzogen, mit der Begründung, die Kommunisten seien die Urheber des Reichstagsbrandes. Ihre Namen tauchen im Mitgliederverzeichnis des Parlaments nicht mehr auf. Dafür stehen viele davon jetzt auf den Häftlingslisten von Gefängnissen und Konzentrationslagern.

Hat es also überhaupt noch Sinn, an dieser Abstimmung teilzunehmen und sich den Nationalsozialisten in den Weg zu stellen?

Bringen sich die Männer und Frauen von der SPD nicht in größte Gefahr, wenn sie gegen das von Hitler mit aller Macht vorangetriebene Gesetz stimmen?

Es gibt von dieser Sitzung der Fraktion kein Protokoll, aber spätere Berichte von Anwesenden. Demnach ist es der Magdeburger Abgeordnete Karl Höltermann, der diese besorgten Fragen stellt. Ein Gerücht hat sich in der Fraktion verbreitet: Die Nationalsozialisten wollen die SPD-Abgeordneten in den Plenarsaal locken, um sie dann geschlossen festzunehmen oder gleich niederzuschießen.

Während die Abgeordneten darüber diskutieren, haben sich draußen vor dem Gebäude Tausende Menschen versammelt. Viele tragen die Uniformen von SA und SS. Rufe dringen in den Sitzungssaal.

«Nieder mit den roten Schuften und Landesverrätern!»

«Wir wollen das Ermächtigungsgesetz!»

Höltermann sagt jetzt: «Das ist eine Mausefalle, da kommen wir nicht mehr lebend heraus.» Er schlägt vor, lediglich eine schriftliche Erklärung abzugeben und schleunigst abzureisen.

In diesem Moment der Unsicherheit ist es Louise Schroeder, die im Sitzungssaal der SPD aufspringt und ruft: «Ich gehe hinüber, und wenn sie mich in Stücke reißen. Man muss vor aller Welt den Nationalsozialisten widersprechen und mit Nein stimmen.»

Einer der Abgeordneten wird sich später erinnern: «Das war ein ungeheurer moralischer Auftrieb für uns. In diesem Moment schwand bei uns wirklich jede Ängstlichkeit.»

Die Fraktion stimmt ab. Eine überwältigende Mehrheit entscheidet: Wir nehmen an der Abstimmung teil.

Louise Schroeder und ihre Kollegen können in diesem Moment noch darauf hoffen, dass andere Fraktionen den gleichen Mut aufbringen wie sie. Noch kann das Ermächtigungsgesetz scheitern. Aber dafür muss auch die nach der SPD zweitgrößte verbliebene Oppositionspartei mit Nein stimmen.

***

Die Sitzung der Zentrumsfraktion ist auf 11.15 Uhr angesetzt. Professoren und Lehrer strömen ins Fraktionszimmer, Richter und Gewerkschaftler, dazu ein paar Geistliche, ein paar Hausfrauen. Die meisten von ihnen sind erfahrene Parlamentarier, seit vielen Jahren im Reichstag.

Ludwig Kaas, der Parteichef, weiß, wie wichtig für Hitler die Stimmen der 66 Männer und fünf Frauen sind, die jetzt vor ihm sitzen. Während für die SPD die Ablehnung des Gesetzes von Anfang an feststand, hat sich Kaas auf Verhandlungen mit der Regierung eingelassen, sie laufen seit drei Tagen. Mehrere Male war Kaas bei Hitler. Ständig tagt der Fraktionsvorstand.

Kaas sagt dort an jenem 20. März, gleich nach dem ersten Treffen mit Hitler, so wird es später im Protokoll stehen: «Unsere Entscheidung ist schwerer als selbst die über den Versailler Vertrag.»

Ein Abgeordneter schreibt am 21. März in einem Brief an seine Frau: «Was wir auch tun, ist verhängnisvoll. In mir schafft es fürchterlich.»

Derselbe Abgeordnete am 22. März: «Hier ringen wir, jeder für sich, mit der Stellungnahme zu dem unerhörten Ermächtigungsgesetz.»

Die Sitzung beginnt. Als Erstes bringt der Parteichef die Abgeordneten auf den neuesten Stand, das Protokoll fasst seinen Vortrag zusammen. Hitler habe ihm in den Verhandlungen einiges zugesichert, findet Kaas. Die Gleichheit vor dem Gesetz zum Beispiel solle weiter für alle gelten. Für fast alle. Hitler hat zu Kaas gesagt: «Kommunisten ausgenommen.» Damit haben die meisten aus der bürgerlichen Mitte kein Problem, sie halten die Kommunisten für gottlose Staatsfeinde.

Das Zentrum ist eine Vorgängerpartei der heutigen CDU, geeint durch den Glauben ihrer Mitglieder, eine frühe Volkspartei, die Wähler in allen Schichten hat, unter katholischen Arbeitern ebenso wie unter katholischen Großbürgern. In der Weimarer Republik war das Zentrum so häufig an der Regierung beteiligt wie keine andere Partei. Seine Abgeordneten identifizieren sich mit diesem Staat ähnlich stark wie die Parlamentarier der SPD. Man könnte denken, die Zentrums-Leute müssten alles daransetzen, die erste deutsche Demokratie zu verteidigen.

Stattdessen hat Kaas in seinen Verhandlungen mit Hitler viel Wert gelegt auf das Wohlergehen seiner Partei und ihrer Mitglieder. Sehr viel Wert. Auch das Zentrum ist bedroht in diesen Wochen, die Regierung hat immer wieder parteinahe Zeitungen verboten, katholische Beamte wurden entlassen. Aber der Reichskanzler, sagt Kaas zu seinen Abgeordneten, habe ihm nun versprochen: «Die Zugehörigkeit zur Zentrumspartei solle kein Grund zum Einschreiten gegen Beamte sein.» Dann folgt etwas, das vielen in der Partei ihre größten Ängste nehmen soll. «Die bestehenden Rechte der christlichen Konfessionen werden gewahrt.»

Die Demokratie schützen – oder die eigenen Leute? Das Gesetz ablehnen – oder zustimmen? Für dieses Dilemma findet Kaas Worte, die der Protokollführer so wiedergibt: «Es gelte einerseits unsere Seele zu wahren, andererseits ergäben sich aus der Ablehnung des Ermächtigungsgesetzes unangenehme Folgen für die Fraktion und die Partei.»

Die eigene Seele oder die Interessen des politischen Katholizismus. Kaas spricht seinen Wunsch nicht direkt aus, aber seinen 71 Abgeordneten ist klar, was sie opfern sollen.

Einem scheint die Seele wichtiger zu sein. Es ist der Abgeordnete Brüning, der nun das Wort ergreift.

Heinrich Brüning: Sohn eines Weinhändlers und Essigfabrikanten aus Münster. Studium der Nationalökonomie, unter anderem in London, dann freiwillig im Weltkrieg, als Führer einer Kompanie von MG-Schützen. Nach dem Zusammenbruch von 1918 zog es ihn in die Politik. Schnell machte er Karriere. Während seiner Zeit als Kanzler, von Frühjahr 1930 bis Frühjahr 1932, war die Weimarer Republik nur noch eine Halb-Demokratie. Straßenkämpfe zwischen Nationalsozialisten und Kommunisten, Wirtschaftskrise, ein blockiertes Parlament, das immer seltener zusammentrat. Der Regierung Brüning fehlte dort eine Mehrheit, sie ließ sich von der SPD tolerieren und Gesetze durch Notverordnungen des greisen Reichspräsidenten Paul von Hindenburg beschließen.

Vielleicht liegt es daran, dass Brüning damals zwei Jahre lang Hitler und seine Leute im Nacken hatte. Vielleicht liegt es auch an seiner Persönlichkeit. Eine Reporterin beschreibt Brüning so: «Eine hochgeschwungene, feine Nase. Ein vornehm geschnittener Mund. Das nach außen gewölbte Profil der Hartnäckigkeit. Seltsam, weise, humorvoll.»

Jedenfalls warnt Brüning seit Monaten vor den Nationalsozialisten. Auftritte absolviert er nur noch unter Polizeischutz, nach einer Rede von ihm in Karlsruhe sind Schüsse gefallen, es gab Tote. Der Junggeselle Brüning, der vor Kurzem selbst noch in der Zentrale der Macht saß, in der Reichskanzlei in der Wilhelmstraße, wohnt in diesem Frühjahr in zwei Zimmern im katholischen St.-Hedwig-Krankenhaus in Berlin-Mitte. Die Oberin dort hat ihm Unterschlupf gewährt.

Nun beschwört Brüning seine Fraktionskollegen. Sie, das Zentrum, sind doch die Verfassungspartei! Die Verfassung sei jetzt in größter Gefahr. Er könne sich da kaum für ein Ja entscheiden. Brüning, so fasst es das Protokoll zusammen, sagt: «Das Ermächtigungsgesetz sei das Ungeheuerlichste, was je von einem Parlament gefordert worden wäre.»

Nach ihm meldet sich niemand mehr zu Wort. Die Fraktion bleibt stumm. Es sieht so aus, als sei es Heinrich Brüning gelungen, die Entscheidung aufzuschieben. Er hat die Demokratie am Leben gehalten, zumindest für ein paar Stunden. Letzter Satz im Protokoll dieses Vormittags: «Die Sitzung wird unterbrochen.» Die Zentrumsleute warten erst einmal ab, was Hitler öffentlich zu seinen Plänen sagt, bei der nun folgenden Reichstagssitzung, vor seinen Anhängern, vor der Presse.

Als die Abgeordneten von SPD und Zentrum ihre Sitzungssäle verlassen und durch den Reichstag laufen, begegnen sie einander. Viele von ihnen kennen sich gut, schätzen sich. Demokraten. Kollegen. Freunde. Ein SPD-Mann wird sich später erinnern, Ludwig Kaas habe ihm den Arm um die Schulter gelegt: «Herr Kollege, Sie haben Frau und drei Kinder, ich beschwöre Sie, stimmen Sie dem Ermächtigungsgesetz zu!»

Er habe geantwortet: «Sie haben weder Frau noch drei Kinder, ich beschwöre Sie, lehnen Sie das Ermächtigungsgesetz ab.»

Wegen des vom Feuer zerstörten Plenarsaals tagt das Parlament in der Kroll-Oper, einem klassizistischen Theaterbau. Es sind nur wenige Hundert Meter dorthin über den Platz der Republik, aber überall stehen die Männer von der SA und der SS. Die Polizei, werden Augenzeugen später berichten, hält den Abgeordneten eine Gasse frei, durch die sie jetzt hindurchgehen. Schreie branden ihnen entgegen: «Zentrumsschwein!», «Marxistensau!», «Wir wollen das Ermächtigungsgesetz!».

Es geht hinein in die Oper. Drinnen, in den Wandelgängen, wieder die Uniformen von SA und SS. Hinein in das Parkett, die Abgeordneten nehmen ihre Plätze ein. Vorne auf der Bühne sehen sie die Regierungsbank, sie wurde aus dem Reichstag hierhertransportiert. An der Wand dahinter hängt eine riesige Hakenkreuzflagge.

Kaas, Brüning, Wels, Schroeder und die anderen müssen sich

fühlen, als seien sie in einen Parteitag der NSDAP geraten. Im ersten Rang die Presse, ausländische Diplomaten und andere Zuhörer, die Reihen sind völlig überfüllt.

Dann erheben sich die Beobachter, die Nationalsozialisten schlagen die Hacken zusammen. Adolf Hitler und sein Gefolge kommen in den Saal marschiert. Kaum hat der Reichskanzler die Regierungsbank erreicht, treten SA- und SS-Männer mit umgeschnallten Revolvern hervor und bilden einen Halbkreis um die Abgeordneten der SPD. «Landesverräter!», werden sie während der Sitzung zischen. «Maul halten!», und: «Ihr werdet heute noch aufgehängt!»

Später werden die Nationalsozialisten den 30. Januar 1933 als Tag von Adolf Hitlers «Machtergreifung» feiern. Reichspräsident Hindenburg ernannte Hitler an diesem Tag zum Reichskanzler, aber tatsächlich war dessen Einfluss da noch beschränkt, durch die Verfassung, die Demokratie, die fehlende absolute Mehrheit der NSDAP.

Erst jetzt, am Nachmittag des 23. März, an dem das Parlament über dieses Gesetz debattiert, ist der Moment gekommen, in dem Hitler nach der wahren, der ganzen Macht greift.

Um kurz nach 14 Uhr eröffnet der Reichstagspräsident die Sitzung, ein wuchtiger Mann auf einem wuchtigen Stuhl, gleich unterhalb der Flagge: Hermann Göring. Als Erstes erinnert er an einen toten nationalsozialistischen Dichter, dessen Geburtstag auf diesen Tag fällt, und liest einige Zeilen aus dessen Werk vor.

Deutschland, erwache! Sturm, Sturm, Sturm!
Läutet die Glocken von Turm zu Turm!
Läutet die Männer, die Greise, die Buben,
Läutet die Schläfer aus ihren Stuben!
Läutet die Toten aus ihrer Gruft!
Deutschland, erwache!

Dann sagt Göring: «Das Wort hat der Herr Reichskanzler.»

Knapp eine Stunde lang redet Hitler. Er spricht von der Herstellung einer wahren Volksgemeinschaft und von guten Beziehungen zum Ausland. Er sagt: «Es ist kaum eine Revolution von so großem Ausmaß so diszipliniert und unblutig verlaufen wie die der Erhebung des deutschen Volkes in diesen Wochen.»

Beifall bei den Nationalsozialisten. Wenn sie klatschen, klatscht auch der Präsident des Reichstags. Manchmal greift Göring zum Opernglas und betrachtet die Reaktionen des Publikums.

Hitlers Rede ist eine Überraschung, angesichts der brutalen Kulisse, die die Nationalsozialisten an diesem Tag aufgebaut haben. Er schreit nicht. Er tobt nicht. Er benutzt Wörter wie Ruhe und Verständigung, formuliert Sätze, die zumindest den Zentrumsleuten nicht neu sind.

Hitler sagt: «Die Rechte der Kirchen werden nicht geschmälert, ihre Stellung zum Staate nicht geändert.» Er garantiert die Gleichheit vor dem Gesetz für alle, außer für die Kommunisten. Zum Teil wortgleich wiederholt er die Versprechen, die er dem Zentrum gemacht hat. Eine Abgeordnete schreibt später, sie und die anderen hätten den Einfluss ihres Parteichefs regelrecht gespürt. Der französische Botschafter, der oben auf dem Zuschauerrang sitzt, urteilt: «Es ist eine vorsichtige Rede, darauf berechnet, die Katholiken in Verlegenheit zu setzen und sie zu zwingen, sich anzuschließen.»

In den Beifall und die «Heil»-Rufe der Nationalsozialisten hinein unterbricht Göring die Sitzung für drei Stunden. Er bestellt die Fraktionen für 18.15 Uhr zurück. Dann soll die Abstimmung stattfinden.

***

Als die Abgeordneten die Kroll-Oper verlassen, müssen sie noch die letzten Worte des Reichskanzlers im Ohr haben. «Mögen Sie, meine Herren, nunmehr selbst die Entscheidung treffen über Krieg oder Frieden.»

Die Zentrumsleute gehen zurück zum Reichstag, «zur schwersten Stunde, die dieses Fraktionszimmer je gesehen», wie sich eine Abgeordnete später erinnert.

Jetzt gibt es nichts mehr aufzuschieben. Jetzt bricht der Streit aus.

Das Protokoll dieses zweiten Teils der Fraktionssitzung ist nur einige Sätze lang, doch anhand mehrerer Augenzeugenberichte lässt sich rekonstruieren, was nun geschieht. Brüning und einige andere bleiben bei ihrem Nein. Hatte Hitler nicht schon in den Verhandlungen gedroht, es werde einen Staatsnotstand geben, wenn das Zentrum sein Gesetz ablehnt? Hatte er nicht gesagt: «Die Maßnahmen werden durchgeführt»? Wie soll man einem Mann trauen, mit ihm verhandeln, seinen Versprechungen glauben, der einer bürgerlichen Partei wie dem Zentrum nun im Reichstag ganz offen mit Krieg droht?

Andere leiten gerade aus diesen Drohungen die Pflicht zum Ja ab. Sie glauben: Ein Wort Hitlers, und es könnte in den Straßen von Berlin «ein großes Blutvergießen» geben, und im Reichstag ebenso, hier bei ihnen und der SPD. Vom drohenden Bürgerkrieg ist jetzt im Fraktionszimmer die Rede, von Chaos und Anarchie, wenn Hitler die Alleinherrschaft nicht per Gesetz bekommt.

Die Männer und Frauen des Zentrums ahnen noch nichts von den Bücherverbrennungen und Kriegsplänen, von Rassegesetzen und zerstörten Synagogen. All das wird erst noch kommen. Aber sie haben die Krise der Weimarer Demokratie miterlebt, die Gewalt, die Auflösung der Ordnung. Später wird sich einer von ihnen an den Satz erinnern, der in diesen Frühjahrstagen in ihrem Kopf ist, ständig und überall: Es muss anders werden.

Ist es da nicht vernünftiger und staatsmännischer, jetzt zuzustimmen? Ist es nicht möglich, dass der Terror der Nationalsozialisten in Dachau und anderswo nur eine «vorübergehend vielleicht etwas stürmische Dynamik» entwickelt, wie der Parteichef Kaas Anfang April in einem Zeitungsartikel schreiben wird? Wenn man ihnen gibt, was sie wollen, lassen sie sich vielleicht doch noch in die richtige Richtung lenken.

Einer der Jüngeren, er spricht sich für ein Nein aus, wird angebrüllt: «Du hast zu wenig Erfahrung. Hitler kann ja gar nicht ohne uns regieren. Morgen oder übermorgen muss er uns an der Regierung beteiligen.»

Einer von den Älteren, auch er für ein Nein, redet von der Revolution 1918/19. Damals habe man sich doch auch den bewaffneten Feinden der Republik entgegengestellt, den Kommunisten, ohne Angst, ohne Schutz. Nur die Weimarer Verfassung sorge für Ruhe und Ordnung, sagt er. Er weint. Springt auf, läuft hinaus. Sie holen ihn vor dem Reichstag ein. Er lässt sich in den Fraktionssaal zurücklotsen, immer noch weinend.

Der Parteichef redet. Er wirbt weiter für ein Ja, sagt zur Fraktion: «Das Vaterland ist in höchster Gefahr, wir dürfen nicht versagen.»

Ludwig Kaas: ein Mann mit Denkerblick, mit hoher Stirn und schmaler Brille. Doktor der Theologie und des Kanonischen Rechts aus Trier. Manchen im Zentrum kommt er weniger wie der Anführer einer Partei vor als wie ein schlauer Mann des Vatikans, geschult im spitzfindigen Argumentieren. Er war auf dem Weg zu einer Karriere als Theologe, doch dann trieb das Chaos nach dem Weltkrieg ihn – wie Brüning, wie Hitler, wie so viele andere – in die Politik. Schon seit Längerem setzt Kaas auf eine Sammlung aller nationalen Kräfte, inklusive Hitler, dessen «Menschlichkeit» er einmal gelobt hat. Aus Brünings Sicht muss Kaas wie ein Verräter an der Demokratie erscheinen. Aus seiner eigenen Sicht muss Kaas ein Mann sein, der von der Demokratie zu retten versucht, was zu retten ist.

Kaas schlägt eine Probeabstimmung vor. Es gibt etwa ein Dutzend Neinstimmen und etwa 60 Jastimmen. Daraufhin drängt Kaas auf eine einheitliche Haltung der Fraktion, sonst sei die Verantwortung des Einzelnen zu hoch. Er meint: Sonst bringen sich die Neinsager in zu große Gefahr.

Die Fraktion folgt ihm. Über seinen Gegenspieler heißt es in einem späteren Augenzeugenbericht: «Brüning sprach nicht viel in dieser Stunde.» Nur, ganz am Ende, einen Satz. «Ich werde in der Kroll-Oper sein.» Ludwig Kaas dankt ihm gerührt. Er hat gewonnen. Die Entscheidung ist gefallen.

***

Es ist 18.17 Uhr, als Hermann Göring sagt: «Die Sitzung ist wieder eröffnet.» Und gleich danach: «Das Wort hat der Abgeordnete Wels.»

Otto Wels: schon mit 14 Jahren in die SPD eingetreten. Er ist Sohn eines Berliner Gastwirts und gelernter Tapezierer, wird Gewerkschafter, Parteisekretär, dann Mitglied des Parteivorstands. Ein Freund schreibt ihm einmal: «Ich muss mir immer erst Mut machen. Du hast ihn!» In den Revolutionsunruhen vom November 1918 hält Wels eine Rede vor kaisertreuen Soldaten und bringt sie dazu, zu den Aufständischen überzulaufen. Seit 1919 ist er Vorsitzender der SPD.

Dieser Mann also erhebt sich nun in der Kroll-Oper von seinem Platz und geht nach vorne. Noch in der Sitzungspause haben jüngere, gesündere Abgeordnete ihn, den Herzkranken, bedrängt, sich dies nicht anzutun. Einer der Ihren könne die Rede halten. Doch Wels hat ihnen das Wort abgeschnitten: «Genossen, ich und kein anderer wird diese Erklärung abgeben.»

Es waren viele Deutsche, die Hitler am Ende der Weimarer Republik unterschätzten. Sie nahmen ihn nicht ernst, hielten ihn für ungefährlich, glaubten, ihn kontrollieren zu können. Manche Unternehmer dachten so, manche Generale, manche Gewerkschafter, auch manche Sozialdemokraten.

Otto Wels nicht. Gleich nach Hitlers Ernennung zum Reichskanzler versuchte er, in Deutschland einen Generalstreik zu organisieren. Fabrik- und Bauarbeiter, Eisenbahner und Binnenschiffer, Bürokräfte und Bergleute, sie alle sollten die Arbeit niederlegen, das Wirtschaftsleben zum Erliegen bringen und dadurch die Regierung stürzen. Es kam nicht dazu. Zu uneins war die Arbeiterbewegung, zu zögerlich waren die Gewerkschaftsführer. Die Arbeiter blieben bei der Arbeit, und Hitler blieb an der Macht.

In der Kroll-Oper hat Wels nun die Rednertribüne erreicht. Stufe um Stufe, Schritt für Schritt steigt er nach oben. «Den Kopf leicht gesenkt, aber die stämmige Gestalt gestrafft, die Schultern hochgezogen, als ob er in ein Gewehrfeuer hineinschritte.» So wird es ein britischer Journalist, einer von den Beobachtern oben im ersten Rang, beschreiben.

Dann steht Wels am Rednerpult. Es beginnt die letzte freie Rede im Deutschen Reichstag. Sie wird keine 15 Minuten dauern.

Den Text hat Wels mit drei weiteren Abgeordneten ausgearbeitet, mit der Fraktion durchgesprochen. Nicht zu scharf, nicht zu polemisch soll die Rede sein, sie soll die Nationalsozialisten nicht zur Gewalt anstacheln, aber doch das Nein der SPD in Worte fassen. Das Nein zu diesem Gesetz, zu dieser Regierung, diesem Reichskanzler. Das Nein zur Diktatur.

Wels prophezeit der Regierung, dass sie mit ihrer Politik der Gewalt scheitern wird. Er sagt: «Kein Ermächtigungsgesetz gibt Ihnen die Macht, Ideen, die ewig und unzerstörbar sind, zu vernichten.»

Er sagt: «Noch niemals, seit es einen Deutschen Reichstag gibt, ist die Kontrolle der öffentlichen Angelegenheiten durch die gewählten Vertreter des Volkes in solchem Maße ausgeschaltet worden, wie es jetzt geschieht.»

Und er spricht die Worte, die mehr als alle anderen für diese Rede stehen. «Freiheit und Leben kann man uns nehmen, die Ehre nicht.»

Dann die letzten Sätze, gerichtet an all jene, die schon in Haft sitzen: «Wir grüßen die Verfolgten und Bedrängten. Wir grüßen unsere Freunde im Reich. Ihre Standhaftigkeit und Treue verdienen Bewunderung. Ihr Bekennermut, ihre ungebrochene Zuversicht verbürgen eine hellere Zukunft.»

Am nächsten Tag wird die *Frankfurter Zeitung* schreiben: «Die Sozialdemokraten zollten Beifall, der Rest des Hauses schwieg.»

Die Abstimmung: Jeder Abgeordnete hat zwei mit seinem Namen versehene Karten erhalten, auf der einen steht Ja, auf der anderen Nein. Damit laufen die Männer und Frauen nun durch die Reihen der SS und SA nach vorn zu einer Urne bei den Schriftführern. Im Protokoll des Reichstags wird später veröffentlicht, wer wie gestimmt hat, aufgeschlüsselt nach Parteizugehörigkeit. Alle können sehen, wer sich zu Hitler bekennt.

Ludwig Kaas: Ja.

Heinrich Brüning: Ja.

Eugen Bolz, Zentrumspolitiker, Anhänger der katholischen Soziallehre, später im Widerstand, nach dem Attentat auf Hitler in der Haftanstalt Berlin-Plötzensee enthauptet: Ja.

Jakob Kaiser, Zentrumspolitiker und christlicher Gewerkschafter, zwölf Jahre später einer der Mitbegründer der CDU: Ja.

Clara Siebert, Zentrumspolitikerin, bekannt für ihr soziales und bildungspolitisches Engagement, umjubelte Rednerin auf drei Katholikentagen und später aktiv in der Karlsruher CDU: Ja.

Helene Weber, Zentrumspolitikerin, Lehrerin, eine der ersten deutschen Frauen mit Staatsexamen, später berühmt als «Mutter des Grundgesetzes», auf die der Artikel 1 «Die Würde des Menschen ist unantastbar» mit zurückgeht: Ja.

Theodor Heuss, Angehöriger der kleinen Fraktion der liberalen Deutschen Staatspartei, später erster Bundespräsident der Bundesrepublik Deutschland: Ja.

Hans Ritter von Lex, Abgeordneter der Bayerischen Volkspartei, später Mitglied der CSU und Präsident des Deutschen Roten Kreuzes: Ja.

Louise Schroeder: Nein.

Otto Wels: Nein.

Kurt Schumacher, Sozialdemokrat, Kriegsversehrter, Jurist und Redakteur, später KZ-Häftling in Dachau, Flossenbürg und Neuengamme, in der Bundesrepublik SPD-Vorsitzender und Kanzlerkandidat: Nein.

Wilhelm Hoegner, Sozialdemokrat, Jurist, 1934 in die Schweiz geflohen, nach dem Krieg bayerischer Ministerpräsident: Nein.

Clara Bohm-Schuch, Sozialdemokratin, kaufmännische Korrespondentin, Schriftleiterin der SPD-Frauenzeitung *Die Gleichheit*, Anfang 1933 mehrere Wochen inhaftiert, drei Jahre später an den Folgen der Haft verstorben: Nein.

Nach der Auszählung sagt Göring in das Gewusel in der Kroll-Oper hinein: «Ich bitte die Abgeordneten, ihre Plätze einzunehmen.» Dann verkündet er das Ergebnis. Es sind 444 Jastimmen, 72 davon kommen vom Zentrum – die Fraktion ist Ludwig Kaas geschlossen gefolgt. Auch die kleinen anderen Parteien, die nicht an der Regierung beteiligt sind, haben Hitler unterstützt. Mit Nein haben nur die 94 Abgeordneten der SPD gestimmt.

Auszug aus dem Sitzungsprotokoll:

Göring: «Somit ist das Ermächtigungsgesetz mit der verfassungsmäßigen Mehrheit (...) angenommen. (Stürmischer Beifall und Heil-Rufe bei den Nationalsozialisten.) Meine Damen und Herren! Der Deutsche Reichstag hat (...) eine Leistung vollbracht,

zu der er früher in Jahren nicht imstande gewesen wäre. Ich entlasse damit den Reichstag bis zu seiner nächsten Sitzung mit
den besten Wünschen. (Stürmische Heil-Rufe. Die Mitglieder der
nationalsozialistischen Fraktion singen mit erhobenem Arm die
erste Strophe des Horst-Wessel-Liedes. Schluß der Sitzung 7 Uhr
52 Minuten.)»

Später an diesem Abend, an dem das deutsche Parlament mit
einer Vier-Fünftel-Mehrheit Selbstmord beging, an dem beim
Hinausgehen aus dem Theatersaal einzelne Abgeordnete der Opposition Schläge auf den Kopf bekamen, an dem manche nach
draußen drängten, solange die ausländischen Diplomaten noch da
waren, und rasch in die bereitstehenden Wagen stiegen, während
andere noch länger als eine Stunde im Restaurant der Kroll-Oper
ausharrten, weil sie sich nicht zu gehen trauten, an diesem Abend,
an dem Zentrumsleute weinend zu Kollegen von der SPD kamen
und ihr Ja zu rechtfertigen suchten, sitzt Hitler mit Goebbels in
der Reichskanzlei. Die beiden hören sich noch einmal die Rede
von Otto Wels an. In sein Tagebuch schreibt Goebbels, jetzt seien
die Nationalsozialisten «die Herren des Reiches».

Am 24. März fertigt Hindenburg das Gesetz aus, es wird im
Reichsgesetzblatt auf Seite 141 verkündet. Hitler sagt zu seinen
Ministern, er sei unendlich glücklich.

Staatsrechtler werden das Ermächtigungsgesetz später als Bruch
mit Weimar beschreiben, als juristische Grundlage für alles, was
die Regierung Hitler tut. Allein 1933 erlässt sie 218 Gesetze, ohne
dass der Reichstag mitreden kann. In der gesamten NS-Zeit wird
das Parlament nur noch fünf eigene Gesetze beschließen. Behörden, Beamte, Richter, das komplette Rechtssystem, sie alle sind
jetzt auf Hitlers Kurs.

Ludwig Kaas verlässt Deutschland zwei Wochen später, am
7. April 1933, in Richtung Rom. Auch den Zweiten Weltkrieg verbringt er im Vatikan, er lebt dort komfortabel in einem Palazzo,

ihm gehören Kunstwerke, edle Möbel und ein Mercedes. Er stirbt 1952. Sein Erbe fällt an den Papst. Ein Bekannter von Kaas berichtet später, dieser sei an seiner Rolle im März 1933 zerbrochen. Er wäre nicht der Einzige. Eine der fünf Frauen aus seiner Fraktion sagt rückblickend: «Ich habe seelisch so unter dem Gedanken gelitten, dass ich die einzige Mutter war, die ihr Votum für das Ermächtigungsgesetz abgab.»

Heinrich Brüning wird nach Kaas' Umzug in den Vatikan neuer Vorsitzender des Zentrums. Anfang Juli 1933 löst er die Partei auf, um einem Verbot durch die Regierung zuvorzukommen. Noch einmal gibt es Verhandlungen, am Ende steht fest: Einige Abgeordnete des Zentrums dürfen im Reichstag bleiben. Als Hospitanten bei der NSDAP-Fraktion.

Brüning flieht 1934 in die Niederlande, dann weiter in die USA, wo er auch nach dem Krieg an der Harvard University lehrt. Er erzählt herum, Hitler habe ihn am 23. März erpresst: das Ja zum Gesetz gegen das Leben Dutzender SPD-Führer. Eine andere seiner Geschichten handelt davon, dass er mit Verbündeten einen Änderungsantrag ausgeheckt habe, den diese kurz vor der Abstimmung in der Kroll-Oper aus dem Hut zaubern sollten, wozu es dann aber nicht gekommen sei. Es sind die beschönigenden Storys eines Mannes, der sich dafür schämt, welche Stimmkarte er am Abend des 23. März 1933 in die Urne fallen ließ. Brüning stirbt 1970 in den USA.

Louise Schroeder ist nach dem Verbot der SPD im Sommer 1933 zunächst arbeitslos. Während der NS-Diktatur hält sie sich erst mit einem Brotladen, danach als Sekretärin in einer Baufirma über Wasser. Nach dem Krieg ist sie kurzzeitig Oberbürgermeisterin von Berlin, später zieht sie für die SPD in den Bundestag ein, dem sie bis zu ihrem Tod 1957 angehört.

Otto Wels flieht im Mai 1933 aus Deutschland, zunächst in das von den Franzosen kontrollierte Saargebiet, dann nach Prag, wo er die Leitung der Exil-SPD übernimmt. Im Sommer 1933 entziehen ihm die Nationalsozialisten die deutsche Staatsbürgerschaft. Im Herbst 1938 geht Wels nach Paris, dort stirbt er ein Jahr später an seiner Krankheit.

Jahre nach dem Krieg wird ein Überlebender des Konzentrationslagers Dachau erzählen, er habe beobachtet, wie neue Häftlinge ins Lager gebracht wurden. Der Mann wird sagen: «Ich habe gesehen, dass im Juli 1933 die neugekommenen SPD-Reichstags- und Landtagsabgeordneten beim Essenfassen sich wie die Hunde bewegen und bellen mussten und dabei rufen mussten: ‹Wir waren die Volksvertreter!›, wobei sie geschlagen und misshandelt wurden.»

«Alles restlos und ausnahmslos verbrennen»

Wenn Max Brod das Testament seines Freundes Franz Kafka
erfüllt hätte, wäre die Literaturgeschichte anders verlaufen

Von Iris Radisch

Am 10. April 1924 erhielt Franz Kafka sein Todesurteil. Niemand hatte ihn verleumdet, so was passiert in seinen Romanen. Er wurde auch nicht verhaftet, nur im offenen Wagen, ein anderer war gerade nicht zu beschaffen, in eine Wiener Klinik gefahren. Der Freund Max Brod schrieb am selben Tag in sein Tagebuch: «Wiener Klinik. Kehlkopftuberkulose festgestellt. Fürchterlichster Unglückstag.»

Die Prager Literaturszene wurde alarmiert. Rosen wurden geschickt, Widmungsexemplare auf den Weg gebracht, Telegramme versandt. Doch es gab keine Aussicht auf Heilung mehr. Kafka wog noch 45 Kilogramm.

Kafkas letzte Reise führte am 19. April ins 15 Kilometer entfernt gelegene Kierling bei Klosterneuburg. Die Schmerzen beim Schlucken und Sprechen waren jetzt so groß, dass Kafka sich mithilfe von Zetteln verständigen musste. Am 20. April schrieb er an seinen Freund Max Brod: «Hat man sich einmal mit der Tatsache der Kehlkopftuberkulose abgefunden, ist mein Zustand erträglich.»

Am 11. Mai besucht Max Brod seinen Freund zum letzten Mal. Die Freunde sprechen über dies und das, die erneuten Heiratspläne des Todkranken, über ein nächstes Wiedersehen. Kein Wort über das Sterben, kein Wort über ein Vermächtnis, kein Wort über die drei unvollendeten Romane in Kafkas Prager Schubladen,

keines über die Tausenden von Briefen, über die Tagebücher, die
Notizen, die Erzählungen. Auf dem Sterbebett korrigiert Kafka
bis zuletzt die Fahnen seines Erzählungsbandes *Ein Hunger-
künstler* – die Geschichte eines Mannes, der nicht mehr essen will,
weil er nicht die Speise finden konnte, die ihm schmeckt. Er weint
beim Lesen. Am Montag, dem 2. Juni, schreibt er seinen Eltern, alles sei «in den besten Anfängen». Am Dienstag, dem 3. Juni 1924,
bittet er einen befreundeten Arzt in höchster Atemnot: «Töten
Sie mich, sonst sind Sie ein Mörder.» Gegen Mittag stirbt er.

Dreizehn Jahre zuvor hatte er in seinem Tagebuch notiert:
«Vierzig Jahre alt werde ich aber kaum werden, dagegen spricht
z. B. die Spannung, die sich mir über die linke Schädelhälfte öfters
legt.»

Kafka wurde dann genau 40 Jahre alt. Er hat ja immer alles sehr
genau vorausgesehen. Eine Weltberühmtheit war er mit 40 Jahren
trotzdem noch nicht. Eher ein deutschsprachiges Regional-Genie
auf der Kurzstrecke Prag–Wien–Berlin. Die zu seinen Lebzeiten
publizierten Werke passen in ein dünnes Taschenbuch. Es sind
rund 170 Seiten. Dabei wäre es geblieben.

Wenn es die Sternstunde der Literatur nicht gegeben hätte, die
in diesem Fall darin besteht, dass ein Mensch nicht das gemacht
hat, was er machen sollte. Kafka hat ein Testament hinterlassen,
zur Sicherheit sogar zwei Testamente mit identischem Inhalt, und
seinen Freund, den Prager Schriftsteller Max Brod, zum Testa-
mentsvollstrecker bestellt. In beiden Testamenten steht klipp und
klar: Alles beim Tod noch nicht Publizierte, Manuskripte, Briefe,
Tagebücher, die sich in Prag befinden «im Bücherkasten, Wä-
scheschrank, Schreibtisch zuhause und im Bureau, oder wohin
sonst irgendetwas vertragen worden sein sollte», also insgesamt
Tausende von Seiten handschriftlicher Unikate, sei «restlos und
ausnahmslos zu verbrennen und dies möglichst bald». Sogar die
Erzählung über den sterbenden, verhungernden Künstler, an de-

Franz Kafka, der ewige Zögerer und Zweifler. Alles, was er geschrieben hat, kommt ihm schlecht vor. Sein Freund Max Brod sieht es anders

ren Druckfahnen der sterbende und halb verhungerte Künstler noch in seiner Todesstunde arbeitete. Am liebsten, schreibt Kafka, würde er gerne auch alles bereits Publizierte wieder zurückziehen. Doch, setzt er großzügig hinzu, wolle er niemandem mit der «Mühe des Einstampfens» zur Last fallen. Jedoch hege er keinesfalls die Hoffnung, diese Werke «mögen neu gedruckt und künftigen Zeiten überliefert werden, im Gegenteil, sollten sie ganz verloren gehen, entspricht dies meinem eigentlichen Wunsch». Das war eine unmissverständliche Ansage.

Man kann sie so verstehen: Die überlieferten menschenfreundlichen Kulturtechniken des Bewahrens und des Rettens interessieren Kafka auch angesichts des Todes nicht. Er weiß, dass es sie gibt, aber er will sie in seinem heldenhaften Katastrophismus keinesfalls auf sich selbst anwenden – «auch die Asche, die der Wind aus den Brandhaufen fortbläst, fliegt nicht weg, um sich zu retten», schreibt er Max Brod in einem seiner letzten Briefe.

Die Bücherverbrennung, die Kafka testamentarisch verfügte, wäre gigantisch ausgefallen. Nach seinem «letzten Willen» sollten seine drei unvollendeten Romane *Das Schloss*, *Der Prozess* und *Der Verschollene*, die Briefe an seine erste Verlobte Felice Bauer, an Max Brod und an seine langjährige Freundin Milena Jesenská, der Brief an den Vater und seine Tagebücher den Flammen übergeben werden. Was das bedeutet, lässt sich kurz zusammenfassen – wir würden Kafka gar nicht kennen. Wir hätten keine Ahnung von der obercoolen Verzweiflung und dem Kafkaesken, das zum Markenzeichen des 20. Jahrhunderts wurde. Was uns fehlen würde, wären nicht nur die genialen Romanfragmente, ohne die Albert Camus und Samuel Beckett nicht denkbar sind. Fehlen würden die heiligen Urtexte der Ernüchterung, in denen sich das Lebensgefühl einer heiter ertragenen Ausweglosigkeit zum ersten Mal aussprach – bevor es über den Existenzialismus und den Pop zur Grundbefindlichkeit einer ganzen Epoche wurde, die sich zwischen Lachen und Grauen nicht mehr entscheiden will.

Die gesamte Literatur des 20. Jahrhunderts, sagt der Kafka-Biograf Reiner Stach, dem ich diese Frage gestellt habe, würde anders aussehen, wenn Brod den letzten Willen seines Freundes befolgt hätte. Kafka wäre niemals zu der Weltfigur geworden, die er heute ist. Er wäre ähnlich wie Georg Büchner als großer «Unvollendeter» in die deutschsprachige Literaturgeschichte eingegangen. Aber er wäre nicht die nur Shakespeare vergleichbare Jahrtausendgröße geworden, die voraussetzungslos lesbar ist überall auf der Welt.

Wie hat Max Brod nun diesen letzten Willen seines Freundes aufgenommen? Irrte er in den kurzen Juninächten nach Kafkas Tod schlaflos durch die Prager Altstadt und bat die Götter der Literatur um Beistand in diesem Gewissenskonflikt, über dessen weltgeschichtliche Tragweite er keinen Zweifel hegte? Schlug er sich eines Morgens die Hand auf die Stirn und wachte mit der Erleuchtung auf: Das mache ich nie und nimmer? Wir wissen es nicht. Sicher ist nur: Er hat es nicht getan.

Später behauptete Max Brod, er habe Kafka, als der ihn über den Inhalt der Testamente schon zu Lebzeiten aufklärte, zu verstehen gegeben, dass er einen solchen Wunsch ganz bestimmt nicht ausführen werde. Kafka hätte sich also einen anderen Weltliteratur-Vernichter suchen müssen, wenn es ihm ernst gewesen wäre. Reiner Stach hält dagegen: Wen hätte Kafka denn sonst beauftragen sollen? Nur der enge Freund Max Brod hatte Zugang zu den Manuskripten, nur Brod kannte die Familie, die ihm vertraute, nur Brod kannte die Briefpartnerinnen. Mit anderen Worten: Einzig und allein Max Brod kam überhaupt dafür infrage, in der Rolle des Nachlass-Terminators einen derart weitreichenden Vernichtungsschlag auszuführen.

Der Kafka-Biograf Reiner Stach, dessen großartige dreibändige Kafka-Biografie beinahe noch umfangreicher als Kafkas gerettetes Gesamtwerk ausfällt, ist sich sicher, dass Max Brod von Anfang an fest entschlossen war, ausnahmslos jede nachgelassene Zeile seines verstorbenen Freundes zu veröffentlichen. Was für eine erbärmliche Figur hätte Brod abgegeben als Vernichter vom *Schloss* oder vom *Prozess?* Wie hätte er sich rechtfertigen können gegenüber so berühmten Kafka-Bewunderern wie Franz Werfel oder Robert Musil? Vielleicht ahnte Max Brod auch schon, dass sein eigenes Nachleben trotz seiner rastlosen Romanproduktion überschaubar ausfiele, wäre er nicht in der Nebenrolle seines Lebens als Freund und Nachlass-Retter Kafkas in die Geschichte eingegangen.

Erschwerend kommt hinzu: Max Brod kannte den «lieben Franz» seit 22 Jahren. Und er kannte das Publikationstheater, das der ständig mit seinen Texten aufführte. Meistens, erinnerte sich Brod, fand Kafka «alles schlecht», was er geschrieben hatte, war an «literarischer Wirkung» nicht im Geringsten interessiert. Jede Zeile, jedes Blatt musste Brod dem Freund mehr oder weniger gewaltsam entreißen und zum Verleger tragen.

Die Rollen in dieser engen Freundschaft lagen von Anfang an fest. Brod war der Impresario, das Kontaktwunder, der Stratege im Literaturkampf, der Vielschreiber, der verheiratete Frauenheld, dessen Schreibtische von geheimen Liebesbriefen überquollen. Kafka war der ewige Zögerer, der Mann, der sich andauernd verlobte und entlobte, der seine Romane nicht vollendete, der sich kaum zu einer Reise, ja nicht einmal zum Auszug aus der elterlichen Wohnung bequemen konnte. Noch drei Jahre vor seinem Tod hatte der 37-jährige Kafka an den Freund geschrieben, dass er im Leben umherirre wie «ein Kind in den Wäldern des Mannesalters». Er fühlte sich umstellt von den allgegenwärtigen «Ellbogenmännern». Diesen Typen mit Armbanduhren, so breit wie ihre Schultern. Auch Brod war in Kafkas Augen längst «in den männlichen Stand aufgerückt», dessen übermächtiger Hauptrepräsentant sein Vater war. Er selbst fühlte sich mit seinen drei Roman-Ruinen unter all diesen potenten Männern wie eine Kafka-Figur, die vor dem Tor zum Leben steht und vom Türhüter nicht eingelassen wird.

Trotzdem die Frage: Warum zum Teufel wollte Kafka sein Jahrtausendwerk vernichten? Reiner Stach ist sich sicher, dass Kafka sich angesichts seiner drei unvollendeten Romane und in völliger Verkennung seines literarischen Rangs als ein Gescheiterter vorkam. Sein Schreiben ging von unnachahmlichen, nie gesehenen Bildern aus, die in seinem Kopf entstanden und die ein nur nachvollziehendes, genießerisches Lesen seiner Texte unmöglich machen.

Dieser gewaltige Bilderstrom in seinem Kopf war stärker als jeder vorgefasste literarische Plan, neuerdings Plot genannt, weshalb Kafkas labyrinthische Romane zuverlässig unter der Last ihrer selbst erzeugten Dichte und Intensität zusammenbrachen. Darunter hat ihr Autor mindestens so sehr gelitten wie unter dem unausgesetzten Scheitern seiner Heiratspläne. Max Brod gegenüber klagte er: «Worin liegt der Sinn des Aufhebens solcher ‹sogar› künstlerisch misslungener Arbeiten?» Das offene, grundsätzlich unabschließbare Werk hat es damals noch nicht gegeben. Das ist erst durch ihn selbst in die Welt gekommen, sodass man sagen kann, dass Kafka an dem Werkbegriff gescheitert ist, den seine Romane später überflüssig gemacht haben. Natürlich nur, weil Max Brod sie trotz der beiden Testamente publiziert hat. Auch dafür muss man dem alten Prager Studienfreund ewig dankbar sein.

Max Brod selbst hat den ungewöhnlichen Vernichtungsauftrag als geradlinige Fortsetzung der ständigen Selbstherabsetzung seines Freundes aufgefasst. Auch damit konnte er sich beruhigen. Der in Kafkas Innerem katastrophal hin und her schwankende babylonische Turm aus Skrupeln und Selbstzweifeln war in Brods Augen nur die logische Folge eines übermenschlichen Strebens nach letzter Vollkommenheit. Für Brod war Kafka ein Heiliger, der wie Moses auf dem Berg «durch die Maschen der sogenannten Realität» einen Blick auf die «wahre Welt» geworfen habe und darüber demütig und bis zum Exzess bescheiden geworden sei. Der jüdische Witz «Machen Sie sich nicht so klein, so groß sind Sie nicht» galt für Kafka in umgekehrter Richtung: Nur weil Kafka so groß war, machte er sich so klein. So gesehen waren die verfluchten Testamente für Max Brod ein weiterer Grund für die unumgängliche Seligsprechung eines literarisch begnadeten Flagellanten, der dieser Welt für die jenseitige entsagt hat. In den später einsetzenden Deutungskämpfen um die von ihm veröffentlichten Kafka-Werke hat Brod deshalb auch entschieden einer judaisch-religiösen Interpretation Kafkas den Vorzug gegeben.

Fragt man Reiner Stach, was er von Kafka gerne wissen würde, sollte er ihm jemals begegnen, sagt er, ohne zu zögern: «Warum Max Brod? Warum die Nähe ausgerechnet zu diesem seltsamen Menschen?»

Das spätere Sündenregister Brods ist für die Kafka-Forschung trotz seiner unbestreitbaren Heldentat leider bedenklich lang. Er hat die Herausgabe der Werke durch übertriebene Honoraransprüche verzögert. Er hat die Tagebücher Kafkas retuschiert, wenn es um ihn selbst ging, und in den Manuskripten eigene Anmerkungen vorgenommen. Er hat Thomas Mann geschrieben, dass er die Manuskripte auf der Suche nach einem sicheren Exil als Morgengabe anbiete im Gegenzug zu einem Posten in den USA. Manche Manuskripte hat Brod einfach verschenkt – von dem Drama um die nach seinem Tod 1968 in Tel Aviv an seine Sekretärin vererbten Romanmanuskripte ganz zu schweigen.

Aber was zählen schon solche Kleinigkeiten. An den tapferen Max Brod, der durch das Nichtbefolgen des letzten Willens seines besten Freundes die Welt so reich gemacht hat, wird man sich noch erinnern, wenn wir alle längst Asche im Wind sind.

Afrikas kurze Hoffnung

*Am 30. Juni 1960 erlangt der Kongo die Unabhängigkeit.
Patrice Lumumba, erster Premierminister des neuen Staates, wird
mit einer zwölfminütigen Rede zum politischen Star – und zur
Gefahr für Länder des Westens. Sieben Monate später ist er tot*

Von Bastian Berbner

François Lumumba ist ein Mann von mehr als 70 Jahren, und all
die Zeit lang hat er ein Leben geführt, das nie ganz seines war. Zu
groß war der Schatten, den sein Vater warf – und bis heute wirft.
Schon der Name: Lumumba. François muss sich nur irgendwem
vorstellen, und sofort schwingt alles mit, Nationalheld, Jahrhun-
dertfigur, Sehnsuchtsgestalt eines ganzen Kontinents.

François Lumumba sitzt auf dem Sofa in seinem Wohnzimmer
und erzählt. Hinter dem Haus wächst ein Mangobaum. Schwüle
liegt über Kinshasa, der Hauptstadt der Demokratischen Republik Kongo, bald wird es regnen.

Er spricht gerne über seinen Vater, doch seine Erinnerungen
sind vage, es ist lange her. Den Vormittag des 30. Juni 1960 aber hat
François Lumumba noch vor Augen. Er sieht sich, damals acht
Jahre alt, mit seiner Mutter vor dem Radio sitzen. Sie lauschen der
knisternden Übertragung aus dem Palast der Nation. Sein Vater
war an jenem Morgen dorthin aufgebrochen.

Unten, im Erdgeschoss des Hauses, hatten sich Parteifreunde
seines Vaters ebenfalls um ein Radio versammelt. Genau wie die
Wachsoldaten draußen im Garten. Wie Hunderttausende Menschen in den Städten und Dörfern des ganzen Landes. Überall:
Vorfreude und Anspannung.

François sagt, er sei zu jung gewesen, um wirklich zu verstehen, was los war, aber alt genug, um zu begreifen: Etwas Großes war im Gange.

Es war der Tag, an dem der Kongo unabhängig wurde.

***

Auf Videoaufnahmen aus dem Palast der Nation von diesem Tag sieht man François' Vater auf einer Bühne sitzen. Schwarzer Anzug, weißes Hemd, schwarze Fliege, eine Brille mit schwarzem Rand und das Oberlippen- und Kinnbärtchen, das zu seinem Markenzeichen wurde – der Lumumba-Bart.

Patrice Lumumba hat knapp sechs Wochen zuvor die Wahlen gewonnen. Die ersten, die es im Kongo je gab. Er ist 34 Jahre alt, hat vier Kinder, François ist das älteste. Bis vor anderthalb Jahren hat Lumumba in den Straßen der Hauptstadt Bier verkauft. In wenigen Minuten soll er zum Premierminister ernannt werden.

Jahrzehntelang hatten die Europäer über weite Teile Afrikas geherrscht. Nun geriet die Herrschaft ins Wanken. 1957 hatte Ghana die Unabhängigkeit von Großbritannien erlangt, ein Jahr später sagte sich Guinea von Frankreich los. Jetzt, im Jahr 1960, folgten 17 weitere Länder, an diesem 30. Juni eines der größten und das politisch vielleicht bedeutendste – der Kongo.

Der belgische König Baudouin, 29 Jahre alt, am Vortag aus Brüssel angereist, steht in weißer Paradeuniform mit Säbel und allerlei Ehrengehänge im Palast der Nation vor einem Mikrofon und beginnt, von einem Zettel abzulesen. Im Saal sitzen und stehen belgische Kolonialbeamte, die meisten recht alt, dazu Angehörige der neuen kongolesischen Elite, die meisten ziemlich jung, insgesamt mehrere Hundert Menschen.

«Die Unabhängigkeit des Kongo», sagt der König in geschliffenem Französisch, «stellt den Höhepunkt des Werkes dar, das

*Patrice Lumumba kommt zum Festakt der Unabhängigkeit in
den Palast der Nation im damaligen Leopoldville*

durch das Genie von König Leopold II. begonnen, von ihm mit
zähem Mut unternommen und von Belgien mit Ausdauer weiter-
verfolgt wurde.»

Dies war sein erster Satz, und sehr viele Kongolesinnen und
Kongolesen müssen ihn als zynische Brutalität empfunden haben.

Leopold II., Baudouins Urgroßonkel, hatte während seiner Re-
gentschaft nie einen Fuß in den Kongo gesetzt. Aus der Ferne aber
hatte er von 1885 an ein Regime der Ausbeutung errichtet, das
selbst aus der an Gräueln reichen Kolonialgeschichte heraussticht.

Es begann mit Elfenbein. Die Stoßzähne afrikanischer Elefan-
ten ließen sich in Belgien zu viel Geld machen, indem man daraus edle Messergriffe, Billardkugeln, Kämme, Klaviertasten und
Kruzifixe fertigte. Das Geschäft war deshalb so lukrativ, weil die
Beschaffung des Materials im Kongo nahezu kostenlos war –
zumindest wenn man, wie Leopold, auf Sklaven setzte. Seine Leute
trieben Zehntausende zusammen, ketteten sie an ihren Hälsen
aneinander und peitschten sie zur Arbeit in den Regenwald. Aus

dem ganzen Land, das größer war als Westeuropa, schleppten die Menschen in gewaltigen Todesmärschen die Stoßzähne an die Küste und luden sie auf die Schiffe.

Dann eröffnete sich ein neues, noch besseres Geschäft. Weltweit wurden Telegrafen- und Telefonleitungen verlegt, die Isolierungen benötigten. Autos brauchten Reifen. Fabriken und Werkstätten verbauten Dichtungen und Schläuche. All das erforderte Gummi, einen Rohstoff, den es im Kongo im Übermaß gab. Die Menschen, die gerade noch Elfenbein tragen mussten, stiegen jetzt in die Wipfel der Urwaldbäume und schnitten Lianen an, um an die wertvolle Flüssigkeit zu kommen. Wer seine Quote nicht erfüllte, wurde getötet oder mit der *chicotte*, einer Peitsche aus sonnengetrockneter Nilpferdhaut, ausgepeitscht, was oft ebenfalls im Tod endete, oder er bekam die rechte Hand abgehackt.

Experten schätzen, dass allein in den ersten 25 Jahren zehn Millionen Kongolesinnen und Kongolesen der Kolonialherrschaft zum Opfer fielen.

Als Patrice Lumumba am Morgen des 30. Juni 1960 den Palast der Nation betritt, muss er vor dem Eingang an einem Standbild vorbei, das Leopold II. darstellt. Dann an einer Büste Leopolds vor dem Saal. Und das alles in einer Stadt, die damals noch nicht Kinshasa heißt, sondern: Léopoldville.

Nach der Rede des Königs tritt nun ein Kongolese ans Rednerpult: Joseph Kasavubu. Er wird an diesem Tag das in erster Linie repräsentative Amt des kongolesischen Staatspräsidenten übernehmen. Seine eher gemäßigte Partei musste sich bei den Wahlen dem radikaleren Lumumba geschlagen geben. Am Vortag hat Kasavubu den belgischen König am Flughafen begrüßt. An diesem Morgen ist er mit ihm in den Saal gekommen. Und jetzt hält er eine Rede, die mit Baudouin abgestimmt ist.

Er erwähnt die Gräuel der Kolonialzeit mit keinem Wort.

Patrice Lumumba ist an diesem Tag nicht als Redner vorgesehen. Doch als er am Vortag den Entwurf für die Ansprache Kasavubus las, fing er an, selbst eine Rede zu schreiben. Noch während dieser spricht, kritzelt er auf einem Blatt Papier auf seinem Schoß herum und feilt an seinen Sätzen. Dann, als Kasavubu geendet hat, bricht Lumumba mit dem Protokoll und geht an das Rednerpult.

«Kongolesen und Kongolesinnen», hebt er an, für viele Belgier ist schon das eine Provokation. Anstatt den belgischen König zu begrüßen, spricht Lumumba direkt seine Landsleute an. Baudouin II. hatte es so dargestellt, als entlasse Belgien das Land aus freien Stücken in die Unabhängigkeit. Lumumba aber sagt jetzt: «Kein Kongolese, der diesen Namen verdient, wird je vergessen, dass wir die Unabhängigkeit im Kampf gewannen.»

Applaus von den Kongolesen im Saal.

«Es war ein nobler und gerechter Kampf, ein notwendiger auch, um der erniedrigenden Sklaverei, in die wir gezwungen wurden, ein Ende zu setzen.»

Die Kameras fangen den hilflosen Blick des Königs ein.

«Unsere Wunden sind noch zu frisch und zu schmerzhaft, um sie aus unserer Erinnerung zu vertreiben. Wir mussten zermürbende Arbeit erdulden für einen Lohn, der es uns nicht ermöglichte, unseren Hunger zu stillen, uns angemessen zu kleiden, in anständigen Verhältnissen zu wohnen oder unsere Kinder so großzuziehen, wie sie es verdient haben.»

Der König beugt sich nach links, zu Kasavubu, offenbar nach einer Erklärung suchend. Aber auch Kasavubu, das wird später klar werden, hat nichts von dieser Rede gewusst.

«Wir haben Spott, Beschimpfungen und Schläge erduldet, morgens, mittags und abends, einfach weil wir Schwarze sind. Wir sahen, dass es in den Städten herrliche Häuser für die Weißen gab und baufällige Hütten für die Schwarzen, dass Schwarze weder in Kinos gelassen wurden noch in Restaurants oder in die Geschäfte der Europäerinnen und Europäer, dass Schwarze im Rumpf der

Schiffe reisten, zu Füßen der Weißen in ihren Luxuskabinen. Wer wird je die Massaker vergessen, in denen so viele unserer Geschwister umgekommen sind, die Zellen, in die jene geworfen wurden, die sich weigerten, sich einem Regime des Unrechts, der Unterdrückung und Ausbeutung zu unterwerfen.»

Wieder Applaus, diesmal noch lauter, dazu Begeisterungsschreie. Im ganzen Land hören Menschen Lumumba reden, und viele müssen das Gefühl gehabt haben, dass da einer der Ihren spricht. Einer, der ihnen ihr Leben, ihr Land, ihre Zukunft zurückgeben kann. François Lumumba erinnert sich nicht nur an die Worte aus dem Radio, sondern auch an Jubel auf den Straßen.

Zwölf Minuten lang spricht Lumumba. Der König kann nicht anders, als ihm zuzuhören, gefangen vor den Kameras. Acht Mal muss Lumumba pausieren, weil Applaus aufbrandet. Acht Mal muss Baudouin diesen Applaus aushalten, der sich gegen ihn, gegen Belgien richtet.

Am Ende seiner Rede ruft Lumumba in den Saal: «Zusammen, meine Brüder, meine Schwestern, werden wir einen neuen Kampf beginnen, einen erhabenen Kampf, der unser Land zu Frieden, Wohlstand und Größe führen wird.»

Und dann: «Es lebe der unabhängige und souveräne Kongo!»

Der König, so berichten es später seine Mitarbeiter, will sofort abreisen, lässt sich aber umstimmen. Die Kongolesen in den Straßen feiern Lumumba und seine Ansprache, die als eine der großen Reden des 20. Jahrhunderts in die Geschichte eingehen wird. Was zum einen an den starken Sätzen liegt, die Lumumba formulierte. Zum anderen aber auch an der politischen Tragödie, die in diesem Moment ihren Anfang nimmt – Patrice Lumumba hat mit seiner Rede Ereignisse losgetreten, die ihn ins Zentrum der Weltpolitik katapultieren.

***

Patrice Lumumba stammt aus einer armen Familie aus der Provinz. Er geht auf eine katholische Missionarsschule, später arbeitet er für die Post und, nachdem er nach Léopoldville gezogen ist, für eine Brauerei. Was bescheiden klingen mag, ist der Beginn eines atemlosen Aufstiegs. Lumumba ist in vielem, was er tut, der Beste.

Nach der Arbeit besucht er an der Abendschule Französischkurse, es dauert nicht lange, da spricht er die Sprache besser als viele Belgier im Kongo. Er liest wie besessen politische Literatur, bald schreibt er Artikel für belgische Zeitungen. Mit Anfang dreißig gilt der Mann, der tagsüber noch immer Bier verkauft, als einer der führenden Denker des Kongo.

Im Dezember 1958 fliegt Lumumba nach Ghana. Die Regierung dort hat Freiheitskämpfer aus ganz Afrika eingeladen. Lumumba kommt als Unbekannter und geht als Star. Er hält eine der besten Reden und findet in Ghanas Präsident Kwame Nkrumah einen Mentor und Freund. Die britische Historikerin Susan Williams sieht in dieser Reise eine «politische und persönliche Offenbarung». Nach seiner Rückkehr hält Lumumba in Léopoldville eine Versammlung ab. Etwa zehntausend Menschen jubeln ihm zu und rufen: *«Indépendence immédiate!»*, Unabhängigkeit sofort!

Zweimal reist Lumumba nach Kairo, jeweils für mehrere Wochen. Dort hat ein ägyptischer Diplomat in einer Villa am Nil eine Art Botschaft für afrikanische Freiheitskämpfer eröffnet. Vertreter aus Malawi, Angola, Algerien, dem Sudan und anderen Ländern haben dort Büros und diskutieren über ihren Widerstand gegen die britischen, französischen, portugiesischen Kolonialherren. Es sind Kämpfe, die meist mehr mit politischem Druck als mit Gewehren und Bomben geführt werden. Ägypten hat sich unter Präsident Gamal Abdel Nasser der panafrikanischen Idee verschrieben, und Teil dieser Idee ist es, dass man die mächtigen Europäer nur gemeinsam bezwingen könne – und dass man dafür Anführer braucht, die für ganz Afrika sprechen können. Kaum jemand scheint besser geeignet als Patrice Lumumba.

In Ägypten freundet sich Lumumba mit seinem Gastgeber an, dem ägyptischen Diplomaten, einem feingeistigen Intellektuellen und Sprachenliebhaber namens Mohammad Abdel Asis Ischak. Die beiden verbringen so viel Zeit miteinander, dass Ischaks Kinder Lumumba bald «Onkel Patrice» nennen.

Im Kongo bekommt die Partei, die Lumumba gegründet hat, das Mouvement National Congolais (MNC), von Woche zu Woche mehr Zulauf, aus allen Gesellschaftsschichten und fast allen Regionen des Landes. Während die meisten Parteien für einen eher langsamen Abzug der Belgier eintreten oder sogar für ihren Verbleib in Teilen der Gesellschaft, fordert Lumumba eine schnelle Unabhängigkeit und echte Freiheit von der Kolonialherrschaft.

Diese Position macht ihn im Kongo zum beliebtesten Politiker – und in Belgien zu einer Gefahr. Denn die Brüsseler Regierung hat keineswegs vor, sich komplett aus dem Land zurückzuziehen. Dafür ist der Kongo ökonomisch zu wichtig. Sie ist fest entschlossen, hinter der Fassade der Unabhängigkeit weiter die Entscheidungen zu treffen. Mit einem Premierminister Lumumba dürfte das schwierig werden.

Kurz bevor Belgien im Januar 1960 kongolesische Politiker nach Brüssel einlädt, um über die Unabhängigkeit zu verhandeln, lässt die Kolonialregierung Lumumba verhaften, weil er angeblich gegen Belgien gehetzt hat. Doch als in Brüssel die Verhandlungen beginnen sollen, machen die kongolesischen Delegierten Lumumbas Anwesenheit zur Bedingung. Belgien gibt nach, Kolonialbeamte holen Lumumba aus dem Gefängnis und setzen ihn in ein Flugzeug.

In Brüssel steigt er aus, mit bandagierten Handgelenken, weil ihm in der Haft die Handschellen in die Haut schnitten. Auf der Besucherterrasse des Flughafens, so werden es Augenzeugen später beschreiben, ruft ein junger Kongolese: «Es lebe Lumumba! Es lebe das MNC!» Der Mann ist 29 Jahre alt. Er arbeitet als Journalist in Brüssel, kennt Lumumba aber aus Léopoldville, wo sich die beiden angefreundet haben. Wie Lumumba stammt der Mann aus einer einfachen Familie. Auch er hat eine Missionarsschule besucht. Auch er hat früh politische Literatur gelesen und dann angefangen, für Zeitungen zu schreiben. In Léopoldville diskutierte er mit Lumumba oft bis tief in die Nacht. Jetzt, in Brüssel, begleitet er ihn vom Flughafen zum Hotel im Stadtzentrum. Der Name des Journalisten: Joseph-Désiré Mobutu.

Lumumba macht Mobutu zu seinem Mitarbeiter während der Verhandlungen. Nach zwei Tagen haben die Kongolesen den Belgiern ein Datum für die Unabhängigkeit abgerungen, den 30. Juni. Das ist in gerade mal fünf Monaten. Lumumba hat sich durchgesetzt. Er fliegt zurück in den Kongo, um die Wahlen vorzubereiten, die im Mai stattfinden sollen.

Als Lumumba am Unabhängigkeitstag seine Rede im Palast der Nation hält, sitzt Mobutu in der ersten Reihe, er trägt einen auffälligen weißen Anzug. Lumumba hat ihn zu seinem Staatssekretär ernannt.

Weiter hinten, zwischen den ausländischen Ehrengästen, sitzt Mohammad Abdel Asis Ischak, Lumumbas Freund aus Kairo, der mittlerweile an der ägyptischen Botschaft in Léopoldville arbeitet.

***

Der Kongo ist jetzt ein freies Land. Lumumba ist Premierminister, der belgische König ist abgereist, die meisten Belgier aber sind noch immer da. Es geht nicht ohne sie. Im ganzen Land gibt es nur 17 kongolesische Universitätsabsolventen. Die Ärzte in den Kliniken, die hohen Beamten in der Verwaltung, die Manager in Unternehmen sind größtenteils Belgier – genau wie alle Offiziere in der Armee. Der Oberbefehlshaber ist ein General namens Émile Janssens.

Fünf Tage nach der Unabhängigkeit, so rekonstruieren es Historiker, tritt Janssens in der größten Kaserne des Landes vor unzufriedene Soldaten. Während der Feierlichkeiten haben einige von ihnen den Auftrag bekommen, kongolesische Abgeordnete zu eskortieren. Diese haben von ihren neuen hohen Gehältern luxuriöse Autos gekauft, mit denen sie nun durch die Stadt rollen, wie früher die belgischen Kolonialherren. Der Gegensatz zum Leben der Soldaten könnte nicht größer sein. Für sie hat sich bislang nichts geändert. Sie bekommen wenig Geld und genauso schlechtes Essen wie vorher. Und sie nehmen noch immer Befehle von Weißen entgegen.

Janssens sagt ihnen, von der Unabhängigkeit profitierten vielleicht die Politiker und Zivilisten, aber nicht sie, die Soldaten. Dann schreibt er an eine Tafel: «Vor der Unabhängigkeit = nach der Unabhängigkeit». Am selben Tag bricht eine Meuterei los, die auf andere Armeeeinheiten überspringt.

Die Soldaten verwüsten die Kasernen und strömen hinaus auf die Straßen. Manche rauben Weiße aus, besetzen deren Häuser, vergewaltigen Frauen. 6000 Belgier fliehen über den Kongo-Fluss. Brüssel schickt Tausende Fallschirmjäger ins Land. Sie besetzen Flughäfen und Verkehrsknotenpunkte.

Patrice Lumumba, der von Frieden geträumt hat, muss nach nur einer Woche im Amt Krieg führen – gegen die bisherige Kolonialmacht.

Er entlässt Émile Janssens und alle belgischen Offiziere, er befördert jeden Soldaten um einen Rang. So bringt er das Militär wieder auf seine Seite. Als neuen Chef der Armee setzt er einen Mann ein, dem er vertraut: seinen Freund Joseph-Désiré Mobutu.

Dann bittet Lumumba die USA um militärische Hilfe. Sie sagen ihm ab. Er solle sich an die Vereinten Nationen wenden. Die wiederum versprechen zwar, Blauhelmsoldaten zu schicken, aber noch bevor diese im Kongo eintreffen, tritt im Süden des Landes ein Mann vor die Presse: Moïse Tschombé, der Gouverneur der Provinz Katanga. Schon bei den Verhandlungen in Brüssel hat sich Lumumba mit ihm gestritten. Tschombé wollte einen föderalen, Lumumba einen zentralistischen Kongo. Jetzt verkündet Tschombé, seine Provinz sei nicht länger Teil des Landes. Katanga sei ab sofort ein eigener Staat.

Es gibt eine Geschichte, die man sich im Kongo seit langer Zeit erzählt. Sie geht so: Als Gott die Erde erschuf, hat er irgendwann auch die Reichtümer verteilt. Das Gold, das Silber, die Diamanten. Er verstreute sie in Amerika, in Europa, in Asien. Als er aber in den Kongo kam, war er müde, legte sich hin und ließ alles, was an Schätzen übrig war, dort.

Es war sehr viel. Und der Großteil davon landete in Katanga.

Anfang der Sechzigerjahre kommt nicht weniger als die Hälfte des auf der Welt verarbeiteten Kobalts, wichtig zum Beispiel für die Chemieindustrie, aus Katanga, außerdem zehn Prozent des Kupfers. Auch Gold, Diamanten, Zinn und Zink werden hier gewonnen. Aus Katanga stammt das Uran, das die Amerikaner für die Atombomben verwandten, die sie auf Hiroshima und Nagasaki abwarfen.

Die Steuergelder aus Katanga finanzieren damals mehr als die Hälfte des kongolesischen Staatshaushalts – und diese Einnahmen sind jetzt, nur elf Tage nach der Unabhängigkeit, weg.

Kaum hat sich Tschombé vom Kongo losgesagt, erhält seine Regierung eine Steuervorauszahlung von 1,25 Milliarden Franc von dem in Katanga aktiven belgischen Bergbaukonzern. Tschombé lässt sich von belgischen Politikern beraten und von belgischen Soldaten beschützen. Der ökonomisch wichtigste Teil des Kongo bleibt eine Art belgische Kolonie.

Lumumba steigt in eine Maschine nach Katanga, um mit

Tschombé zu verhandeln, aber der belgische Fluglotse im Tower erteilt ihm, dem Premierminister, keine Landeerlaubnis.

Lumumba bricht die diplomatischen Beziehungen zu Belgien ab. Dann, mit dem Rücken zur Wand, begeht er seinen vielleicht schwersten Fehler. Die USA helfen ihm nicht, von den Vereinten Nationen erhält er keine ausreichende Unterstützung. Also erbittet er, mitten im Kalten Krieg, militärische Hilfe von der Sowjetunion.

Moskau sichert zwar Unterstützung zu, schickt aber nur ein paar Flugzeuge mit Hilfsgütern. Gleichzeitig hat Lumumba nun einen neuen Feind: die USA. Der amerikanische Botschafter in Belgien schreibt nach Washington: «Unser oberstes Ziel muss es sein, die Lumumba-Regierung, wie sie jetzt existiert, zu zerstören. Gleichzeitig müssen wir ein anderes Pferd finden oder schaffen, auf das wir setzen können.»

Wenige Tage zuvor, das belegen Dokumente der US-Regierung, ist ein Amerikaner in Léopoldville angekommen, der sich genau darum kümmern soll. Larry Devlin ist Agent des Auslandsgeheimdienstes CIA. Er organisiert Demonstrationen gegen Lumumba. Er bringt Flugblätter in Umlauf, die den Regierungschef in ein schlechtes Licht rücken. Er sorgt dafür, dass negative Zeitungsartikel über ihn erscheinen.

Er sucht ein anderes Pferd – und findet eines.

Da ist dieser junge Mann, so schreibt Devlin es später in einem Buch, der ihm beim dritten persönlichen Treffen sagt, er brauche Geld, um seine Soldaten zu bezahlen. Devlin gibt es ihm. Es ist Joseph-Désiré Mobutu.

Wenige Tage später tritt Mobutu im Konferenzraum eines Hotels vor Journalisten und erklärt, er, der Armeechef, entlasse die Regierung, löse das Parlament auf und «neutralisiere» die Politiker, damit meint er Staatspräsident Kasavubu und Premierminister Lumumba. Er selbst übernehme die Macht.

Der Schritt ist mit Devlin abgestimmt. Die USA und Belgien erkennen Mobutus neue Regierung an.

Lumumba zieht sich mit seiner Familie in seine Residenz am Fluss zurück, beschützt von 200 Blauhelmsoldaten aus Ghana.

Zwei Dinge sind François Lumumba aus dieser Zeit im Gedächtnis geblieben. Einmal schickt sein Vater ihn und seine beiden jüngeren Geschwister für einige Tage zu einem Parteifreund, wo sie sich verstecken sollen. Ein anderes Mal beobachtet er, wie sein Vater aus seinem Büro ins Freie geht und sich von einem seiner Wachsoldaten ein Gewehr geben lässt. Der Mann, dessen Waffe immer das Wort gewesen ist, feuert Salve um Salve über das Wasser des Kongo. Er übt schießen.

Auch ohne Macht ist Lumumba der beliebteste Politiker des Landes. Manchmal verlässt er die Sicherheit seines Hauses und hält spontane Kundgebungen in den Straßen Léopoldvilles ab. Tausende kommen. Auch unter den Soldaten hat er viele Anhänger. Deshalb ist man nach Mobutus Putsch weder in Brüssel noch in Washington beruhigt – man befürchtet, Lumumba könne an die Macht zurückkehren und dann erst recht die Sowjetunion ins Land holen.

Der amerikanische Präsident Dwight D. Eisenhower sagt damals in einem Gespräch mit dem britischen Außenminister, er wünsche sich, «Lumumba würde in einen Fluss voller Krokodile fallen». So steht es in einem Regierungsdokument.

Am Nachmittag des 26. September 1960 trifft der Agent Larry Devlin in Léopoldville einen Kollegen von der CIA. Es ist Sidney Gottlieb, ein Biochemiker. Sein Spitzname: «Dr. Death». Gottlieb ist in den Kongo gekommen, um Devlin ein Päckchen mit hochtoxischen Substanzen zu überreichen, eine davon versteckt in einer Zahnpastatube. Gottlieb weist ihn an, so schreibt Devlin später in einem Buch, das Gift auf Lumumbas Zahnbürste aufzutragen oder in sein Essen zu geben, dann sehe es aus, als sei er an einer im Kongo verbreiteten Krankheit gestorben. Auf Devlins Frage, wer den Befehl dazu gegeben habe, habe Gottlieb geantwortet: «Präsident Eisenhower.»

Noch bevor Devlin die Mordpläne weiterverfolgen kann, schickt Mobutu Anfang Oktober auf amerikanischen und belgischen Druck hin Soldaten, um Lumumba festzunehmen. Die ghanaischen Blauhelme bilden einen Ring um dessen Amtssitz und lassen sie nicht durch. Mobutus Einheiten formen einen zweiten Ring um sie herum und warten. Sie kappen Lumumbas Telefonleitung. Er und seine Familie sind nun im eigenen Haus gefangen.

***

Lumumba benutzt das Telefon der UN-Truppen, um seinen ägyptischen Freund Mohammad Abdel Asis Ischak zu sich zu rufen. Lumumba will den Diplomaten bitten, seine, Lumumbas, Kinder in Sicherheit zu bringen, nach Kairo.

In der Residenz angekommen, macht Ischak ein Foto der Kinder, rechts der neunjährige François in kurzen Hosen, weißem Hemd und dunklem Jackett, in der Mitte der achtjährige Patrice, einen Kopf kleiner, im gleichen Outfit, und links, noch einen Kopf kleiner, die fünfjährige Juliana im weißen Kleid. Das jüngste Kind, der noch nicht einmal zwei Jahre alte Roland, soll bei der Mutter im Kongo bleiben.

In der ägyptischen Botschaft in Léopoldville stellt sich Ischak einen neuen Pass aus, klebt das Kinderfoto hinein und fügt die in Ägypten verbreiteten Namen Omar, Tarek und Fathiya hinzu. Er gibt Lumumbas Kinder als seine eigenen aus.

Am späten Abend des 27. Oktober fährt Ischak wieder zu Lumumba, diesmal mit einem Militärjeep der UN, den Kofferraum voller Whiskey-Kisten und Teppiche. Großzügig verschenkt er Flaschen an Mobutus Soldaten.

François Lumumba erinnert sich, dass sein Vater ihm an diesem Abend die Hand auf die Schulter legte und sagte: «Ihr werdet jetzt nach Kairo gehen und dort die Schule zu Ende machen. Dann kommt ihr wieder. Merk dir das, ihr müsst wiederkommen. Euer Land braucht euch. Und pass auf deine Schwester auf.» Dann verstecken Lumumba und Ischak die drei Kinder zwischen den Whiskey-Kisten und breiten die Teppiche über ihnen aus. Auf dem Weg nach draußen verteilt Ischak weitere Flaschen – und wird durchgelassen.

Am Flughafen prüft ein dänischer UN-Soldat Ischaks Pass. Er fragt, so erzählen es Ischaks Kinder heute, ob er, Ischak, sicher sei, dass das seine Kinder seien. Die Kinder haben schwarze Haut. Ischak ist hellhäutig. Er antwortet, es sei nicht verboten, Kinder mit einer schwarzen Frau zu haben.

Über Lissabon und Genf fliegt Ischak mit den Kindern nach Kairo und eröffnet seiner Frau, dass sie von nun an zusätzlich zu den drei eigenen noch drei weitere Kinder hätten.

Ischaks Tochter Schams, inzwischen 70 Jahre alt, lebt heute in einer eleganten Wohnung in einem Vorort von Kairo. Ihr Bruder ist zu Besuch, gemeinsam erzählen sie von jenem Tag, an dem ihr Vater mit drei fremden Kindern vor der Tür stand.

Sie zeigen ein Foto, das damals entstand. Ihr Vater sitzt lächelnd auf dem Sofa, seinen linken Arm hat er um Juliana Lumumba gelegt, den rechten um Patrice, der den Hund der Familie im Schoß hält, daneben sitzt sie selbst, Schams, damals acht Jahre alt, bisher die Jüngste. Hinter dem Sofa steht ihr ältester leiblicher Bruder. François ist nicht zu sehen.

Die Kinder sind seit einem Monat in Kairo, da kommen neue Berichte aus dem Kongo. Ihr Vater ist aus dem Hausarrest geflohen, auch er versteckt in einem Auto. Zusammen mit etwa einem Dutzend Vertrauten macht er sich auf den Weg in seine Heimatprovinz. Dort haben Lumumbas Anhänger damit begonnen, eine

Armee aufzubauen. Der CIA-Agent Devlin besorgt Mobutu einen Such-Hubschrauber, den dieser hinterherschickt.

Lumumbas Konvoi kommt nur langsam voran. In manchen Dörfern zerren die Menschen Baumstämme auf die Straße, um ihn am Weiterfahren zu hindern. Sie wollen ihn reden hören. Nach wenigen Tagen wird Lumumba festgenommen, als er darauf wartet, mit einem Boot einen Fluss zu überqueren.

Soldaten bringen ihn nach Léopoldville, wo Mobutu wartet. Ein Kameramann filmt. Lumumbas Hände sind auf dem Rücken gefesselt. Er wird geschlagen und an den Haaren gezogen. Ein Soldat liest eine Rede Lumumbas vor, dann knüllt er das Papier zusammen und versucht es Lumumba in den Mund zu stecken. Mobutu schaut lächelnd zu.

Soldaten sperren Lumumba in ein Militärgefängnis, aber auch dort hat er so viele Anhänger, dass die Insassen meutern, um ihn zu befreien. Mobutu, die USA und Belgien sind sich einig: Lumumba ist auch als Gefangener eine Gefahr.

∗∗∗

Am 17. Januar 1961 sitzt der Häftling Lumumba in einem Flugzeug. Das Ziel: Katanga. Joseph-Désiré Mobutu, der Herrscher des Kongo, und Moïse Tschombé, der Regierungschef von Katanga, haben in Anwesenheit belgischer Offizieller vereinbart, Lumumba müsse eliminiert werden, nicht nur politisch, sondern «wenn möglich physisch». Das geht aus einem belgischen Regierungsdokument hervor.

Schon im Flugzeug wird Lumumba so heftig geschlagen, dass sich der Funker, ein Belgier, aus Ekel übergibt. In Katanga lässt Tschombé ihn in die Nähe des Flughafens bringen, wo ihn belgische Polizisten bewachen. Auch hier wird er misshandelt. Tschombé und andere Politiker aus Katanga prügeln auf ihn ein.

Am späten Abend fahren sie Lumumba in den Wald. Dort wird er erschossen – nach allem, was man weiß, von katangesischen Soldaten, die unter belgischem Kommando stehen. Ein belgischer Polizeikommissar, der dabei ist, schreibt in seinen Taschenkalender: «9:43. L. tot.»

Moïse Tschombé, so wird es sein Hausmeister später erzählen, kommt in der Nacht mit einigen Ministern in seine Residenz. Dort stehen sie Schlange am Waschbecken, um sich Lumumbas Blut von Händen und Armen zu waschen.

Selbst nach Lumumbas Tod ist in Belgien die Angst vor seiner Popularität so groß, die Furcht vor einem möglichen Heiligenkult so überwältigend, dass die Regierung vier Tage später einen Polizeikommissar losschickt, um die notdürftig verscharrte Leiche Lumumbas vollständig zu beseitigen. Gemeinsam mit seinem Bruder gräbt der Mann, er heißt Gerard Soete, die Leiche aus. Sie zerhacken und zersägen sie, legen die Teile in ein Fass und gießen Schwefelsäure darüber. Was übrig bleibt, verbrennen sie. Die Asche streuen sie auf der Rückfahrt aus dem Autofenster. Dann machen sie zwei Wochen Urlaub in Südafrika.

Später schreibt Soete: «Was wir getan haben, würden nicht einmal Tiere tun.»

In einer ihrer frühesten Erinnerungen ist Juliana Lumumba fünf Jahre alt. Sie ist in Kairo und hört von der Straße draußen die Rufe einer Menschenmenge ins Haus dringen: «Lumumba! Lumumba! Lumumba!» Sie versteht nicht, warum diese Menschen ihren Namen rufen.

An jenem Tag ruft ihre ägyptische Pflegemutter Lumumbas Kinder einzeln zu sich und überbringt die Todesnachricht. François schreit, tobt, schlägt um sich. Später, als er die Nachricht noch einmal im Radio hört, schmeißt er das Gerät aus dem Fenster in den Garten. Als das Telefon klingelt, reißt er es aus der Wand und wirft es hinterher.

In Shanghai demonstrieren damals eine halbe Million Menschen gegen den Imperialismus der USA und Belgiens. In Belgrad zerstört ein wütender Mob die belgische Botschaft. In Warschau flieht der belgische Botschafter aus dem Gebäude. Auch in London, Paris, New York gibt es Proteste.

In Léopoldville führt Lumumbas Witwe einen Trauermarsch durch die Stadt an, ihren kleinen Sohn Roland auf dem Arm tragend.

In der katholischen Kirche in Kairo, die Lumumbas Kinder jeden Sonntag besuchen, versammeln sich afrikanische Staatsmänner, der koptische Papst und der Imam der Azhar-Moschee. Lumumbas Freund Abdel Asis Ischak hält die Trauerrede. Seine Tochter Schams erinnert sich heute: «Ich sah Jesus am Kreuz und dachte, das ist Papa Lumumba.»

In der Zeit danach bekommt die Pflegefamilie von Lumumbas Kindern ständig Besuch. Schams zeigt Fotos: Ahmed Ben Bella, der erste Präsident Algeriens, küsst den jungen François Lumumba auf die Wange. Hastings Banda, der Malawi in die Unabhängigkeit führte, umarmt den kleinen Patrice Lumumba. Joshua Nkomo, späterer Vize-Präsident von Simbabwe, neben Juliana.

Ihr Vater, ihr Name war innerhalb weniger Wochen zu einem Symbol geworden: für das afrikanische Streben nach Unabhängigkeit, aber auch für die Gräuel des Westens. Die Universität der Völkerfreundschaft in Moskau wird in Lumumba-Universität umbenannt. Der amerikanische Bürgerrechtler Malcolm X benennt seine Tochter nach Lumumba, dem, wie er sagt, «großartigsten Schwarzen, der je auf dem afrikanischen Kontinent gelebt hat». Und irgendwie findet der Name auch seinen Weg auf deutsche Weihnachtsmärkte, als Bezeichnung für einen Kakao mit Rum und Sahne.

***

Lumumbas Kinder verbringen ihr halbes Leben im Exil. Der Wunsch ihres Vaters, sie sollten zurückkehren, sei die ganze Zeit präsent gewesen, erzählen François und Juliana. Nur ging das lange nicht. Sie studieren in Budapest und Paris, arbeiten in Brüssel und Genf, sie wechseln Jobs und Länder und gründen Familien, aber eines ändert sich nicht: Im Kongo herrscht Mobutu.

Die Welt kennt ihn als einen skrupellosen, raffgierigen und durchgeknallten Langzeitdiktator, der stets eine Leopardenmütze und einen zepterartigen Stock trägt. Angeblich, um die letzten kolonialen Einflüsse zu vernichten, benennt Mobutu das Land um. Aus Kongo wird Zaire. Aus Léopoldville wird Kinshasa. Aus Joseph-Désiré Mobutu wird Mobutu Sese Seko Kuku Ngbendu Wa Za Banga. Seine Anhänger übersetzen das mit «Der allmächtige Krieger, der mit Ausdauer und unbeirrbarem Willen von Sieg zu Sieg geht und Feuer zurücklässt». Seine Gegner mit «Auf alle Zeit der mächtige Hahn, der keine Henne unbestiegen lässt».

Zum sechsten Jahrestag der Unabhängigkeit, am 30. Juni 1966, erklärt Mobutu seinen Feind, der einmal sein Freund war, zum Nationalhelden. Er lässt für Lumumba im Westen Kinshasas ein Monument bauen, vier Betonsäulen, 210 Meter hoch, Raketen symbolisierend.

Die vermeintliche Verehrung Lumumbas ist zynische Propaganda. In Wahrheit führt Mobutu die Arbeit der belgischen Kolonialherren fort. Wie einst König Leopold II. beutet er das Land aus. Im Dschungel lässt er sich einen Palast bauen mit Ballsaal, venezianischen Kronleuchtern, japanischen Pagoden und einer concordetauglichen Landebahn. Er schmückt sich mit dem größten Boxkampf aller Zeiten, dem *Rumble in the Jungle* zwischen Muhammad Ali und George Foreman, den er genauso nach Kinshasa holt wie den *Miss Universe*-Wettbewerb. Mobutu besitzt mindestens zwölf Anwesen in Europa, einige mit Säulen aus weißem Marmor und Heliport, er verbringt die meiste Zeit auf seiner

Jacht und hortet fünf Milliarden Dollar auf Bankkonten in der Schweiz, Belgien und den USA. Der Kongo bleibt eines der ärmsten Länder der Welt.

Der Panafrikanismus der Fünfziger- und Sechzigerjahre hatte sich erhofft, dass überall in Afrika die Menschen das Joch des Kolonialismus abschütteln und die neuen, unabhängigen Staaten, einander in Freundschaft verbunden, prosperieren würden.

Stattdessen folgte dem Kolonialismus in vielen Ländern ein neues Joch. Das der Langzeitdiktatoren, die das eigene Volk knechten. Mobutu war keine Ausnahme, er war die Regel.

Ende der Neunzigerjahre, als Mobutus Herrschaft im Kongo schwächer wird und sich seine Gegner formieren, kehren Lumumbas erwachsene Kinder in ihre Heimat zurück. Juliana wird unter Mobutus Nachfolger sogar Ministerin. Sie zieht in das Haus der Familie, das einst ihr Vater gekauft hatte. Dort wohnt sie noch heute. Das Wohnzimmer, in dem er häufig Pressekonferenzen abhielt, ist jetzt vollgestellt mit Bildern von ihm. Irgendwann, sagt Juliana Lumumba, werde dieses Gebäude ein Museum werden.

François Lumumba lebt im Westen Kinshasas, nur wenige Autominuten entfernt vom Raketenmonument, das Mobutu seinem Vater bauen ließ. Noch im Exil übernahm er die Führung des MNC, aber bis heute ist kaum Leben in der Partei. Auch Roland, der keine Erinnerung an seinen Vater hat, lebt in Kinshasa. Patrice, ebenfalls zurückgekehrt, starb 2014 im Alter von 61 Jahren.

Lumumbas Kinder haben heute selbst Kinder und Enkel. Das Trauma aber, das die Ermordung ihres Vaters hervorrief, ist noch immer spürbar. Keiner der Täter ist je bestraft worden. Die belgische Regierung hat sich lediglich entschuldigt, und auch das nur halbherzig und erst vierzig Jahre danach.

François und Juliana Lumumba haben, getrennt voneinander, jeweils eine Art letzten Versuch unternommen, für ein bisschen Gerechtigkeit zu sorgen. François ließ einen belgischen Anwalt

Klage einreichen gegen zwölf Belgier, die seiner Meinung nach am Mord beteiligt waren. Das war 2011, seither schleppen sich die Ermittlungen in Brüssel dahin. Zehn der Belgier sind inzwischen gestorben, einer ist schwer krank. Der zwölfte sitzt an einem Tag im November 2022 im 13. Stock eines Geschäftsturms im Norden Brüssels. Aus seinem gläsernen Eckbüro sieht Étienne Davignon bis hinüber zum Atomium, wo noch bei der Weltausstellung im Jahr 1958 Menschen aus dem Kongo ausgestellt wurden wie Tiere in einem Zoo.

Étienne Davignon ist heute 90 Jahre alt. Er war 27, als ihn das belgische Außenministerium als Diplomat in den Kongo schickte. Davignon war im Saal, als Lumumba seine Rede hielt, «ein Affront», sagt er noch heute. Er war in Katanga. Er war involviert in den Schriftverkehr im Vorfeld von Lumumbas Ermordung. Er sagt, das sei alles lange her.

Davignon hat danach ein erfolgreiches Leben geführt. Er wurde EU-Kommissar und Vize-Präsident der EU-Kommission, er war mit der Tochter eines ehemaligen belgischen Premierministers liiert. Er gehört zur belgischen High Society.

«Heute interessiert sich doch keiner mehr für Lumumba», sagt Davignon.

Fragt man Étienne Davignon nach der Anzeige gegen ihn, grinst er. Dann zieht er an seiner Pfeife und sagt, er mache sich da keine Sorgen.

Juliana Lumumba probierte etwas anderes. Sie sah ein Interview mit der Tochter des ehemaligen belgischen Polizeikommissars Gerard Soete, der damals im Kongo Lumumbas Leichnam beseitigt hatte. Während des Interviews zeigte die Tochter einen Zahn. Dieser stamme von Lumumba, ihr Vater habe ihn damals mitgenommen.

Im Sommer 2020 schrieb Juliana Lumumba einen offenen Brief an den belgischen König Philippe, Baudouins Neffen. Sie bat ihn, die sterblichen Überreste ihres Vaters an die Familie zurückzugeben. Im Juni 2022 flog sie mit ihren Brüdern François und Roland sowie einer kongolesischen Delegation nach Brüssel. Die Maschine von Congo Airways trug den Namen Patrice Émery Lumumba.

Der belgische Premierminister übergab ihnen eine Schatulle, darin der Zahn, den Polizisten bei der Hausdurchsuchung bei Soetes Tochter sichergestellt hatten. Lumumbas Kinder hatten einen Sarg mitgebracht, gefertigt aus edlem Wengeholz aus dem kongolesischen Regenwald. Darin flogen sie den Zahn zurück in den Kongo, wo er auf Tour ging: in Lumumbas Geburtsdorf Onalua. Nach Kisangani, wo Lumumba einst bei der Post arbeitete. Nach Katanga, wo er umgebracht wurde. Zuletzt in die Hauptstadt Kinshasa, wo sie ihm im Schatten von Mobutus Raketenturm ein winziges Mausoleum gebaut haben. Es besteht aus einem einzigen Raum, vorn ein Fenster und hinten, auf dem Dach, eine Lumumba-Statue mit zum Gruß erhobener rechter Hand.

Will man das Mausoleum besuchen, versperrt einem ein Soldat mit Zigarette im Mund den Weg. Das Monument sei geschlossen. Er dürfe niemanden durchlassen, wenn es der Präsident nicht anordne – oder man 20 Dollar für ihn habe. Vor dem Mausoleum liegen ein paar staubige Plastikblumen. Der Wind hat ein Schild umgeweht. Was darauf mal stand, ist nicht mehr zu lesen.

Für weitere zehn Dollar darf man noch ein Foto machen, dann scheucht einen der Soldat davon.

Autorinnen und Autoren

Moritz Aisslinger, Jahrgang 1986, hat Europäische Literatur und Geschichte studiert. Er ist Absolvent der Deutschen Journalistenschule in München. Seit 2016 arbeitet er als Redakteur für die *ZEIT*, zunächst im Politik-Ressort, seit Anfang 2019 im Dossier. Er schreibt in der Regel längere Reportagen über Auslandsthemen, Gesellschaft, Wirtschaft und Wissenschaft.

Michael Allmaier, geboren 1969. Studium der Komparatistik. Seit 2004 ist er Redakteur bei der *ZEIT*, mittlerweile im Ressort Entdecken. Seine Texte handeln oft von Dingen, die Spaß machen, wie Reisen und Essen.

Bastian Berbner, geboren 1985, hat Politikwissenschaft und Geschichte studiert. Absolvent der Deutschen Journalistenschule in München. Er ist Redakteur im Dossier der *ZEIT*. In seinen Reportagen beschäftigt er sich vor allem mit den Themen Demokratie und Sicherheit. Für den NDR hat er die beiden Podcasts *Slahi – 14 Jahre Guantanamo* und *180 Grad – Geschichten gegen den Hass* veröffentlicht. Letzterer erschien auch als Buch im Verlag C.H.Beck.

Florian Eichel, 1997 geboren. Studium der Philosophie und Literaturwissenschaft. Redakteur im Feuilleton der *ZEIT*. Er schreibt Rezensionen und Essays über Literatur, Philosophie, Musik – und Videospiele.

Hauke Friederichs, 1980 geboren, ist sicherheitspolitischer Korrespondent von *ZEIT ONLINE*. Er hat Sozial- und Wirtschaftsgeschichte, Politische Wissenschaft, Journalistik sowie Kriminologie studiert und über Korsaren promoviert. Er hat mehrere Bücher über zeitgeschichtliche Themen veröffentlicht, zuletzt erschien von ihm *Spielball der Politik. Eine kurze Geschichte der Bundeswehr.*

Fritz Habekuß, Jahrgang 1990, stammt aus Brandenburg und ist Redakteur im Ressort Wissen der *ZEIT*. Er hat Wissenschaftsjournalismus studiert und berichtet weltweit vom Verhältnis zwischen Mensch und Natur. Er ist Co-Autor des Buchs *Über Leben. Zukunftsfrage Artensterben: Wie wir die Ökokrise überwinden* und Gastgeber der Talk- und Podcastreihe *Entering the Anthropocene.*

Malte Henk, Jahrgang 1976, hat Geschichte, Germanistik und Allgemeine Rhetorik studiert. Besuch der Henri-Nannen-Journalistenschule, danach Redakteur und Reporter bei *Geo*. Seit 2013 bei der *ZEIT*, seit 2021 als Co-Ressortleiter im Dossier. Er schreibt Reportagen über Wissenschaft, Gesellschaft und Politik.

Iris Radisch, geboren 1959 in Berlin. Studium der Germanistik, Romanistik und Philosophie. Literaturkritikerin der *ZEIT*. Lange Jahre war sie Literaturchefin der Wochenzeitung, dann Co-Leiterin des Feuilletons. Sie gehörte zum Team der ZDF-Sendung *Das literarische Quartett* und war Mitglied und Vorsitzende der

Jury des Ingeborg-Bachmann-Preises. Neben anderen Büchern schrieb sie *Warum die Franzosen so gute Bücher schreiben*.

Tanja Stelzer, geboren 1970, Studium der Germanistik und Politologie. Nach dem Besuch der Deutschen Journalistenschule in München wurde sie Redakteurin bei der Dritten Seite des *Tagesspiegels*. Seit 2006 bei der *ZEIT*, zunächst beim *ZEITmagazin*. Von 2013 bis 2021 Co-Ressortleiterin im Dossier. Heute zuständig für die Betreuung der Titelgeschichten sowie Dossier-Autorin. In ihren Reportagen geht es vor allem um gesellschaftliche Themen.

Ulrich Stock, geboren 1958, Reporter der *ZEIT*. Aus persönlichen Begegnungen heraus schrieb der Jazzenthusiast Porträts über so unterschiedliche Musiker wie Cecil Taylor und Aki Takase, Luise Volkmann und Nik Bärtsch, Mulatu Astatke und Jaimie Branch. Jenseits der Töne interessiert er sich für Züge: wenn er von den Königen der Schachwelt berichtet.

Christian Staas, geboren 1975, hat Germanistik, Politik und Geschichte studiert. Absolvent der Henri-Nannen-Journalistenschule. Seit 2006 arbeitet er bei der *ZEIT*, wo er heute das Ressort Geschichte leitet. Sein besonderes Interesse gilt der internationalen Zeitgeschichte.

Henning Sußebach, geboren 1972, nach der Schule Studium der Journalistik, Volontariat und erste Redakteursjahre bei der *Berliner Zeitung*, seit 2001 bei der *ZEIT*. Seine Reportagen erzählen vor allem aus dem Leben von Nichtpolitikern, Nichtfunktionären, Nichtentscheidungsträgern. Er schrieb mehrere Bücher, etwa *Deutschland ab vom Wege: Eine Reise durch das Hinterland*.

Michael Thumann, geboren 1962, hat Geschichte, Politik und Slawistik studiert. Seit 2021 leitet er – inzwischen zum dritten Mal – das Moskauer Büro der *ZEIT*. Außerdem war er unter anderem Korrespondent der *ZEIT* für den Nahen und den Mittleren Osten mit Sitz in Istanbul. Er hat zahlreiche Bücher verfasst, zuletzt *Revanche. Wie Putin das bedrohlichste Regime der Welt geschaffen hat* (C.H.Beck 2023).

Wolfgang Uchatius, geboren 1970. Studium der Volkswirtschaftslehre, Ausbildung an der Deutschen Journalistenschule in München. Seit 2000 bei der *ZEIT*, zunächst als Wirtschaftsredakteur und Reporter, seit 2012 als Co-Leiter des Ressorts Dossier.

Volker Weidermann, geboren 1969, hat Politikwissenschaft und Germanistik studiert. Er war Gastgeber des *Literarischen Quartetts* im ZDF. Seit 2021 ist er Co-Ressortleiter im Feuilleton der *ZEIT*. Er ist Autor zahlreicher Bücher , zuletzt erschien von ihm *Mann vom Meer – Thomas Mann und die Liebe seines Lebens*.